Elemente der Politik

Herausgegeben von
H.-G. Ehrhart, Hamburg
B. Frevel, Münster
K. Schubert, Münster
S. S. Schüttemeyer, Halle-Wittenberg

Die ELEMENTE DER POLITIK sind eine politikwissenschaftliche Lehrbuchreihe. Ausgewiesene Expertinnen und Experten informieren über wichtige Themen und Grundbegriffe der Politikwissenschaft und stellen sie auf knappem Raum fundiert und verständlich dar. Die einzelnen Titel der ELEMENTE dienen somit Studierenden und Lehrenden der Politikwissenschaft und benachbarter Fächer als Einführung und erste Orientierung zum Gebrauch in Seminaren und Vorlesungen, bieten aber auch politisch Interessierten einen soliden Überblick zum Thema.

Manuela Scheuermann

Die Vereinten Nationen

Eine Einführung

Springer VS

Manuela Scheuermann
Julius-Maximilians-Universität Würzburg
Würzburg
Deutschland

ISBN 978-3-658-02574-8 ISBN 978-3-658-02575-5 (eBook)
DOI 10.1007/978-3-658-02575-5

Die Deutsche Nationalbibliothek verzeichnet diese Publikation in der Deutschen Nationalbibliografie; detaillierte bibliografische Daten sind im Internet über http://dnb.d-nb.de abrufbar.

Springer VS

Gedruckt auf säurefreiem und chlorfrei gebleichtem Papier

Springer VS ist eine Marke von Springer DE. Springer DE ist Teil der Fachverlagsgruppe Springer Science+Business Media
www.springer-vs.de

Inhalt

Abkürzungsverzeichnis

A	Assembly
AEMR	Allgemeine Erklärung der Menschenrechte
Art.	Artikel
ATC	Accountability, Transparency and Coherence
CEO	Chief Executive Officer
D.	Department
DGVN	Deutsche Gesellschaft für die Vereinten Nationen e.V.
DPA	Department of Political Affairs
DPKO	Department of Peacekeeping Operation
DR Kongo	Demokratische Republik Kongo
Dt.	Deutschland
ECOSOC	Economic and Social Council
E10	Elected Ten
EU	Europäische Union
FAO	Food and Agriculture Organization
GATT	General Agreement on Tariffs and Trade
GO	Geschäftsordnung
GS	Generalsekretär
G77	Gruppe der 77
GUS	Gemeinschaft Unabhängiger Staaten
GV	Generalversammlung

HLP	High Level Panel
IAO	Internationale Arbeitsorganisation
ICISS	International Commission on Intervention and State Sovereignty
IGH	Internationaler Gerichtshof
IGO	International Governmental Organization
ILF	In Larger Freedom
IMF	International Monetary Fund
IMO	International Maritime Organization
INGO	International Non-Governmental Organization
IStGH	Internationaler Strafgerichtshof
MDGs	Millenium Development Goals
MFAT	Ministry of Foreign Affairs and Trade
MONUC	Mission de l'Organisation de Nations Unies en République Démocratique du Congo
MONUSCO	Mission de l'Organisation des Nations unies pour la stabilisation en République démocratique du Congo
MRK	Menschenrechtskommission
MRR	Menschenrechtsrat
NGO	Non-Governmental Organization
OHCHR	Office of the High Commissioner for Human Rights
ONUC	Opération des Nations Unies au Congo
P5	Permanent Five
RES	Resolution
R2P	Responsibility to Protect
S5	Small Five
SIDS	Small Islands Developing States
SR	Sicherheitsrat

SRSG	Special Representative of the Secretary-General
UdSSR	Union der Sozialistischen Sowjetrepubliken
UN	United Nations
UNAMID	United Nations-African Union Hybrid Mission in Darfur
UNAMIR	United Nations Assistance Mission for Rwanda
UNAVEM	United Nations Angola Verification Mission
UNDOF	United Nations Disengagement Observer Force
UNDP	United Nations Development Programme
UNEF	United Nations Emergency Force
UNFICYP	United Nations Peacekeeping Force in Cyprus
UNICEF	United Nations Children's Fund
UNIFIL	United Nations Interim Force in Lebanon
UNITAF	Unified Task Force
UNMIK	United Nations Interim Administration Mission in Kosovo
UNMIT	United Nations Integrated Mission in Timor-Leste
UNMOGIP	United Nations Military Observer Group in India and Pakistan
Uno	United Nations Organization
UNOSOM	United Nations Operation in Somalia
UNPROFOR	United Nations Protection Force
UNSAS	United Nations Stand-by Arrangement System
UNTAC	United Nations Transitional Authority in Cambodia
UNTAG	United Nations Transition Assistance Group

UNTSO	United Nations Truce Supervision Organization
USA	United States of America
VB	Völkerbund
VR China	Volksrepublik China
WFP	World Food Programme
WHO	World Health Organization

Abbildungsverzeichnis

1
Weltorganisation am Scheideweg

Als „Scheideweg einer globalen Neuordnung der Welt, die ebenso folgenschwer sei wie diejenige, welche die Gründer der Uno 1945 in Angriff nahmen" (Annan 2003) beschrieb Kofi Annan zu Beginn des Jahrtausends den Zustand des internationalen Systems. Die Staatenwelt erlebt derzeit eine globale Neujustierung. Globalisierung und Multipolarisierung sind die treibenden Kräfte des gegenwärtigen Wandels. Ehemalige Entwicklungsländer wie China und Indien steigen zu neuen Mächten auf. Der einstige „sanfte Hegemon" USA verliert relativ an Bedeutung. Nichtstaatliche Akteure, NGOs, Regime und Regionalorganisationen gewinnen an weltpolitischer Relevanz. Das „Regieren jenseits des Nationalstaats" (Zürn 1998) ist auf dem Vormarsch. Die internationale Gemeinschaft sieht sich zahlreichen Herausforderungen gegenüber. Drängende sicherheitspolitische Bedrohungen sind der Internationale Terrorismus, das Phänomen der fragilen Staatlichkeit, die „neuen Kriege" (Kaldor 1999; Münkler 2002) und die Proliferation von Massenvernichtungswaffen (HLP 2004). Der Umgang mit den Schattenseiten der Globalisierung, mit Armut und Hunger, Seuchen und Klimawandel sind die größten Risiken der Menschheit. In dieser Umbruchssituation ist die Uno gefragter denn je. Um sich in der Weltpolitik zu behaupten, muss die Weltorganisation die Zeichen der Zeit jedoch erkennen und sich an die neuen Realitäten anpassen können. Den Wandel der Akteurskonstellation muss eine Uno, will sie weiterhin eine tragende Rolle spielen, durch neue Global Governance-Formen abbilden. Sie muss Antworten auf die fundamentalen Fragen der Zeit finden und den Weg nach dem Scheideweg entscheidend mitbestimmen. Doch passen die Vereinten Nationen, 1945 gegründet um einen weiteren Weltkrieg zu verhindern, in die heutige Welt? Sind die Vereinten Nationen gut gerüstet, um im gegenwärtigen System eine tragende Rolle zu spielen?

Dieses Buch soll eine kompakte Einführung in die Vereinten Nationen bieten. Zugleich sollen die gegenwärtige Leistungsbilanz sowie die zukünftige Rolle der Weltorganisation kritisch hinterfragt werden. In Kap. 2 wird die Uno institutionenkundlich betrachtet. Auf Grundlage einer Typologie von Internationalen Regierungsorganisationen wird der Weltorganisation ein Katalog an Funktionen und Aufgaben zugeschrieben, sozusagen ein theoretisch fundiertes Charakterbild erstellt. Kapitel 3 weist die Uno als „realistische Utopie" (John Rawls) der abendländischen Philosophie aus und stellt die Gründungsgeschichte der Weltorganisation dar, die noch heute die Identität der Uno entscheidend prägt. Mit den Zielen und Prinzipien der Uno befasst sich Kap. 4. Zunächst gilt es hier, die Grundsätze der UN-Charta kennen zu lernen. Danach werden wir die Aktualität der Ziele und Prinzipien diskutieren und den Versuch einer Adaption an die Gegenwart unternehmen. Dabei wird das Konzept der Schutzverantwortung erörtert, das einige der unverrückbaren Ziele und Grundsätze sukzessive aufweichen könnte. In Kap. 5 werden die Hauptorgane der Vereinten Nationen vorgestellt. Zuerst werden die Zusammensetzung, Aufgaben und Befugnisse der Organe beschrieben, um dann exemplarisch ausgewählte Reformbestrebungen zu diskutieren oder den tatsächlichen Handlungsspielraum der Organe zu identifizieren. In diesem Kapitel wird auch das Amt des Generalsekretärs ausführlich behandelt, obwohl dieser gemäß UN-Charta nicht zu den Hauptorganen der Uno zählt. Einige Generalsekretäre hatten jedoch starken Einfluss auf das heutige Gesicht der Uno. Sie sind weit mehr als nur Verwaltungschefs. Einen Einblick in die praktische Arbeit der Weltorganisation bietet Kap. 7, das sich mit den Politikfeldern „Frieden und Sicherheit", „Entwicklungspolitik" und „Menschenrechte" befasst. Das sind die klassischen, in der UN-Charta genannten Aufgabenbereiche der Vereinten Nationen. Diese Politikbereiche wandelten sich im Zeitverlauf fundamental. Seit geraumer Zeit befassen sich die Vereinten Nationen auch mit den Herausforderungen des Klimawandels und der Umweltverschmutzung, die aus Selektionsgründen nicht Teil dieser Einführung sind. Das Buch schließt mit einer kritischen Betrachtung der weltpolitischen Rolle der Vereinten Nationen im 21. Jahrhundert. Ist sie auf dem richtigen Weg, um auch künftige Geschlechter vor der Geißel des Krieges zu bewahren? Ist sie in der Lage, in Zeiten von Globalisierung, Multipolarisierung und Global Governance eine zentrale Rolle zu spielen? Oder hat sie am Scheideweg der Moderne den Anschluss verpasst?

2
Die Uno: Eine globale Organisation

Bevor die Uno näher betrachtet wird, muss Klarheit darüber herrschen, welche Art von Organisation sie ist. Zu welcher Akteursklasse gehören die Vereinten Nationen? Was ist typisch und kennzeichnend für diesen Typus? Dieses Kapitel hat einen theoretischen Anspruch, der unerlässlich ist, will man die Uno in Gänze verstehen und in den weiteren globalen Kontext einordnen können.

2.1 Institutionen im internationalen System

Die Uno ist eine kollektive und institutionalisierte Einheit im internationalen System. Sie wird als Internationale Organisation bezeichnet und in die Gruppe der internationalen Institutionen eingeordnet. Die Begriffe „Institution" und „Organisation" gehören zu den „theoretisch amorphen Begriffen", die nicht nur im Alltag, sondern auch in der Wissenschaft unsystematisch verwendet werden (Lederle 2008, 19 f). Allgemeine Gültigkeit besitzt nur die Erkenntnis, dass beide Strukturen durch einen gewissen Grad an Institutionalisiertheit gekennzeichnet sind. Je nach (meta-)theoretischer Tradition oder politik- und sozialwissenschaftlichem Fachgebiet werden Organisationen zu den

Institutionen gezählt oder von ihnen unterschieden (statt vieler North 1990). In der Teildisziplin der Internationalen Beziehungen werden Institution und Organisation in Rückgriff auf Robert Keohane nicht als sich ausschließende Kategorien begriffen. Eine Organisation gehört vielmehr der Familie der Institutionen an. Keohane definiert Institutionen als „persistent and connected sets of rules (…), that prescribe behavioral roles, constrain activity, and shape expectations“ (Keohane 1988, S. 383). Er unterscheidet zwischen drei Arten von Institutionen: Institutionen als „general patterns“ wie Diplomatie, Institutionen als eine Kategorie von Aktivität wie Multilateralismus und Institutionen als formelle und informelle Arrangements (Keohane 1988, S. 383). Die Vereinten Nationen gehören zur dritten Institutionenkategorie, den formellen Arrangements.

Institutionen sind Gruppen von Regeln
Wir unterscheiden drei Institutionen:
1. Globale Muster
2. Aktivitäten
3. Formelle und informelle Arrangements.

In der Regel wird innerhalb der letztgenannten Kategorie zwischen vier Typen von internationalen Institutionen differenziert: den Konventionen, Netzwerken, Regimen und Organisationen. Die am schwächsten institutionalisierte Form der Institution ist die **Konvention**. Sie gibt dem internationalen System „die völkerrechtlichen Tiefenstrukturen“ (Hasenclever und Mayer 2007, S. 14). Stärker formalisiert sind die dauerhaft eingerichteten **Netzwerke**. Beispielsweise sind die zahlreichen Beziehungen, die Uno und EU in den vergangenen Jahren knüpften, ein Netzwerk. Deutlich stärker institutionalisiert sind die seit den neunziger Jahren als ein zentraler Untersuchungsgegenstand der Internationalen Beziehungen geltenden **Regime**. Krasner definiert sie als

Sets, die aus impliziten oder expliziten Prinzipien, Normen, Regeln und Entscheidungsprozessen bestehen und sich um ein spezifisches Problem kümmern (Krasner 1983, S. 2). Prominente Beispiele sind das Klima-Regime und die GATT. **Organisationen** wie die Uno sind die am höchsten formalisierten Zusammenschlüsse im internationalen System. Im Gegensatz zu den drei vorherigen Typen verfügen Organisationen über eigene Organe und eine relativ autonome Bürokratie (Ruggie 1998, S. 112). Sie besitzen Kapazitäten für zielgerichtetes und zweckbestimmtes Handeln (Keohane 1988, S. 284). Michael Zürn ist sogar der Ansicht, dass der Begriff der Organisation „exklusiv auf die Akteursqualität einer Einrichtung“ (Zürn 2010, S. 15) verweist.

Organisationen unterscheiden sich im internationalen System anhand ihrer Abhängigkeit vom Staatenhandeln. Wenn sie „governance without government“ (Rosenau und Czempiel 1992) betreiben, dann handelt es sich um transnationale Non-Governmental-Organizations (NGOs und INGOs). Dieser Typus von Organisation, der in stetem Wachsen begriffen ist, gilt als Indiz für die Aufweichung der Staatszentralität in der internationalen Systemstruktur und einer Tendenz zum „Regieren jenseits des Nationalstaates“ (Zürn 1998). Betreiben sie „Governance with Governments“, dann werden die Organisationen als Internationale Regierungsorganisationen oder „International Governmental Organizations“ (IGOs) bezeichnet. IGOs sind „von und zwischen Staaten geschaffene Entscheidungsverflechtungen, die mehreren Staaten gemeinsame, teils sie einigende, teils sie entzweiende Probleme einer kollektiven Bearbeitung zugänglich machen.“ (Rittberger und Zangl 2003, S. 15) Mit den Vereinten Nationen als Untersuchungsgegenstand konzentrieren wir uns auf die IGOs. Ordentliche Mitglieder der Uno sind tatsächlich nur Staaten, und zwar die Gründungsmitglieder der Uno, sowie „alle sonstigen friedliebenden Staaten, welche die Verpflichtungen aus dieser Charta übernehmen und nach dem Urteil der Organisation fähig und willens sind, diese Verpflichtungen zu erfüllen." (Art. 4 UN-Charta) Derzeit sind 193 Staaten Mitglieder der Vereinten Nationen. IGOs werden aufgrund der Globalisierungs- und Entstaatlichungstrends oftmals als überholt bewertet. Trotz des Abgesangs, der vor allem in den der Uno kritisch gegenüberstehenden Kreisen der Wissenschaft angestimmt wird, spielen IGOs eine zentrale Rolle im internationalen System. Die überwiegende Zahl der IGOs erweist sich zudem als sehr dauerhaft (Bøås und Mc Neill 2003, S. 1).

Wir unterscheiden vier Typen von formellen internationalen Institutionen:
1. Konvention
2. Netzwerk
3. Regime
4. Organisation (IGO/INGO).

Die Uno ist eine IGO.

2.2 Offen oder geschlossen? Organisationstypen

IGOs können weiter differenziert werden, indem zwischen verschiedenen Typen unterschieden wird. Sie existieren als Organisationen des offenen und geschlossenen Multilateralismus (Krause 2007, S. 10). Diese Unterscheidung betrifft die Mitgliedschaft in der IGO und die Zuständigkeit der IGO. Zuständigkeit bezieht sich auf die Breite der organisationalen Tätigkeit. Diese variiert zwischen den Polen umfassend und problemfeldspezifisch. Die Mitgliedschaft kann universal oder partikular sein (Rittberger und Zangl 2003, S. 30).

Organisationen des offenen Multilateralismus stehen allen staatlichen Akteuren des internationalen Systems in ihrer Mitgliedschaft quasi-universell offen. Die Agenda der Themen ist prinzipiell unbegrenzt. Die Vereinten Nationen sind in ihrer Mitgliedschaft – jenseits der Vorbedingung, ein Staat zu sein – offen und in beinahe jedem Politikfeld engagiert. Im Gegensatz dazu lassen Organisationen des geschlossenen Multilateralismus nur einen spezifischen Teilnehmerkreis zu und/oder adressieren spezifische Angelegenheiten der internationalen Beziehungen (Krause 2005, S. 223). Regionalorganisationen sind in der Mitgliedschaft auf die politisch definierte Region beschränkt und daher geschlossen. Ihre Themenagenda kann jedoch offen sein, wie es bei der Afrikanischen Union (AU) beispielsweise der Fall ist.

IGOs werden auch nach Funktionen typologisiert. Sie werden in Programmorganisationen oder operative Organisationen eingeteilt (Rittberger und Zangl 2003, S. 33). Programmorganisationen sind vor allem Kommunikatoren und Normsetzer. Sie artikulieren im internationalen System beobachtete Probleme und Herausforderungen; sie definieren die Ziele der Gemeinschaft in der globalen Umwelt; sie formulieren Programme, um zum einen die globalen Herausforderungen zu bewältigen, zum anderen um das Verhalten im internationalen System zu normieren (Barnett und Finnemore 2004, S. 7). Die Uno ist die größte Programmorganisation im internationalen System. Operative Organisationen führen nicht selten die Politik der Programmorganisationen aus. In der Realität ist diese theoretische Differenzierung oft nicht haltbar, da viele Organisationen sowohl programmatisch als auch operativ tätig sind.

Wir unterscheiden zwischen:

1. Organisationen des geschlossenen und offenen Multilateralismus
2. Programmorganisationen und operativen Organisationen.

Die Uno ist eine Organisation des offenen Multilateralismus. Sie ist vor allem eine Programmorganisation, aber auch eine operative Organisation.

2.3 Instrument, Arena oder Akteur? Aufgaben und Rollen

Fragt man Vertreter des rationalistischen Institutionalismus nach den Aufgaben einer IGO, so legen diese ihr Augenmerk auf den Nutzen institutionalisierter Kooperation zwischen Staaten, der Konfliktaustragung Regeln auferlegt und zur Angleichung staatlicher Interessen führt. Organisationen erleichtern staatliches Handeln im internationalen System, sie motivieren Staaten zur Zusammenarbeit, sie gehen kollektive Herausforderungen kooperativ an, sie bündeln Wissen und halten Lösungsvorschläge bereit (Barnett und Finnemore 2004, S. ix). Rationalistische Institutionalisten vertreten deshalb die Ansicht, Organisationen seien Vollzugsorgane der Staaten. IGOs haben aber weitere Aufgaben jenseits der staatszentrierten Funktionen, die Barnett und Finnemore identifizieren: „They also create actors, specify responsibilities and authority among them, and define the work these actors should do, giving it meaning and normative value. Even if they lack material resources, IOs exercise power as they constitute and construct the social world." (Barnett und Finnemore 1999, S. 700) Organisationen wirken also nicht nur regulativ auf die Staatenwelt ein, sondern sie sind selbst Konstrukteure der internationalen Realität. Sie wirken als Normunternehmer, als Visionäre und als Architekten neuer Spieler im internationalen System. Beispielsweise hat sich der Generalsekretär der Uno einen eigenen Stellvertreter und viele Sondergesandte geschaffen, die ihn in wichtigen Aufgaben unterstützen. Von eher idealistischen Wissenschaftlern werden Organisationen auch als Werber für Frieden, als Motoren des Fortschritts und Anwälte für die Emanzipation charakterisiert (Barnett und Finnemore 1999, S. 726).

Aus diesen Funktionen und Aufgaben leiten Institutionalisten drei unterschiedliche „images" von IGOs ab, also Rollen, die Organisationen im internationalen System übernehmen: die Rolle des Instruments, der Arena und des Akteurs.

Wie ausgeführt existieren IGOs in der rationalistisch-institutionalistischen Schule nicht um ihrer selbst willen. IGOs haben deshalb ein eng an das Staatensystem angelegtes „image“. Sie sind Arenen zwischenstaatlichen Austausches oder Instrument staatlicher Diplomatie. Während IGOs als Instrumente staatlicher Diplomatie vor allem dem Partikularinteresse der Nationalstaaten dienen und dem Staatensystem untergeordnet sind, sind sie als Arenen vornehmlich der Rahmen der staatlichen Politik und auf Dauer eingerichtete inter-gouvernmentale Verhandlungssysteme (Archer 2001; Rittberger und Zangl 2003). Insbesondere konstruktivistisch arbeitende Wissenschaftler schreiben IGOs aber auch Akteurscharakter zu. IGOs sind nicht nur kollektive Akteure, also die Summe ihrer staatlichen Einzelteile, sondern verfügen über einen gewissen Grad an Macht, Einfluss und Autonomie, der vor allem aus der organisationalen Bürokratie erwächst. Ein gutes Beispiel des organisationalen Akteurscharakters ist der UN-Generalsekretär, der aufgrund seiner politischen Macht als „politischer Bürokrat“ bezeichnet wird und einen beachtlichen Handlungsspielraum hat.

Eine zentrale Frage, die viele UN-Wissenschaftler lösen wollen, lautet deshalb: Sind die Vereinten Nationen ein Instrument staatlicher Interessen oder sind sie ein eigenständiger Akteur? Kann die Uno also autonomen Einfluss entfalten und verfügt sie sogar über Macht? Die Uno hat eine beträchtliche Menge an normativer und kommunikativer Macht, also „soft power“. „Hard power“ sucht man vergeblich, da die Uno über keine eigenen Mittel verfügt. Ein hochrangiger Diplomat der Uno meldet deshalb Zweifel an. Aufgrund der geringen Kapazitäten und der Abhängigkeit vom Willen der Mitgliedsstaaten hat die Uno oft einen so geringen Handlungsspielraum, dass genau die Akteure der Uno Untätigkeit vorwerfen, die sie vom Handeln abhalten (Weiss 2012, S. 8). Wenn Staaten die Bühne der Uno zu sehr für ihre Zwecke nutzen, vielleicht sogar blockieren, oder ihr keine Kapazitäten zur Verfügung stellen, kann die Uno keinen Akteurscharakter mehr entfalten. Ihr „image" ist deshalb fundamental vom Willen der Staatengemeinschaft abhängig.

Drei „images" können IGOs annehmen:
1. Instrument staatlicher Diplomatie
2. Arena zwischenstaatlicher Austauschprozesse
3. Akteur

Das „image" der Uno kann nur fall- und themenspezifisch bestimmt werden. Es hängt stark vom Willen der Mitgliedsstaaten ab.

2.4 Wichtiges in Kürze

Wir halten fest: Die Uno gehört zur Gruppe der „Internationalen Regierungsorganisationen", die sich von anderen Institutionen durch den Grad ihrer Formalisiertheit, ihre Dauerhaftigkeit und graduelle Autonomie unterscheidet. Sie ist die einzige internationale Regierungsorganisation des offenen Multilateralismus im internationalen System, denn sie ist weder an zeitliche noch sachliche Grenzen gebunden. Die Weltorganisation kann sich allen Probleme des Zusammenlebens der Staaten und Völker widmen. Ihr gehören zudem fast alle Staaten der Welt an. Deshalb nimmt sie für sich in Anspruch, für alle Völker der Welt sprechen zu können („we, the peoples", Präambel der UN-Charta). Sie ist eine wichtige Programmorganisation im internationalen System und auch operativ tätig. Sie wurde ins Leben gerufen, um für Frieden, Entwicklung, Solidarität und die Emanzipation der Menschheit einzustehen. Sie gibt den Staaten die Möglichkeit, Probleme kollektiv zu lösen und sich näher zu kommen. Sie ist vor allem Normunternehmerin, Visionärin und Architektin neuer Akteure. Je nach Politikfeld und zuständigem Organ ist die Uno Instrument und Arena der Staaten oder ein eigenständiger internationaler Akteur.

3 Vordenker, Vorläufer, Vorgeschichte. Das Erbe der Uno

Um die Vereinten Nationen in ihrer Gänze verstehen zu können, müssen wir uns der geistesgeschichtlichen Tradition und der Genese der Weltorganisation bewusst sein. Folgende drei Aspekte sind von besonderer Relevanz:

1. Die Vereinten Nationen sind das Erbe großer politischer Philosophen.
2. Die Vereinten Nationen sind das Erbe des Völkerbundes.
3. Die Vereinten Nationen sind das Erbe des Zweiten Weltkriegs.

3.1 Vordenker: Von Augustinus bis Kant

Begibt man sich auf die Suche nach den geistesgeschichtlichen Wurzeln der Uno, stößt man in der politischen Philosophie auf einen reichen Schatz. Die ideengeschichtliche Tradition über institutionalisierte Sicherheit und Weltfrieden nachzudenken, reicht von Kirchenvater Augustinus von Hippo (354–430) über Maximilian von Béthune (1560–1641) und Hugo Grotius (1583–1645) bis zu Immanuel Kant (1724–1804). Augustinus entwarf in „De civitate dei“ nicht nur seine berühmte Zwei-Welten-Lehre, sondern auch die Idee vom „bellum justum“. In den Memoiren des Maximilian von Béthune, besser bekannt als Herzog von Sully, verbarg sich das Grand Design. In seinem großen Entwurf für die Zukunft Europas sah Sully den Frieden in einem „Völkerverein“ gesichert (Gruner und Woyke 2007, S. 519). Auch Hugo Grotius, der in seinem Werk „De jure belli ac pacis“ die Normen und Regeln des sich entwickelnden Völkerrechts niederschrieb, ist einer der geistigen Vorväter der Vereinten Nationen. Immanuel Kant ist der bedeutendste Vordenker der Weltorganisation. In seinem Traktat „Zum Ewigen Frieden. Ein philosophischer Entwurf“ von 1795 legte er die Grundlage für die Theorie vom demokratischen Frieden. Für die Vereinten Nationen sind der fünfte Präliminarartikel und der zweite Definitivartikel von besonderer Bedeutung. Kant führt im fünften Präliminarartikel bereits das Verbot der Einmischung in die inneren Angelegenheiten eines Staates, ein Grundprinzip der Vereinten Nationen, ein. In der Einleitung zu den Definitivartikeln schreibt Kant, der Frieden müsse gestiftet, das heißt politisch gestaltet werden (Albrecht 1998, S. 26). Im zweiten Definitivartikel heißt es: Das Völkerrecht muss auf einen Föderalismus freier Staaten gegründet sein. Dazu führt Kant aus (1795):

> Völker, als Staaten, können wie einzelne Menschen beurteilt werden, die sich in ihrem Naturzustande (d. i. in der Unabhängigkeit von äußern Gesetzen) schon durch ihr Nebeneinandersein lädieren, und deren jeder, um seiner Sicherheit willen, von dem andern fordern kann und soll, mit ihm in eine, der bürgerlichen ähnliche, Verfassung zu treten, wo jedem sein Recht gesichert werden kann. Dies wäre ein Völkerbund (…).

Kant nimmt damit die Logik des Institutionalismus vorweg, der davon ausgeht, dass Probleme am besten gemeinsam bewältigt werden. Unsicherheit, so auch der Grundsatz der Vereinten Nationen, muss kollektiv begegnet werden. Er spricht ausdrücklich vom Frieden unter den „Völkern“, also den Menschen, und nicht zwischen den Staaten. Kant führt damit einen Grundgedanken ein, dem auch die UN-Charta Rechnung trägt (Albrecht 1998,

S. 26). Ob die Gründungsväter von Völkerbund und Vereinten Nationen das Kantsche Traktat bewusst anwandten oder nicht, wissen wir nicht. Fest steht aber: Die Weltorganisation steht in der Tradition der größten Denker der Neuzeit.

3.2 Vorläufer: Der Völkerbund

Nicht die Ideen der Philosophen, sondern die Erfahrungen des ersten Weltkriegs (1914–1918) waren die Initialzündung zur Gründung der ersten Weltorganisation, dem Völkerbund. Er ist der Vorläufer der heutigen Vereinten Nationen, auch wenn seine Geschichte keine Erfolgsgeschichte ist. Als Vorläufer des Völkerbundes wird gerne der „Wiener Kongress" von 1815 angeführt, doch war dieser keine „Organisation" (Alger 2007, S. 703). Politischer Vater des Völkerbunds ist der amerikanische Präsident Woodrow Wilson, der in seinem 14-Punkte-Programm die Friedensordnung nach dem ersten Weltkrieg entwarf. Dabei regte er die Schaffung des Völkerbundes an. In These 14 schrieb er, es müsse „ein allgemeiner Verband der Nationen gegründet werden mit besonderen Verträgen zum Zweck gegenseitiger Bürgschaften für die politische Unabhängigkeit und die territoriale Unverletzbarkeit der kleinen sowohl wie der großen Staaten." Die Gebote der territorialen Unversehrtheit und souveränen Gleichheit, die auch das Fundament der Charta der Vereinten Nationen sind, fanden so Eingang in die politische Diskussion. Am 28. April 1919 billigten die 32 Siegerstaaten des ersten Weltkriegs und 13 neutrale Staaten die Völkerbundsatzung in Genf. Die Verlierer des ersten Weltkriegs, darunter Deutschland, waren von der Gründung des Völkerbundes ausgeschlossen. Die Satzung wurde in alle fünf Pariser Vorortverträge aufgenommen und trat am 10. Januar 1920 in Kraft (Müller 2003, S. 247). Die neue Institution wurde mit einigen Vorschusslorbeeren bedacht. 1919 wurde Woodrow Wilson für seine Streitschlichtungsbemühungen im ersten Weltkrieg und für die Initiative zur Gründung des Völkerbunds der Friedensnobelpreis verliehen. Im Folgejahr wurde der erste Präsident des Völkerbunds, Lèon Victor Bourgeois, ebenfalls mit dem Nobelpreis ausgezeichnet.

3.2.1 Organe des Völkerbunds

Nach einem kurzen Zwischenstopp in London wurde Genf zum Sitz des Völkerbunds. Hier tagten die drei Hauptorgane der Organisation, die Bundesversammlung, der Völkerbundsrat und das Generalsekretariat (Art. 2, VB-Satzung). In der Bundesversammlung waren alle Mitgliedsstaaten des Völkerbunds vertreten. Auf ihrer jährlichen Tagung galt der Abstimmungsmodus „one country, one vote", also die souveräne Gleichheit aller Mitgliedsstaaten. Der Völkerbundsrat hingegen war ein exklusives Gremium, zu dem anfänglich nur die großen Siegerstaaten des ersten Weltkriegs Zutritt hatten. Die Satzung sah eine Reihe ständiger Mitglieder vor, unter ihnen Großbritannien, Frankreich, Italien und Japan. Neun weitere, nicht-ständige Ratsmitglieder wurden für eine Legislaturperiode von drei Jahren von der Bundesversammlung bestimmt (Art. 4, VB-Satzung). Nach Deutschlands Beitritt zum Völkerbund im September 1926 durfte sich Deutschland zu den Mitgliedern des Exklusivkreises zählen, ebenso die UdSSR. Dem Generalsekretariat stand ein Generalsekretär vor, der der Organisation als höchster Verwaltungsbeamter diente, politisch aber wenig Einfluss entfaltete. Eine heute noch existierende Institution des Völkerbundes ist der Internationale Gerichtshof in Den Haag, der zwischenstaatliche Streitigkeiten verhandelt.

3.2.2 Ziele und Aufgaben des Völkerbunds

Die Staats- und Regierungschefs schrieben dem Völkerbund ein ehrgeiziges Programm in das Lastenheft. Er sollte dem Selbstbestimmungsrecht der vom Weltkrieg gezeichneten Völker Europas zum Durchbruch verhelfen. In der Präambel der Völkerbundssatzung verkündeten die Gründungsstaaten, die zwischenstaatliche Zusammenarbeit fördern und den internationalen Frieden sowie die internationale Sicherheit gewährleisten zu wollen. Da die Völkerbundsstaaten während des ersten Weltkriegs lernen mussten, dass der Rüstungswettlauf, der die europäische Politik des beginnenden 20. Jahrhunderts bestimmt hatte, eine Hauptursache für den Kriegsausbruch war, setzten sie die Abrüstungsbemühungen ganz oben auf die Agenda (Gatzke 1960, S. 319). Sie verankerten das Ziel der Abrüstung in der Völkerbundscharta an zentraler Stelle, noch vor der Einführung des Prinzips der kollektiven Sicherheit.

In Artikel 10 bis 13 vereinbarten die Gründungsväter das Prinzip der kollektiven Sicherheit. Sie mahnten die gegenseitige Souveränitätswahrung an, beschlossen einen Nichtangriffspakt (Art. 10, VB-Satzung) und sahen kollektive Maßnahmen vor, würde eines der Bündnismitglieder angegriffen werden (Art. 11, VB-Satzung). Das Prinzip des kollektiven Vorgehens gegen einen Friedensbrecher wurde damit erstmals kodifiziert und „zum Grundprinzip der internationalen Politik erhoben" (Unser 2004, S. 10). Dieses Prinzip eröffnete ein vollkommen neues Denken, besaß jeder Staat aufgrund seiner Souveränität bis dahin doch automatisch das Recht zu Krieg (ius ad bellum) (Weber 1998, S. 31). Die revolutionäre Idee, dieses naturverbundene Recht einzuschränken, war deshalb von Beginn an mit dem „hohen Risiko weitestgehender Nichtbeachtung belastet" (Weber 1998, S. 31). Zudem sah das System der kollektiven Sicherheit, so wie es im Völkerbund angelegt war, kein absolutes Gewaltverbot vor. Krieg war unter besonderen Umständen erlaubt. Deshalb spricht man vom „partiellen Kriegsverbot". Eine große Schwäche des partiellen Kriegsverbots war es, „dass alle Formen der Gewaltanwendung unterhalb der Schwelle eines Krieges nicht in diesen Verbotsrahmen fielen. Daher musste die Frage offen bleiben, wann zulässige Gewaltanwendung in einen verbotenen Krieg überging." (Gareis und Varwick 2006, S. 96–97) Außerdem differenzierte der Völkerbund zwischen zulässigen und verbotenen Kriegen. „Dieser Unterscheidung entsprechend waren die Mitglieder zu einem Versuch der friedlichen Streitbeilegung verpflichtet." (Schneider 1999, S. 58) Bei der Streitschlichtung ging man folgendermaßen vor: In Artikel 12 der Satzung wurden die Mitglieder angehalten, ihre Streitigkeiten einem Schiedsgericht oder dem Rat zu unterbreiten. Binnen einer Dreimonatsfrist, in welcher Rat oder Schiedsgericht über den Fall berieten und entschieden, durften keine Kriegshandlungen vorgenommen werden. Aber nur dann, wenn eine Streitpartei den Schiedsspruch oder die Empfehlung des Rats annahm, trat tatsächlich ein Kriegsverbot ein (Gareis und Varwick 2002, S. 95, 96). Das Gebot der Schlichtung internationaler Streitfragen war in der Satzung demnach so schwach formuliert, dass die Entscheidungsfreiheit der betroffenen Staaten kaum beeinträchtig wurde (Gatzke 1960, S. 320). Im Grunde war der Völkerbund gegen Aggressionen machtlos. Er schlichtete zwar eine Reihe von kleineren Streitigkeiten, wie im italienisch-äthiopischen Krieg mit vielen Zugeständnissen an Italien, war aber bei den Streitigkeiten der Großmächte, wie zum Beispiel den chinesisch-japanischen Kriegen der dreißiger Jahre, nur Zaungast. Der Sanktionsmechanismus, der zur Niederlegung von Kriegen etabliert worden war, war angesichts der Machtlosigkeit der Völkerbundsorgane seines Handlungsspielraums beraubt. Die Einzelinteressen der Großen siegten über das Gemeinwohlinteresse des Bundes. Der Institutionalismus funktionierte nicht. Deshalb blieb auch die Geheimdiplomatie, die man mit dem Völkerbund aus der internationalen Politik aufgrund der Erfahrungen der Kriegszeit verbannen wollte, unangetastet (Krüger 1982, S. 4).

3.2.3 Das Scheitern des Völkerbunds

Der Völkerbund gilt in der Rückschau als gescheitertes Projekt. Dieses Urteil speist sich nicht nur aus den Unzulänglichkeiten des Sicherheitssystems, sondern hat viele Ursachen. Sicherlich trug die allgemeine Interessenlosigkeit der Staatsmänner gegenüber dem Bund dazu bei, dass das Fundament des Völkerbunds auf tönernen Füßen stand. Die ständigen Mitglieder im Rat entsandten ihre Delegierten deshalb auch erst ab 1924 in die Völkerbundsstadt (Gatzke 1960, S. 319). Noch schwerer trug aber die Tatsache der fehlenden Universalität des Bundes. Selbst in der Hochphase waren nur zwei Drittel der Staatenwelt Mitglied (Märker und Wagner 2005, S. 5). Die USA, die den Völkerbund initiiert hatten, fielen in die Politik des Isolationismus zurück. Sie traten nie bei, weil der Senat den Friedensvertrag von Versailles, in den Wilson die Völkerbundsatzung hatte aufnehmen lassen, um die Republikanische Partei zur Zustimmung zu bewegen, ablehnte (Märker und Wagner 2005, S. 5). Dabei hatte Wilson noch appelliert „The United States must go in or it will break the heart of the world, for she is the only nation that all feel is disinterested and all trust.“ (Wilson in Roosevelt 1958, S. 101) Die UdSSR wurde erst 1934 ordentliches Mitglied des Völkerbundes und wurde bereits 1939, nach der Invasion in Finnland, aus den Reihen des Völkerbunds ausgeschlossen. Deutschland, das seit 1926 Mitglied des Völkerbunds war, trat gemeinsam mit Japan im Jahr der nationalsozialistischen Machtübernahme aus. Italien folgte vier Jahre später. Die Großmächte, so drängt sich der Anschein auf, nahmen den Völkerbund nicht ernst, benutzten ihn gemäß ihrer vitalen Interessen und verließen ihn, drohten Einschränkungen des Handlungsspielraums. So konnte der Völkerbund, der mit der Vision einer weltumspannenden Friedensorganisation gestartet war, seine Kernaufgaben nicht erfüllen.

Zwar konnte der Völkerbund jenseits des nur unzureichend funktionierenden Systems der kollektiven Sicherheit das internationale Umfeld in den eher weichen Politikfeldern mitgestalten. So baute er den internationalen Flüchtlingsschutz auf, etablierte Programme zur Bekämpfung von Armut und institutionalisierte den internationalen Beamten (Märker und Wagner 2005, S. 5). In Artikel 22 der VB-Satzung wurde die Dekolonisierung ausdrücklich als Aufgabe formuliert. Der Völkerbund leitete selbige ein und verwaltete zahlreiche Mandatsgebiete. Doch wogen diese Bemühungen das Grunddefizit nicht auf: er hatte den Zweiten Weltkrieg nicht verhindern können. Vom Ausbruch des Zweiten Weltkriegs im Jahre 1939 bis zu seinem offiziellen Ende am 18. April 1946 existierte der Völkerbund nur noch auf dem Papier.

3.3 Vorgeschichte: Von der Anti-Hitler-Koalition zur Uno-Gründung

Noch im Verlauf des Zweiten Weltkriegs dachten die Alliierten darüber nach, wie die Nachkriegsordnung zu gestalten sei. Der Völkerbund war dabei Vorbild und Abschreckung zugleich. Die Wiederbelebung des Völkerbunds war politisch nicht gewollt. Nach dessen Totalversagen war eine neue Organisation nötig, die sich vom Völkerbund positiv absetzte und der man ohne Vorbehalte begegnen konnte.

3.3.1 Erste Pläne

Obschon es schien, als sei aller Idealismus unter den Gräuel des Krieges verschüttet, reiften in den USA früh Ideen für eine neue Organisation. 1940 legte die „Commission to Study the Organisation of Peace", eine in den dreißiger Jahren von Idealisten gegründete Arbeitsgruppe, einen Bericht vor. Dort postulierte die Commission die Notwendigkeit, den Völkerbund zu einer Weltföderation weiterzuentwickeln (Kennedy 2007, S. 44). Roosevelt, der von 1933 bis 1945 amtierende US-Präsident, nahm sich diesen Vorschlag zu Herzen – immer unterstützt von seiner Frau Eleanore, die als geistige Mutter der Allgemeinen Erklärung der Menschenrechte gilt. Der Präsident persönlich initiierte das Nachdenken über eine institutionalisierte Nachkriegsordnung in seinem Außenministerium und noch vor Kriegseintritt der USA. Anders als Wilson war er jedoch ein realistischer Pragmatiker, der von Beginn an davon ausging, dass eine neue Organisation die Machtverhältnisse im internationalen System widerspiegeln müsse. Bereits 1937 hatte er eine gemeinsame Anstrengung der friedliebenden Staaten gefordert, um den internationalen Frieden mittels rechtlicher Prinzipien zu verwirklichen (Weber 1998, S. 36). Er nahm in seiner Vision der vier Freiheiten vom 6.01.1941 die Präambel der UN-Charta vorweg, als er von der Freiheit der Rede, der Religion, der Freiheit von Not und Furcht sprach.

Die USA hatten konkrete Vorstellung zur neuen Weltorganisation. Sie sollte als Weltpolizei wahrgenommen werden, Ordnungsfunktionen ausführen und den internationalen Frieden sichern (Unser 2004, S. 22). Auch im Londoner Außenministerium dachte man über die Welt nach dem Krieg nach – „allerdings unter Churchills scharfem Vorbehalt, das sei nur etwas für Leute, die viel Zeit hätten." (Kennedy 2007, S. 44) Mit der grundsätzlichen Bereitschaft der beiden Mächte Großbritannien und USA, über eine internationale Neuordnung zu beraten, begann die Gründungsgeschichte der Vereinten Nationen.

3.3.2 Vier Weltpolizisten gegen die Hitler-Koalition

Im August 1941 trafen sich Churchill und Roosevelt auf dem Kriegsschiff USS Augusta vor den Küsten Neufundlands in streng geheimer Mission. Die Staatsmänner fanden in erster Linie zusammen, um ihr Bündnis gegen das Deutsche Reich zu besiegeln. Die USA gaben dabei ihre bis zu diesem Zeitpunkt gehütete Neutralität auf. Zudem starteten sie ein in den Anfängen rein angelsächsisches Projekt, nämlich die Neuordnung des internationalen Systems nach dem Ende des Weltkrieges. Churchill und Roosevelt einigten sich auf die „Atlantik-Charta", in welcher sie gemeinsam die Prinzipien und Normen des internationalen Rechts niederschrieben. In acht Prinzipien formulierten sie das Selbstbestimmungsrecht der Völker und den Verzicht auf Annexionen. Sie verabredeten, territoriale Veränderungen nur mit Zustimmung der betroffenen Völker zu gestatten. Zudem setzten sie das Ziel fest, die Aggressor-Staaten zu entwaffnen und Rüstungskontrolle im internationalen System zu verankern. Für die Gründung der Vereinten Nationen maßgeblich war das Bekenntnis zum Aufbau einer umfassenden Friedensordnung „after the final destruction of the nazi tyranny" (Churchill und Roosevelt 1941, S. 1). Ein britisch-amerikanischer Vorstoß zum Kampf gegen die Hitler-Achse wurde also zum Fundament der Vereinten Nationen. Es war eine Koalition, die nicht nur im Kampf gegen den gemeinsamen Feind, sondern auch in einer gemeinsamen Vision vereint war.

Zunächst oblag die Rolle der neuen Weltpolizisten den Briten und US-Amerikanern. Doch nach dem Angriff auf Pearl Harbor am 7. Dezember 1941 und dem Kriegseintritt tags darauf wuchs zumindest in den USA die Erkenntnis, dass die Kriegsallianz ausgeweitet werden müsse. Sie waren an einem breiten politischen und militärischen Bündnis interessiert, „um den Krieg gegen die Achsenmächte auf eine sichere Grundlage zu stellen." (Volger 2008, S. 4) Die USA intensivierten die Überlegungen zu einer Nachkriegsordnung und trieben das Projekt auf den „Arcadia-Konferenzen" voran, die im Dezember 1941 und Januar 1942 zwischen Churchill, Roosevelt und deren Stabschefs stattfanden. Dort wurde unter anderem das „Germany first"-Ziel vereinbart, also das Ziel, zuerst das nationalsozialistische Deutschland zu bekämpfen und im pazifischen Krieg defensiv zu agieren. Die Vereinten Nationen standen zudem auf der Tagesordnung der Konferenzen. Sie mündeten in die „Erklärung der Vereinten Nationen" vom 1. Januar 1942. Das Dokument wurde von Churchill und Roosevelt, aber auch vom Botschafter der UdSSR, Maxim Litvinov, dem chinesische Außenminister Soong Tzu-won und

22 weiteren Staaten der Anti-Hitler-Koalition unterzeichnet. Der kurze Text der Deklaration macht deutlich, dass es sich hier keinesfalls um das Gründungsstatut der Weltorganisation handelt, sondern um die schriftliche Zusicherung der Unterzeichner, im Kampf gegen die Mitglieder des „Tripartite Pact" zusammenzustehen und keinen Separatfrieden mit Deutschland oder Japan zu schließen. Der Name „Vereinte Nationen" war übrigens erstmals in einem Brief von Roosevelt an Churchill verwendet worden (Unser 2004, S. 22). Die Londoner Regierung und weitere verbündete Exilregierungen veröffentlichten am 12. Juni 1942 zusätzlich die Erklärung von St. James, in der sie sich versicherten, sie strebten ein Bündnis freier Völker für den Weltfrieden an.

In der Folgezeit realisierten die USA ihren Plan, statt auf eine Zweier-Hegemonie auf eine Quadrupel-Allianz zu setzen, auch wenn Churchill von der Erweiterung des ursprünglich angelsächsischen Bündnisses lange nicht überzeugt war (Volger 2008, S. 5). Die UdSSR wurde im September 1942 Mitglied der Allianz und im Oktober 1943 wurde China in den Club der mächtigen Hitler-Gegner aufgenommen. In der Gemeinsamen Erklärung der vier Außenminister vom Oktober 1943, die das Ergebnis eines Treffens in Moskau war, bekräftigten die Delegierten den Wortlaut der Erklärung der Vereinten Nationen. Doch hatte der Sieg über Deutschland und nicht die Planung des zukünftigen internationalen Systems Priorität. So muss auch die Konferenz von Teheran im November/Dezember 1943 eingeordnet werden, die bei der Nennung der „Vereinten Nationen" weniger die heutige Weltorganisation als die Solidarität der Anti-Hitler-Koalition bei der anstehenden westalliierten Invasion in Frankreich im Sinn hatte. Trotzdem versicherten sich die vier Mächte in der Moskauer Erklärung, sobald wie möglich eine „general international organization" ins Leben zu rufen, die auf den Prinzipien der souveränen Gleichheit beruhe und allen friedliebenden Staaten offen stünde (Moskauer Erklärung 1943, Absatz 4). In der Teheraner Erklärung bekräftigten die drei Staatsmänner

Roosevelt, Churchill und Stalin die Verantwortung der Vereinten Nationen, die Gräuel des Krieges zu beenden und den Terror aus der Gegenwart zukünftiger Generationen zu verbannen (Churchill et al. 1943). Zu diesem Zeitpunkt sprach Roosevelt noch von seinem Konzept der vier Polizisten, also der vier Großmächte. Er verdeutlichte das in seiner Radio-Ansprache anlässlich des Weihnachtsfests 1943:

> Britain, Russia, China and the United States and their allies represent more than three-quarters of the total population of the earth. As long as these four Nations with great military power stick together in determination to keep the peace there will be no possibility of an aggressor Nation arising to start another world war.

Dies wurde von Stalin aber nicht mitgetragen, da er den Widerstand der kleineren Staaten befürchtete und China nicht als starke Macht begriff (Volger 2008, S. 9). Die Gestaltung der künftigen Weltordnung war also bis auf die Pläne zum Umgang mit den Aggressoren nach dem Sieg vage und weitestgehend offen. Dieser Frage nahmen sich die Großmächte in der Folgezeit an und riefen Expertenkonferenzen ein, die die Gestaltung der Vereinten Nationen ausarbeiten sollten.

3.3.3 Expertenkonferenzen

Experten aus den Staaten der Quadrupel-Allianz trafen sich vom 21. August bis 7. Oktober 1944 in Dumbarton Oaks in Georgetown, einem Stadtteil von Washington, D.C.. Während dieses Zusammentreffens legten die USA den ersten Satzungsentwurf für die geplante Weltorganisation vor, die so genannten „tentative proposals“, die aus 12 Kapiteln bestanden. Vergleicht man die Proposals mit der Charta, sind insbesondere die zentralen Ziele und Grundsätze fast wortgetreu übernommen worden. Die Hauptorgane der späteren Weltorganisation werden eingeführt und den fünf Verbündeten USA, UdSSR, Großbritannien, der Republik China und – „in due course, France" (Chapter VI, Dumbortan Oaks Proposals) – ein ständiger Sitz im Sicherheitsrat eingeräumt. Günther Unser versteht die Komposition des Sicherheitsrats in Dumbarton Oaks als eine Manifestation des Großmachtstatus der Allianz (Unser 2004, S. 23). Werner Link schreibt, die Proposals hätten einen Kooperationsrahmen für eine Art Kollektivhegemonie der Großmächte institutionalisiert (Link 2001, S. 110). Zwei wichtige Fragen wurden in Dumbarton Oaks nicht geklärt: die Frage des Vetorechts und die Frage der Mitgliedschaft. Die UdSSR forderte nämlich ein Vetorecht bei allen Fragen, die sie selbst betrafen und wünschte, dass alle Sowjet-Republiken in die Uno aufgenommen würden (Volger 2008, S. 16). Diese Anliegen stießen auf keinen positiven Widerhall. Deshalb wurde das Vetorecht in den Proposals nicht angesprochen. In Fragen der Mitgliedschaft einigte man sich lediglich darauf, dass die Organisation für alle friedliebenden Staaten offen stünde (Kap. 3, Absatz 1, Dumbarton Oaks Proposals). Die strittigen Fragen wurden von Roosevelt, Churchill und Stalin kurze Zeit später während der großen Anti-Hitler-Konferenz von Jalta (4.-11.02.1945) bereinigt. Churchill und Roosevelt gestanden der UdSSR zu, Weißrussland und die Ukraine als Vollmitglieder aufzunehmen. Im Gegenzug war Stalin mit einer modifizierten Abstimmung im Sicherheitsrat einverstanden (Volger 2008, S. 16, 17). Er stimmte der Lösung zu, die Abstimmungen im Sicherheitsrat in Verfahrensfragen und Nicht-Verfahrensfragen zu unterteilen. Nicht-Verfahrensfragen sind die weithin bekannten Fragen zu den Verfahren der Streitbeilegung und Friedenssicherung. Stalin setzte ein Vetorecht der ständigen SR-Mitglieder bei allen Nicht-Verfahrensfragen durch. Es entstand die so genannte Jalta-Formel, dergemäß sieben von elf Sicherheitsratsmitglieder inklusive der fünf Ständigen einer Nicht-Verfahrensfrage zustimmen müssten, um die Abstimmung passieren zu lassen. „Es war einer der Grundsätze der Gründungsväter der Uno, daß die

Großmächte mit besonderen Rechten (und seien sie auch negativ) ausgestattet sein müßten, um zu verhindern, daß sie das internationale System verließen und blockierten, wie es in den 1920er und 1930er Jahren geschah." (Kennedy 2007, S. 281) Man einigte sich außerdem darauf, dass sich die Mitglieder des Sicherheitsrats nur bei Angelegenheiten der Streitbeilegung, von denen sie selbst betroffen seien, der Stimme enthalten sollten (Volger 2008, S. 17). Churchill setzte zudem Sonderrechte für das britische Empire durch, dessen ehemalige Kolonien nicht in das Treuhandsystem der Uno überführt werden sollten. Im Abschlussdokument der Konferenz von Jalta wurde vereinbart, für den 25. April 1945 eine Konferenz einzuberufen, die die Gründung der Uno vorbereite (Churchill et al. 1945, Abschn. 4).

Daraufhin erging an alle 45 Staaten der Kriegsallianz eine Einladung, sich zur Gründungsversammlung der Vereinten Nationen im Opernhaus von San Francisco zu treffen. Die konstituierende Sitzung der Vereinten Nationen, an der mehr als 800 Delegierte teilnahmen, tagte bis 26. Mai 1945. Es wurden zahlreiche Ausschüsse gebildet, in denen die mehr als tausend Vorschläge zur Modifikation des Chartaentwurfs diskutiert wurden. In den abschließenden Beratungen gelang es den kleinen und mittleren Staaten, einige Veränderungen durchsetzen, z. B. die Stärkung regionaler Einrichtungen und des Menschenrechtsschutzes. Dagegen mussten sie die Privilegien der P5 akzeptieren, um den Beitritt der USA und UdSSR nicht zu gefährden.

3.3.4 Interessen, Ideen und Motive: Die Gründung der Uno

Am 25. Juni 1945 erfolgte die einstimmige Annahme der Charta durch das 50-köpfige Staatengremium. Tags darauf wurde die Charta im „Herbst-Theater" des Veterans War Memorial Building in San Francisco feierlich unterzeichnet. 51 Staaten zählten mit dem Inkrafttreten der Charta am 24. Oktober 1945 zu den

Mitgliedsstaaten der Vereinten Nationen, da Polen als 51. Staat im Oktober beitrat. Die Organisation erhielt in Würdigung des am 12. April 1945 verstorbenen Roosevelt den Namen „United Nations Organisation". In das Washingtoner Roosevelt Memorial wurde ein Ausspruch des Präsidenten eingemeißelt, der als Gründungssentenz der Uno gelten könnte: „The structure of world peace cannot be the work of one man, or one party, or one nation … it must be a peace which rests on the cooperative effort of the whole world."

Lässt man die Gründungsgeschichte Revue passieren, sind mit Paul Kennedy drei Motive für die Gründung der Uno zu identifizieren: Erstens ein gehöriges Maß an Egoismus der Siegermächte des Zweiten Weltkriegs, die die Nachkriegsordnung nach den eigenen Wünschen gestalten wollten. Zweitens die Fähigkeit dieser Staaten, aus der jüngeren Geschichte zu lernen und drittens die Sorge um die Zukunft. Auf die Großmächte, den so genannten dreibeinigen Schemel der Uno, heruntergebrochen, heißt das: Die USA wünschten eine Uno, um ihrer Idee einer kulturellen und ideologischen Gemeinschaft näher zu kommen. Die UdSSR verlangte es nach Sicherheit im Allgemeinen und Großbritannien strebte nach wirtschaftlicher und militärischer Sicherheit in der Nachkriegsordnung (Kennedy 2007, S. 52). Für wirtschaftliche Sicherheit sorgte das bereits 1944 eingerichtete Bretton-Woods-System. Für die militärische Sicherheit waren vorerst die Vereinten Nationen verantwortlich. Eine realistische Betrachtung der Lage, eine pragmatische Einschätzung des eigenen Handlungsspielraums und die Fähigkeit zu Visionen bewogen die Siegermächte dazu, die Vereinten Nationen aus der Taufe zu heben. Es zeigte sich: „Die Welt braucht sowohl skeptische Intelligenz als auch Visionen. In der richtigen Mischung, wie zwischen 1942 und 1945, können sie Wunder wirken." (Kennedy 2007, S. 328)

Aus dieser Gründungsgeschichte wurde eine Gründungserzählung geboren. Ihr begegnet man in der UN-Charta, in der UN-Flagge, in den Gebäuden der Vereinten Nationen in New York,

Genf und Wien. Es wird ein Mythos erzählt, in Bildern konstruiert und in Symbolen dargestellt. Die Flagge der Vereinten Nationen, seit 1947 offizielles Symbol der Weltorganisation, zeigt uns die von Menschen bewohnte Landmasse eingerahmt von Olivenzweigen, dem Symbol des Friedens. Zuvor existierte zwischen 1942 und 1946 eine inoffizielle, an Roosevelts vier Freiheiten orientierte „Four freedoms flag“, die aufgrund ihres missionarischen Topos als zutiefst amerikanischen Sinnbild keine volle Unterstützung fand (Dülffer und Kunkel 2008). Die Präambel der UN-Charta beginnt mit den Worten, die Vereinten Nationen seien gegründet um „künftige Geschlechter vor der Geisel des Krieges bewahren“ (Präambel UN-Charta), der die Menschheit in der ersten Hälfte des 20. Jahrhunderts zweimal heimsuchte. Die Uno ist eine Warnung an potentielle Aggressoren und der greifbare Weltwille der Staatengemeinschaft, das internationale System dauerhaft zu befrieden.

3.4 Wichtiges in Kürze

Die Vereinten Nationen sind das direkte Erbe der großen Denker der politischen Theorie. Augustinus, der Herzog von Sully, Hugo Grotius und Immanuel Kant sind die wichtigsten Vordenker in einer langen Reihe von Ideengebern. Immanuel Kant nahm in seinem „Traktat zum ewigen Frieden“ die Gründung einer Weltorganisation zur Bewahrung des Friedens und Wohlstands vorweg.

Die Vereinten Nationen stehen außerdem in der direkten Nachfolge des im Zuge des ersten Weltkriegs gegründeten Völkerbunds. Diese erste Organisation der kollektiven Sicherheit hatte ihren Sitz in Genf und hatte es sich zur Aufgabe gemacht, das Zusammenleben der Staaten friedlicher zu gestalten. Dazu wurde ein partielles System der kollektiven Sicherheit eingeführt, das der Abrüstung und Rüstungskontrolle einen wichtigen Beitrag zu Frieden und Sicherheit zuschrieb. Der Völkerbund konnte seinen hehren Zielen jedoch nie voll nachkommen. Er war aus vielen Gründen zu schwach: da sein Sicherheitssystem zu viele Schlupflöcher kannte, von dem die Großmächte Gebrauch machten; da sein Geburtshelfer, die USA, der Organisation nie beitrat; da wichtige Staaten wie Deutschland und die UdSSR viel zu spät Mitglied wurden und die Weltorganisation früh verließen oder verlassen mussten. Vor allem zeigte der Völkerbund angesichts der Kriege der zwanziger und dreißiger Jahre fundamentale Schwächen. Sein Versagen konnte nicht mehr ignoriert werden, als der Zweite Weltkrieg ausbrach. Trotzdem sind die Normen und Prinzipien des Völkerbundes eine Revolution im Völkerrecht und Ausgangspunkt für ein Nachdenken über die Uno gewesen. Ein Organ des Bundes, der Internationale Gerichtshof in Den Haag, wurde als Hauptorgan in die Vereinten Nationen integriert.

Die Vereinten Nationen sind auch das Erbe des Zweiten Weltkriegs und wurden lange als Anti-Hitler-Koalition unter Führung von vier Weltpolizisten behandelt. Vier Phasen musste die Gründungsgeschichte in den Kriegsjahren durchlaufen, bis die Vereinten Nationen am 26. Juni 1945 in San Francisco ins Leben gerufen wurden. Darunter fallen die geheimen Treffen zwischen Churchill und Roosevelt auf dem Kriegsschiff Augusta, die Verabschiedung der Atlantik Charta und der Erklärung zu den Vereinten Nationen – diese Dokumente und Treffen beschäftigen sich jedoch nur am Rande mit der Gründung einer Weltorganisation. Konkret wurde es erst, als sich Experten der Allianz in Dumbarton Oaks trafen, um die Weltorganisation zu planen. Nach einer sechswöchigen Sitzungsperiode in San Francisco wurde die Charta der Vereinten Nationen feierlich von 50 Staaten unterschrieben.

Mit der Gründung der Vereinten Nationen wurde die Vision der politischen Philosophen, der organisierte Friede, Wirklichkeit. Auch idealistisch-visionäre Staatsmänner sahen ihre Ideen in den Vereinten Nationen realisiert. Woodrow Wilsons letzter Satz aus dem 14-Punkte-Programm katalysierte die Gründung des Völkerbundes. Franklin und Eleonore Roosevelt bereicherten mit der Idee der vier Freiheiten und der vier Weltpolizisten die Kreation der Vereinten Nationen. Schon damals zeigte sich: die Weltorganisation sollte vor allem eine Organisation der Menschen und Völker sein.

4
Die Ziele und Grundsätze der Uno im Wandel der Zeit

Die Ziele und Grundsätze der Vereinten Nationen sind das Fundament, auf dem die Weltorganisation ruht. Sie sind an prominenter Stelle, in Kapitel I der UN-Charta, verankert. Im ersten Artikel von Kapitel I werden die vier zentralen Ziele der Vereinten Nationen eingeführt. Im zweiten Artikel werden die Grundsätze der Weltorganisation vorgestellt. Ob diese Handlungsanweisungen rechtliche Bindungswirkung haben oder nur politische Verpflichtungserklärung sind, ist im Einzelnen umstritten. Fest steht jedoch, dass diejenigen Artikel rechtsverbindlich sind, die auch völkergewohnheitsrechtlich abgedeckt sind (Pallek 2007, S. 86) – und das ist meist der Fall.

Im Folgenden wird zuerst kurz in die UN-Charta eingeführt. Danach werden die Ziele und Grundsätze der Vereinten Nationen diskutiert. Dazu werden sowohl die Präambel als auch das erste Kapitel der UN-Charta herangezogen. Dabei wird folgendes Schema gewählt: Zuerst wird der betreffende Charta-Artikel in Auszügen zitiert und ein zeitgenössischer Kommentar vorgestellt. In einem zweiten Schritt werden mögliche gegenwärtige inhaltliche Adaptionen besprochen. Die Ziele und Prinzipien der Charta gelten zwar als universell und ahistorisch, doch mussten sich die Vereinten Nationen auch in ihrem normativen Kern den neuen Realitäten anpassen, ohne den globalen Wandel in der UN-Charta abbilden zu können. Es stellt sich die Frage: Müssen die fundamentalen Regeln der Charta heute neu interpretiert werden und wenn ja, wie? Die Interpretationen und Anpassungsversuche, die hier vorgenommen werden, erheben keinen Anspruch auf absolute Gültigkeit und Vollständigkeit, sondern wollen als Denk- und Diskussionsanstoß verstanden werden. Ein besonderer Schwerpunkt wird auf das neue Konzept der Schutzverantwortung gelegt, das das Potential hat, die ehernen Prinzipien der Charta herauszufordern.

4.1 Der Gründungsvertrag: universell und ahistorisch?

Mit der Gründung der Uno gingen die 51 Gründungsstaaten einen völkerrechtlichen Vertrag ein. Er umfasst 19 Kapitel und 110 leicht verständliche und kurze Artikel, in denen die Ziele, Grundsätze, die Aufgaben und die Organisationsstruktur der Uno kodifiziert werden. Die Charta ist für alle Unterzeichnerstaaten verbindlich und zeitlich nicht begrenzt. Ihr wird universelle Gültigkeit zugeschrieben, gilt sie doch für die Mehrheit der Staaten des internationalen Systems. Manch einer begreift die UN-Charta sogar als „global constitution" (Doyle 2009) oder zumindest als den wichtigsten Beitrag zu einer konstitutionellen Weltgeschichte, der im 20. Jahrhundert geleistet wurde (Fassbender 2009). Das normative Fundament der Charta wurde in der „Milleniums-Erklärung" der UN-Vollversammlung bekräftigt und festgestellt: „Sie (die Ziele und Prinzipien; M.S.) haben mit der wachsenden Verflechtung von Nationen und Völkern und ihrer zunehmenden Interdependenz sogar noch an Belang und an Bedeutung als Quelle der Inspiration gewonnen." (A/RES/55/2 v. 8.09.2000, § 4) Dieses Dokument kann als zeitgenössische Ergänzung der UN-Charta gelten.

Die grundlegende Herausforderung, der sich die Staatenwelt seit Gründung der Uno gegenübersieht, ist die faktische Unreformierbarkeit der Charta. Sie kann nur in einem sehr aufwändigen Verfahren geändert werden. Eine Änderung der Charta tritt nur in Kraft, wenn eine Zweidrittel-Mehrheit der Generalversammlung zustimmt und die Änderungen von dieser Mehrheit inklusive aller ständigen Mitglieder des Sicherheitsrats ratifiziert werden (Art. 108 UN-Charta). Bei der Gründung war man sich bewusst, dass der Wandel der Zeit die Notwendigkeit einer Charta-Änderung mit sich bringen würde. Deshalb vereinbarte man in San Francisco, zehn Jahre nach Inkrafttreten der Charta eine Generalkonferenz zur Revision der Charta einzuberufen (Art. 109.3 UN-Charta). Eine solche Konferenz fand aber nie statt. Zur zehnten Vollversammlung der Vereinten Nationen rang man sich lediglich dazu durch, eine solche Konferenz zu gegebener Zeit abhalten zu wollen. Es wurde ein Ausschuss eingesetzt, der sie vorbereiten sollte. Auf eine Generalkonferenz warten wir bis heute.

Es gab im Laufe der UN-Geschichte aber tatsächlich Bemühungen, die Charta der Realität anzupassen. Sie wurde zweimal und an insgesamt vier Stellen formell umgearbeitet, um auf die Veränderungen der Mitgliederstruktur in den UN-Hauptorganen zu reagieren (1963 und 1965; Art. 23, Art. 27, Art. 61, Art. 109 UN-Charta). Zuletzt machte die Generalversammlung 2005 den Vorstoß zur Änderung der Charta und brachte drei der wichtigsten Baustellen vor, die bereits seit den siebziger Jahren diskutiert werden: Sie regte die Streichung der so genannten Feindstaatenklauseln, also Artikel 53, 77 und 107 der Charta, an. Diese Artikel entsprechen längst nicht mehr den Realitäten der Gegenwart, sind die Feindstaaten Deutschland und Japan doch längst Mitglieder der Uno. Auch der so genannte Treuhandrat, ein seit 1994 arbeitsloses Hauptorgan, das einst für die Verwaltung der Treuhandgebiete zuständig war, sollte aus der Charta entfernt werden. Drittens wurde angeregt, den Militärstab, der nie seine Arbeit aufgenommen hatte, aus der Charta zu tilgen. Auf den de jure-Vollzug warten wir bis heute. Wenn aber bereits die Adaption dieser gebilligten Änderungen nicht möglich ist, so ist eine Gesamtüberprüfung der Satzung derzeit erst Recht völlig unrealistisch. Vor allem die Ständigen Mitglieder des Sicherheitsrats haben kein Interesse daran, auch wenn eine solche immer wieder von Staatengruppen wie der G77 gefordert wurde (Unser 2004, S. 28, 29).

Die Charta ist also nach wie vor unreformierbar. Dabei war sie von Beginn an ein Kompromisswerk und das Maximum dessen, was zwischen Großmächten, Mittel- und Kleinstaaten verhandelbar war (Volger 2008, S. 28). Deshalb muss die Uno andere Mittel und Wege finden, um sich den Realitäten des 21. Jahrhunderts anzupassen.

4.2 Die feierliche Präambel: Interpretationen im Zeitenwandel

Bereits aus der Präambel erfahren wir, welche höchsten Ziele sich die Vereinten Nationen gesteckt haben. Dabei schlagen die Väter und Mütter der Uno einen staatstragenden und feierlichen Ton an. Die Präambel hat zwar keine völkerrechtliche Bindewirkung, sie ist aber ein wichtiges politisches Symbol und wird noch heute gerne zitiert, wenn Appelle an die Weltgemeinschaft gerichtet werden. UN-Interessierte kennen den ersten Satz der Charta meist auswendig und rezitieren ihn gerne. Die Mitgliedsstaaten der Vereinten Nationen geben das Ziel kund, „künftige Geschlechter vor der Geißel des Krieges zu bewahren", die zweimal zu den Lebzeiten der Gründergeneration „unsagbares Leid über die Menschheit gebracht hat" (Präambel UN-Charta). Nach dieser zentralen Sentenz werden weitere Ziele für die Weltgemeinschaft formuliert: die Achtung der Menschenrechte, der Grundfreiheiten und des Völkerrechts, die Förderung des sozialen Fortschritts und eines Lebens in größerer Freiheit.

Die zeitgenössische Intention des Herzstücks der Präambel, des ersten Satzes, ist unstrittig. Die Staatengemeinschaft setzte sich das Ziel, den zwischenstaatlichen Krieg zu verhindern, der als Weltkrieg die europäische Geschichte der ersten Hälfte des 20. Jahrhunderts bestimmt hatte. Im Gründungsjahr 1945 war dieses Ziel eine „realistische Utopie“, die im Laufe der Geschichte immer realistischer wurde.

Bemühen wir uns nun um eine aktuelle Adaption des Kernsatzes des Präambel. Die erste Anpassung betrifft die „Geißel des Krieges“, die sich über die Jahre stark verändert hat. Der Kriegstypus, der das Konfliktgeschehen seit Ende der Bipolarität dominiert, hat nicht mehr viel mit dem klassischen zwischenstaatlichen Krieg gemein, von dem die Präambel spricht. Sein Gesicht hat sich fundamental verändert. Nur noch drei Prozent aller Kriege sind zwischenstaatlich. Der moderne Krieg ist innerstaatlicher Natur. Gewaltsame Konflikte werden deshalb als nichtinternational bezeichnet. Die Kriege der Neuzeit sind durch brutale Gewaltstrategien, private Konfliktakteure und durch eine florierende Kriegswirtschaft gekennzeichnet (Münkler 2002).

Die zweite Anpassung ist grundsätzlicher. Es stellt sich prinzipiell die Frage: Würden die Staats- und Regierungschef der Gegenwart die Ausmerzung des Krieges als das zentrale Ziel der Uno ansehen und an so prominenter Stelle in die Präambel aufnehmen? Mit einem Blick auf die derzeitige sicherheitspolitische Lage ist festzustellen, dass neue Bedrohungen den Krieg zwar nicht verdrängt haben, aber ebenso bedeutend für die Gefahrenkonstellation im 21. Jahrhundert sind. In den Reformberichten des UN-Generalsekretärs und seines Expertengremiums zur Reform der Uno („High Level Panel“/HLP) werden neben dem klassischen Krieg weitere zentrale Bedrohungen aufgeführt, die Staatenkriegen in der Bedeutung nicht nachstehen, nämlich Bürgerkriege, fragile Staatlichkeit, internationale organisierte Kriminalität, internationaler Terrorismus und die Proliferation von Massenvernichtungswaffen, Armut, tödliche Infektionskrankheiten und Umweltprobleme (HLP 2004, § 17–24; ILF 2005, § 78). Diese Bedrohungen sind interdependent, vernetzt, wenig sichtbar und globalisiert (HLP 2004, § 17). Starke wie schwache Staaten sind ihnen ausgesetzt und reagieren ähnlich verwundbar. Sie beschäftigen die Vereinten Nationen derzeit stärker als der klassische zwischenstaatliche Krieg.

In der Milleniums-Erklärung schreiben die Staats- und Regierungschefs, die zentrale Herausforderung bestehe heute darin, „sicherzustellen, dass die Globalisierung zu einer positiven Kraft für alle Menschen der Welt wird.“ (A/RES/55/2 v. 8.09.2000, § 5) Würde dieser Satz als heutiger Kern der Präambel taugen? Fest steht: eine Präambel im 21. Jahrhundert würde anders lauten als 1945. Globalisierung, Interdependenz und die Vielgesichtigkeit der Gefahren und Herausforderungen würden sicherlich einen zentralen Platz finden.

4.3 Die Ziele der Uno: Frieden und Sicherheit im Zeitenwandel

In Artikel 1 werden die in der Präambel angesprochenen Ziele in vier Absätzen vertieft. Artikel 1.1 korrespondiert am stärksten mit der Präambel. Die Vereinten Nationen vereinbaren,

> den Weltfrieden und die internationale Sicherheit zu wahren und zu diesem Zweck wirksame Kollektivmaßnahmen zu treffen, um Bedrohungen des Friedens zu verhüten und zu beseitigen, Angriffshandlungen und andere Friedensbrüche zu unterdrücken und internationale Streitigkeiten oder Situationen, die zu einem Friedensbruch führen könnten, durch friedliche Mittel nach den Grundsätzen der Gerechtigkeit und des Völkerrechts zu bereinigen oder beizulegen.

Der Artikel besteht aus zwei Teilen. Der erste Teil beschreibt die „raison d`etre" der Uno, also die Wahrung des Weltfriedens und der internationalen Sicherheit (Klein 2007, S. 22). Der zweite, größere Teil führt die Methode ein, mit der das Ziel erreicht werden soll (Pallek 2007, S. 86). Es werden Kollektivmaßnahmen genannt, um den Frieden wieder herzustellen (siehe Kap. 5.2.3).

Das zweite Ziel befasst sich mit den Beziehungen zwischen den Mitgliedsstaaten (Art. 1.2 UN-Charta). Die Beziehungen sollen freundschaftlich sein, auf dem Grundsatz der Gleichberechtigung und Selbstbestimmung beruhen. Im dritten Ziel nehmen die Gründer die weichen Themenfelder der Präambel wieder auf (Art. 1.3 UN-Charta). Sie versprechen sich, eine internationale Zusammenarbeit anzustreben, um die vielfältigen Probleme der Menschheit zu lösen und die Achtung der Grundrechte und Grundfreiheiten zu festigen. In Artikel 1.4 bestimmen die Mitgliedsstaaten das „image" der Uno. Sie soll als Mittelpunkt für die Staaten fungieren, in dem die Staaten die Verwirklichung der gemeinsamen Ziele abstimmen können.

Wollen wir das fundamentale und erstgenannte Ziel der Uno verstehen, müssen wir uns auf die Auslegung zweier zentraler Begriffe, Frieden und Sicherheit, konzentrieren. Zudem müssen wir uns fragen, ob die Ziele des Artikels 1.3 nicht wichtiger geworden sind und sich das „image" der Vereinten Nationen verändert haben könnte.

4.3.1 Weltfrieden gestern und heute

Die Staats- und Regierungschefs bekennen sich zum Ziel des Weltfriedens. Die Väter und Mütter der Charta unterlassen es aber, den wichtigen Terminus „Frieden" mit Inhalt zu füllen. Er wird an keiner Stelle der Satzung definiert. Wir können erahnen, dass die Gründer der Uno darunter eine Situation des Nicht-Krieges verstanden. Johan Galtung bezeichnete diese Art als den

„negativen Frieden“. Der negative Friedensbegriff, der in der Präambel sowie in Artikel 1.1. und 1.2 der UN-Charta anklingt, war aber nie exklusiv. Schon 1945 erkannte die Gemeinschaft, dass die Weltorganisation auch die Ursachenbeseitigung von Konflikten angehen müsse. Sie legte fest, dass sich die Völkergemeinschaft auch um positiven Frieden bemühen müsse. „Positiver Friede“ wird meist als „Abwesenheit struktureller Gewalt“ definiert. Johan Galtung versteht unter „positivem Frieden“ jedoch mehr, nämlich die Summe aller auf Konsens der Weltstaatengemeinschaft stoßenden Werte, unter anderem Freiheit vor Not und Furcht, Gleichheit und Gerechtigkeit, Handlungsfreiheit und Pluralität (Galtung 1967, S. 16, 17). Dieser Friedensbegriff scheint sowohl in der Präambel als auch in Artikel 1.3 auf. Diese weichen Politikfelder stehen heute noch stärker im Vordergrund der Bemühungen der Uno als zur Zeit ihrer Gründung. Denn in den achtziger und neunziger Jahren drängten Menschenrechts-, Entwicklungs-, und Umweltfragen auf die Agenda der Vereinten Nationen und stehen seitdem gleichberechtigt neben den Fragen von Krieg und Frieden. Die großen Weltkonferenzen der neunziger Jahre, die Millenium-Entwicklungsziele und die Weiterentwicklung der Menschenrechte sind Zeugnis der Bedeutung der „low politics“. Der Nexus von Sicherheit, Entwicklung und Menschenrechten, der während der Bipolarität oftmals in Richtung Sicherheit ausschlug, ist heute im Gleichgewicht. Sicherheit und Entwicklung werden als gleichberechtigte Voraussetzungen für stabilen und positiven Frieden begriffen. Die Uno verfolgt also einen holistischen Friedensansatz, heute noch stärker als zur Zeit ihrer Gründung.

4.3.2 Internationale Sicherheit gestern und heute

Im Gegensatz zum Friedensbegriff, den die Uno schon immer breit definiert, musste der Sicherheitsbegriff im Laufe der Geschichte sehr stark gedehnt werden. Sicherheit im Sinne der Gründungsväter ist als die Bewahrung der politischen Unabhängigkeit und territorialen Unversehrtheit des Staates zu verstehen, als Schutz vor vornehmlich militärischen Bedrohungen durch Dritte. Sicherheit wurde inter-national definiert. Referenzpunkt war der souveräne Staat.

Heute steht dem Sicherheitsbegriff immer öfter das Adjektiv „menschlich" vor. Das deutet eine fundamentale inhaltliche Verschiebung des Begriffs an – vom Staat zum Individuum. Kofi Annan beschreibt den Wandel des Sicherheitsbegriffs eindrucksvoll in seiner Biografie:

> Als Organisation von Staaten, die eifersüchtig über ihre Privilegien wachten, hatten sich die Vereinten Nationen zu einer Institution entwickelt, der es in erster Linie um Selbsterhaltung ging. Unterdessen waren wir vom Weg abgekommen und hatten die ersten Worte der UN-Charta vergessen: ‚Wir, die Völker der Vereinten Nationen'. Wir mussten unseren Blick neu ausrichten – auf die einzelne Frau, den einzelnen Mann und das einzelne Kind, die Sicherheit, Gesundheit und Chancen brauchen. Wir mussten die Vereinten Nationen zu den Völkern zurückbringen, in deren Namen sie gegründet worden waren. (Annan 2013, S. 169)

Diese inhaltliche Neuausrichtung oder auch Rückbesinnung auf die Anfänge korrespondiert mit dem immer enger werdenden Verhältnis von Sicherheit und Entwicklung.

Der heute zentrale Begriff der „menschlichen Sicherheit" wurde durch das United Nations Development Programm (UNDP) 1994 aus der Taufe gehoben. Damals noch entwicklungspolitisch verstanden, gab UN-Generalsekretär Kofi Annan dem Begriff in seinem Millenniumsbericht „We, the peoples" aus dem Jahr 2000 eine sicherheitspolitische Note (43 ff.). Er nahm Anleihen an die vier Freiheiten Roosevelts und definierte menschliche Sicherheit positiv als zweifache Freiheit: Freiheit von Not und Furcht.

Freiheit von Not kann als Sicherung der Grundgüter verstanden werden. Freiheit von Furcht bedeutet die Abwesenheit von militärischer Gewalt. 2005 erweiterte er seinen Zweiklang und fügte eine dritte Freiheit, die Freiheit in Würde zu leben, hinzu (ILF 2005). Der klassische Sicherheitsbegriff wurde also in zweifacher Weise erweitert, vom Staat zum Menschen und von der militärischen Sicherheit zu einem weiteren Spektrum unterschiedlichster Bedrohungen und Risiken. Die Diskussion um die Auslegung der „menschlichen Sicherheit" dauert jedoch vor allem in der Uno noch an. Aus einem Bericht des UN-Generalsekretärs Ban Ki-moon geht zwar hervor, dass er diese drei „fundamental freedoms" adaptierte und sie in den Grundprinzipien der UN-Charta verankert sieht (A/67/701 v. 8.03.2010, 4). Gleichwohl stehen verschiedene Interpretationen, unter anderem von Kanada, Japan und der Schweiz, noch immer zur Diskussion. Das Konzept der menschlichen Sicherheit wird von einigen Staaten mit großer Skepsis begleitet, allen voran der Volksrepublik China und Russland (siehe dazu MacFarlane und Foong Khong 2006).

Fest steht jedoch, dass zur klassischen Sicherheit die menschliche Sicherheit hinzugetreten ist. Sie war der Charta immer inhärent, verlor aufgrund der stark sicherheitspolitischen Ausrichtung der Uno bis zum Ende der Bipolarität aber an Bedeutung. Die Uno entdeckt mit der Betonung der menschlichen Sicherheit ihre Wurzeln wieder.

4.3.3 Die Rolle der Uno gestern und heute

Der letzte Artikel des Zielkatalogs beschäftigt sich mit der Funktion der Vereinten Nationen im gemeinsamen Bemühen um Frieden und Sicherheit. Es wird das Ansinnen formuliert, die Weltorganisation möge eine Arena zwischenstaatlichen Austauschs sein. Folgt man einem modernen Dokument, der Millenniums-Erklärung aus dem Jahr 2000, sind die Vereinten Nationen heute nicht mehr nur ein Staatenforum, sondern nehmen als „universellste und repräsentativste Organisation" in dem Bemühen um eine bessere Welt eine „zentrale Rolle" ein (A/RES/55/2 v. 8.09.2000, § 6). Die Uno wird folglich als Akteur wahrgenommen. Zudem wird sie als „unverzichtbare Begegnungsstätte der gesamten Menschheit" (A/RES/55/2 v. 8.09.2000, § 32) eingeführt. Das deutet den wichtigen Wandlungsprozess der Vereinten Nationen subtil an: weg vom Staat als zentralen Akteur ihres Handelns, hin zum Menschen.

Die Ziele der Uno nach Kapitel I Artikel 1 UN-Charta
Gestern:

1. Weltfrieden und internationale Sicherheit wahren oder wieder herstellen
2. Freundschaftliche Beziehungen zwischen souveränen Staaten fördern
3. Internationale Zusammenarbeit in den weichen Politikfeldern fördern
4. Die Uno als Arena zwischenstaatlichen Austauschs etablieren.

Heute:

1. Den negativen und positiven Frieden sowie die klassische und menschliche Sicherheit wahren und nachhaltig wieder herstellen
2. Freundschaftliche Beziehungen zwischen Staaten und den Zivilgesellschaften fördern
3. Global Governance in den weichen Politikfeldern fördern
4. Die Uno als Akteur etablieren.

4.4 Die Grundsätze der Uno: souveräne Gleichheit und kollektive Sicherheit

Im zweiten Artikel der UN-Charta sind die Grundsätze der Vereinten Nationen, also Regeln, denen sich die Mitgliedsstaaten verpflichten, niedergelegt. Sie sind zusammen mit den Zielen der normativ-präskriptive Kern der UN-Charta. Sie sind im Grunde zeitlos und universell. Das neue Konzept der „Responsibility to Protect" (R2P), das aus dem Theorem der menschlichen Sicherheit abgeleitet ist, fordert jedoch eine Außerkraftstellung der Grundsätze im Einzelfall. Die R2P nimmt die Staaten stärker in die Pflicht, ihre Bevölkerung zu schützen. Sie gesteht der internationalen Gemeinschaft das Recht zur humanitären Intervention zu, sollte ein Staat nicht in der Lage sein, seiner innerstaatlichen Verantwortung nachzukommen und seine Bevölkerung vor Gräueltaten zu bewahren. Gerade Staaten, die die eigene Unabhängigkeit und Selbstbestimmung als zentrale Staatsräson begreifen, befürchten eine Aushöhlung der fundamentalen Prinzipien der Vereinten Nationen durch die R2P. Deshalb werden zuerst die Grundsätze vorgestellt, um dann ihre Gültigkeit zu Zeiten der R2P zu diskutieren.

4.4.1 Souveräne Gleichheit

Das erste Prinzip lautet: „Die Organisation beruht auf dem Grundsatz der souveränen Gleichheit aller ihrer Mitglieder." (Art. 2.1 UN-Charta) Die staatliche Souveränität, die Fundamentalnorm des Völkerrechts, die die Epoche vom Westfälischen Frieden bis zum ersten Weltkrieg entscheidend prägte, dominiert die Charta also nicht so stark wie gemeinhin angenommen. Souveränität wird in der Charta zu einem Adjektiv degradiert. Bewusst wird die „souveräne Gleichheit“ postuliert. Dieser Formulierung kann eine wichtige Lehre aus den Weltkriegen entnommen werden: der Pervertierung der staatlichen Souveränitätsnorm kann nur durch Verrechtlichung von Gleichheit und die Institutionalisierung der souveränen Staatengemeinschaft vorgebeugt werden. Gleichheit muss hier als Gleichheit vor den Rechten und Pflichten der Charta verstanden werden. Alle Staaten, ob groß oder klein, mächtig oder ohnmächtig, reich oder arm, haben demnach die gleichen Rechte und die gleichen Pflichten, die aus der Charta erwachsen. Alle Mitgliedsstaaten der Vereinten Nationen haben gemäß dieses Grundsatzes zwei grundsätzliche Rechte: das Recht zum Schutz vor der Verletzung der eigenen staatlichen Autonomie und das Recht zur Gemeinschaft souveräner Gleicher (Fassbender 2007, S. 11). Letzteres wird in der Zusammensetzung der UN-Generalversammlung gespiegelt, in der alle Mitgliedsstaaten der Vereinten Nationen vertreten sind und gemäß der Formel „one country, one vote“ abstimmen. Die exklusive Zusammensetzung des UN-Sicherheitsrats, insbesondere die Struktur der ständigen Mitgliedschaft mit Vetorecht, straft der souveränen Gleichheit Lügen. Die Einschränkung des Gleichheitsgrundsatzes durch den als übermächtig empfundenen Sicherheitsrat ist immer wieder Anlass empörter Proteste von Staatenvertretern. Ein eindrucksvolles, aber zweifelhaftes Beispiel gab Muhammar Al Gaddafi, der während seiner Rede in der UN-Vollversammlung 2009 als Zeichen seines Protests die UN-Charta in Stücke riss. Weniger expressiv waren die Versuche der G77-Staaten zur Zeit des Nord-Süd-Konflikts, sich unter Berufung auf den Grundsatz der souveränen Gleichheit mehr Gehör zu verschaffen.

4.4.2 Prinzip der kollektiven Sicherheit

Zum Schutz der staatlichen Autonomie und des zwischenstaatlichen Friedens wurde das System der kollektiven Sicherheit eingeführt, das in den Prinzipien der UN-Charta grundgelegt wurde. Nach dem Grundsatz der Selbstverpflichtung zur Einhaltung der „aus der Mitgliedschaft erwachsenden Rechte“ (Art. 2.2 UN-Charta) folgt dieser Kern der Charta. Die Prinzipien des Systems der kollektiven Sicherheit sind eine logische Ableitung der in Artikel 1 eingeführten Ziele. Ernst-Otto Czempiel erklärt das Prinzip in seinem noch immer aktuellen Buch zur Reform des kollektiven Sicherheitssystems so:

> Sie (die kollektive Sicherheit; M.S.) wendet sich nicht gegen einen potentiellen Aggressor von außen, sondern gegen die Gewaltanwendung zwischen ihren Mitgliedern. Sie will die Sicherheit nicht einer Militärallianz anvertrauen, sondern der Sanktionsbereitschaft aller gegen denjenigen, der die verabredete Friedenspflicht bricht. Schon die Bereitschaft dazu (…) schreckt einen potentiellen Friedensbrecher ab. Da er die vereinigte Macht aller Mitglieder des Systems der Kollektiven Sicherheit gegen sich hat, zerrinnt seine Chance, seine Ziele mit Gewalt zu erreichen. (Czempiel 1994, S. 25)

Ein gerne verwechselter Konterpart des Systems kollektiver Sicherheit ist das Prinzip der kollektiven Verteidigung, also die Abwehr von Bedrohungen, die dem Bündnis von außen bevorstehen. Ein Beispiel für ein solches System ist die NATO.

Das System der kollektiven Sicherheit ruht auf drei Säulen, dem Gewaltverbot, dem Interventionsverbot und den Kollektivmaßnahmen zur Beseitigung von Unsicherheit. In Artikel 2.3 ist das Gewaltverbot niedergelegt: „Alle Mitglieder legen ihre internationalen Streitigkeiten durch friedliche Mittel so bei, daß der Weltfriede, die internationale Sicherheit und die Gerechtigkeit nicht gefährdet werden.“ Dem folgt das Interventionsverbot: „Alle Mitglieder unterlassen in ihren internationalen Beziehungen jede gegen die territoriale Unversehrtheit oder die politische Unabhängigkeit eines Staates gerichtete oder sonst mit den Zielen der Vereinten Nationen unvereinbare Androhung oder Anwendung von Gewalt." (Art. 2.4 UN-Charta) Mit Artikel 2.3 und 2.4 korrespondiert Artikel 2.7, das Nichteingriffsgebot: „Aus dieser Charta kann eine Befugnis der Vereinten Nationen zum Eingreifen in Angelegenheiten, die ihrem Wesen nach zur inneren Zuständigkeit eines Staates gehören, oder eine Verpflichtung der Mitglieder, solche Angelegenheiten einer Regelung auf Grund dieser Charta zu unterwerfen, nicht abgeleitet werden (…)". Die Charta lässt nur zwei Ausnahmen zu, die diese Grundsätze außer Kraft setzen: Zwangsmaßnahmen nach Kapitel VII der Charta, die vom UN-Sicherheitsrat autorisiert werden (siehe Kap. 5.2.3) und das Recht zur Selbstverteidigung bei einem Angriff von außen (Art. 51 UN-Charta).

Zur Etablierung des Systems der kollektiven Sicherheit werden die Mitgliedstaaten und die Weltorganisation in die Pflicht genommen. Das Recht, das System der kollektiven Sicherheit zu schützen und gegebenenfalls zu verteidigen, fällt in den ausschließlichen Zuständigkeitsbereich des Sicherheitsrats (siehe Kap. 5.2.3). Die Staaten müssen die Beschlüsse des Sicherheitsrats jedoch kollektiv implementieren. Sie werden dazu angehalten, den Vereinten Nationen „jeglichen Beistand bei jeder Maßnahme (zu leisten; M.S.), welche die Organisation im Einklang mit dieser Charta ergreift; sie leisten einem Staat, gegen den die Organisation Vorbeugungs- oder Zwangsmaßnahmen ergreift, keinen Beistand." (Art. 2.5 UN-Charta) Die Botschaft ist sehr deutlich: Jeder Staat, der die Charta unterschrieben hat, hat seinen Beitrag zu leisten (Kennedy 2007, S. 58). Was die Art des Beistands betrifft, kann der Mitgliedsstaat frei entscheiden. Neben den Staaten wird die Weltorganisation selbst in die Pflicht genommen. Sie wird dazu aufgefordert, den Prinzipien der Charta universelle Geltung zu verschaffen. Sie „trägt dafür Sorge, daß Staaten, die nicht Mitglieder der Vereinten Nationen sind, insoweit nach diesen Grundsätzen handeln, als dies zur Wahrung des Weltfriedens und der internationalen Sicherheit erforderlich ist." (Art. 2.6 UN-Charta)

Das System der kollektiven Sicherheit kann direkt aus dem Selbstbestimmungsrecht der Staaten abgeleitet werden. Die Grundsätze des Interventions- und Gewaltverbots sowie das Gebot des kollektiven Beistands gelten als bewährt, ahistorisch und sakrosankt.

Die Grundsätze der Uno nach Kapitel I Artikel 2 UN-Charta
1. Souveräne Gleichheit
2. Pflichterfüllung
3. Friedliche Beilegung von Streitigkeiten
4. Gewaltverbot
5. Beistandspflicht
6. Die Uno bemüht sich um die universelle Geltung der Prinzipien
7. Nichteinmischung in die inneren Angelegenheiten eines Staates.

4.5 Neue Ziele, neuer Grundsatz? Die „Responsibility to Protect"

Doch wie agiert eine Weltgemeinschaft in einer Zeit, in der immer mehr Staaten über nur noch eingeschränkte Souveränität verfügen? In der in instabilen, scheiternden oder gescheiterten Staaten gewaltsame Konflikte ausbrechen? Gelten hier immer noch das Interventions- und Gewaltverbot?

Die Vereinten Nationen sind seit den neunziger Jahren ständig mit dieser Frage konfrontiert. Sie haben oft zu zögerlich gehandelt, wie die Einsätze in Somalia, Ruanda und Bosnien eindrucksvoll beweisen. Gegenwärtig stellt sich diese Frage in den chronischen Konflikten der gescheiterten Staaten Somalia, Sudan/Darfur und DR Kongo. Wann dürfen Staaten die Souveränität eines anderen Staates verletzen? Thomas G. Weiß, eine treibende Kraft der UN-Forschung und ein Verfechter des neuen Konzepts der R2P, hat dazu eine klare, wenn auch streitbare Meinung: „While reconstituting weak states is essential, treating traditional sovereignty as a cornerstone for the United Nations is a fundamental structural weakness in urgent need of replacement." (Weiss 2012, S. 32) Seiner Ansicht nach ist die westfälische Souveränitätsnorm ein chronisches Leiden der Uno und vielleicht sogar ein tödliches Leiden für den Planeten (Weiss 2012, S. 49). Die Uno entschied bisher in der Praxis von Fall zu Fall, weitgehend nach Gesichtspunkten der politischen Opportunität, ob aus humanitären Gründen zu intervenieren sei oder nicht (Unser 2004, S. 37). Seit der Jahrtausendwende drängt jedoch ein relativ konkretes Konzept in die politische Diskussion um menschliche Sicherheit und humanitäre Intervention, das der Verantwortung vor dem Menschen mehr Gewicht einräumt als dem Verbot von Eingriffen in die inneren Angelegenheiten eines Staates: die „Responsibility to Protect" (R2P). Eigentlich ist die R2P kein neues Konzept, sondern das Kernstück der Völkermordkonvention, die auch den Einsätzen der neunziger Jahre zugrunde lag (Fréchette 2007, S. 2). Diese Idee wurde jedoch in ein politisches Konzept gegossen und als neue Vision beworben. Keine Idee hat sich schneller in die Arena internationaler Normen hineinbewegt als die R2P, so die UN-Forscher Jolly, Emmerij und Weiss (Jolly et al. 2009, S. 174). Dennoch wäre es verfrüht, die R2P als „neue Norm" zu bezeichnen, wie es in politikwissenschaftlichen und moralphilosophischen Kreisen sowie in den Vereinten Nationen gerne geschieht. Für konkrete Rechtsnormen ist die R2P zu komplex und viele Elemente der R2P sind ja bereits völkerrechtlich verankert (Brozus und Schaller 2013, S. 7). Trotzdem ist das Konzept vor allem wegen seiner normativen Botschaft überzeugend, seit 2001 im kontinuierlichen politischen Diskurs und bereits mehrfach als Argumentationsgrundlage von Sicherheitsratsmandaten benutzt worden. Die zentrale Botschaft der R2P lautet: Ist ein Staat nicht willens oder in der Lage, seine Bevölkerung in ausreichendem Maß vor den schlimmsten Gräuel zu schützen, geht die Verantwortung für die Zivilbevölkerung des betreffenden Staates in letzter Konsequenz auf die internationale Gemeinschaft über. Aus der inneren und äußeren Souveränität des Staates, die das Fundament des Systems der kollektiven Sicherheit bilden, erwachsen nicht mehr nur Rechte wie das Recht auf Unversehrtheit und Selbstbestimmung, sondern auch Pflichten. Der Staat hat die Pflicht und die Verantwortung, die menschliche Sicherheit in seinem Inneren zu garantieren. Die Souveränität, das Gewalt- und Interventionsverbot als Eckpfeiler der Vereinten Nationen werden zugunsten der menschlichen Sicherheit aufgeweicht.

Die R2P, die der „High Level Panel on Threats, Challenges and Change" (HLP) und Kofi Annan gar als „emerging norm" bezeichneten (HLP 2004, § 202; ILF, § 135), entstand aus einschneidenden weltpolitischen Erfahrungen. Erstens wandelte sich der Sicherheitsbegriff seit den neunziger Jahren hin zur „menschlichen Sicherheit". Durch den Wandel des Krieges erfuhr dieses ursprünglich entwicklungspolitische Konzept Eingang in die sicherheitspolitische Debatte. Zweitens stehen die militärischen Misserfolge der Vereinten Nationen in Somalia, Ruanda und Bosnien, in denen die Uno Völkermord, Verbrechen gegen die Menschlichkeit und Kriegsverbrechen nicht verhinderte, für einen umfassenden Lernprozess. Im Kosovo zeigten sich die Fallstricke humanitärer Interventionen. An dessen Ende stand die Gewissheit, dass humanitäre Interventionen in begründeten Einzelfällen legitim sind. Doch es gab keinerlei konzeptionelle Grundlagen für Eingriffe dieser Art. Drittens sah sich die Weltorganisation in der Pflicht, sich diesem sicherheitspolitischen Wandel konzeptuell anzupassen und schaffte der „R2P" ein Forum. Und viertens traf eine reformwillige Weltgemeinschaft auf Kofi Annan als Generalsekretär, der einen exzellenten Riecher für „neue" Ideen hatte, der das Heft des Handels in die Hand nahm und die „R2P" auf die Agenda der Vereinten Nationen setzte (Jolly et al. 2009, S. 174).

4.5.1 Konzepte im Vergleich

Die Konzeption der R2P durchlief viele UN-interne Stationen, bis sie erstmals in einem konkreten Krisenfall angewandt wurde. Dabei wurde sie auf ein für die Staaten tolerables Maß zurechtgestutzt.

Ein wichtiger Impulsgeber war UN-Generalsekretär Kofi Annan und sein Mitarbeiterkreis. Schon Mitte der neunziger Jahre regte der Sondergesandte des Generalsekretärs für Binnenflüchtlinge an, Souveränität als Verantwortung zu begreifen (Weiss 2012, S. 135). 1999 sprach und schrieb Kofi Annan über den Wandel der Souveränitätsnorm. Im „Economist" fasste er seine Gedanken, die er der Staatengemeinschaft anlässlich der Jahresvollversammlung der Generalversammlung überbrachte, in das Bild der zwei Souveränitäten. Annan drängte auf die Redefinition der staatlichen Souveränität. Staaten sollten Instrumente im Dienste der „peoples" sein. Neben die staatliche Souveränität trat die des Individuums, die mehr zählte als die des Staates (Weiss 2012, S. 136). Darunter verstand Annan die fundamentale Freiheit eines jeden Einzelnen. Der Kernsatz dieses Artikels, der den Wandel der Grundprinzipien der Charta deutlich aufzeigt, lautet: „When we read the charter today, we are more than ever conscious that its aim is to protect individual human beings, not to protect those who abuse them." (Annan 1999a) Die Lehre von den zwei Souveränitäten wurde in der Folgezeit als „Kofi-Doktrin" bekannt (Fröhlich 2007, S. 100). Annan begleitete den Prozess der Konzeptgenese und fand in Ban Ki-moon einen engagierten Nachfolger in Sachen R2P.

4.5.1.1 Der Vorschlag der „International Commission on Intervention and State Sovereignty"

Den ersten konkreten Vorschlag lieferte die Expertenkommission „International Commission on Intervention and State Sovereignty" (ICISS) 2001 unter Leitung von Gareth Evans und Mohamed Sahnoun. An menschlicher Sicherheit, den Prinzipien guter Regierungsführung und nachhaltiger Entwicklung orientiert, legte sie die R2P weit aus. Die R2P besteht nach Ansicht der ICISS aus drei Teilen, der „Responsibility to Prevent", der „Responsibility to React" und der „Responsibility to Rebuild". Die Verantwortung zur Prävention, d. h. zur Früherkennung von Konfliktursachen und ihrer Vermeidung, ist das Herzstück ihres R2P-Konzepts. Weiche Politikfelder wie humanitäre Hilfe, die Stärkung der Rechtsstaatlichkeit und der menschlichen Fundamentalnormen stehen im Mittelpunkt der Prävention. Ist die Prävention fehlgeschlagen und ein Konflikt zu beobachten, in dem die Zivilbevölkerung zu Schaden kommt, schlägt die Stunde der „Responsibility to React". Die Staatengemeinschaft soll mit Hilfe von militärischen, wirtschaftlichen und politischen Sanktionen den Staat zum Einlenken bewegen. Nur in Extremfällen ist militärisches Eingreifen, eine so genannte humanitäre Intervention, gerechtfertigt. Um dem Missbrauch der R2P vorzubeugen hat die ICISS einen Kriterienkatalog entworfen, der dem Gebrauch des Instruments „humanitäre Intervention" enge Grenzen setzt. Humanitäre Interventionen sind nach Ansicht der ICISS nur dann legitim, wenn folgende sechs Kriterien erfüllt sind: 1) der gerechte Grund. Eine Intervention ist nur dann gerechtfertigt, wenn folgende Straftatbestände vorliegen: a) „large scale loss of life, actual or apprehended, with genocidal intent or not, which is the product either of deliberate state action, or state neglect or inability to act, or a failed state situation" b) „large scale ‚ethnic cleansing' (...)". 2) Die richtige Autorisierung, also die Mandatierung durch das einzige legitimierte Organ, den Sicherheitsrat. Die ICISS sieht in Fällen, in denen der Sicherheitsrat blockiert ist, aber auch die Generalversammlung in der Pflicht zu handeln („Uniting for Peace"). 3) Die aufrichtige Absicht, die der Schutz der Zivilbevölkerung und nicht etwa die verdeckte Beseitigung eines unliebsamen Regimes sein muss. 4) Die ultima ratio, d. h. eine Intervention ist nur dann richtig, wenn alle anderen Möglichkeiten ausgeschöpft sind. 5) Das Prinzip der Verhältnismäßigkeit der eingesetzten Mittel. 6) Gute Erfolgsaussichten für die intervenierende Organisationen und den Staat. Diese Kriterien spiegeln deutlich die Denkfigur des „gerechten Krieges" wieder (Fröhlich 2011, S. 23).

Die drei Verantwortlichkeiten der Schutzverantwortung

1. Responsibility to prevent
2. Responsibility to react
3. Responsibility to rebuild.

4.5.1.2 Die Konzepte der Uno

Das Konzept der ICISS wurde in verschlankter Form in zwei wichtige Berichte der Uno integriert, den Report „A more secure world: Our shared Responsibility" des High Level Panels von 2004 und Kofi Annans Reformvorlage für den Weltgipfel 2005 „In larger Freedom". Beide Berichte beschränken die R2P auf die Verbrechen Genozid, Kriegsverbrechen, ethnische Säuberungen und Verbrechen gegen die Menschlichkeit. Kofi Annan betont vor allem die Verantwortungskette für die Anwendung der R2P, die fortan als die „drei Säulen der R2P" bekannt und von Ban Ki-moon an zentraler Stelle übernommen wurde. Danach liegt die Verantwortung in erster Linie bei den Staaten, deren primäre Staatsräson es sei, ihre Bevölkerung zu schützen („Responsible sovereingty"). Das ist die erste Säule der R2P. In der zweiten Säule übernimmt die internationale Gemeinschaft eine Unterstützungsfunktion. Durch diplomatische, humanitäre und andere Methoden hilft die internationale Gemeinschaft, die Zivilbevölkerung des betreffenden Staates zu schützen. Die Verantwortung geht dann auf die internationale Gemeinschaft über, wenn der Staat „offenkundig versagt", seine Pflicht zu erfüllen und sich die unterstützenden Instrumente der internationalen Gemeinschaft als unzureichend erweisen (A/63/677 v. 12.01.2009). Dabei werden alle der Uno zur Verfügung stehenden Instrumente ausgeschöpft und der Sicherheitsrat kann kollektive Maßnahmen als „last resort" ergreifen. In Säule drei steht die internationale Gemeinschaft in der Verantwortung, „rechtzeitig und entschieden" zu handeln (A/66/874-S/2012/578 v. 25.07.2012). Die Verantwortlichkeiten können in der Realität aber nicht so klar getrennt werden, wie die Konzeption es vorsieht.

Die drei Säulen der Verantwortung

1. Der Staat, in dem die Verbrechen geschehen
2. Der Staat und die unterstützende Staatengemeinschaft
3. Die Staatengemeinschaft, wenn der Staat nicht willens oder in der Lage ist, seine Bevölkerung ausreichend zu schützen.

Den nächsten Schritt auf dem Weg zu einem international anerkannten Konzept nahm die R2P, als sie 2005 im Abschlussdokument des „Millenium + 5-Gipfels" verankert wurde. Die Staats- und Regierungschefs waren sich in Fragen der menschlichen Sicherheit und der Ausgestaltung der Schutzverantwortung jedoch nicht einig. Deshalb ist es nicht verwunderlich, dass der inhaltliche Gehalt enttäuscht und weit hinter dem Gründungsdokument der ICISS zurückbleibt. Gerade einmal zwei Artikel des Dokuments befassen sich mit der R2P. In Artikel 138 stellen die Staaten fest, dass jeder Staat die Verantwortung für den Schutz seiner Bevölkerung vor Völkermord, Kriegsverbrechen, ethnischer Säuberung und Verbrechen gegen die Menschlichkeit hat. In Artikel 139 bekunden sie:

> In diesem Zusammenhang sind wir bereit, im Einzelfall und in Zusammenarbeit mit den zuständigen Regionalorganisationen rechtzeitig und entschieden kollektive Maßnahmen über den Sicherheitsrat im Einklang mit der Charta, namentlich Kapitel VII, zu ergreifen, falls friedliche Mittel sich als unzureichend erweisen und die nationalen Behörden offenkundig dabei versagen, ihre Bevölkerung (…) zu schützen. (A/RES/60/1 v. 24.10.2005)

Die R2P wird eng auf die Möglichkeit zur humanitären Intervention im Einzelfall und mit Zustimmung des Sicherheitsrats zugeschnitten. Der im ICISS-Bericht so zentrale präventive Charakter der R2P geht verloren. Jenseits dieser Artikel findet sich jedoch der Gedanke der Verantwortung zum Wiederaufbau im Dokument wieder. Dem „Peacebuilding" wird ein großer Stellenwert eingeräumt und während des Millenium + 5-Gipfels vereinbart, eine Peacebuilding-Kommission einzurichten. Sie nahm 2006 ihre Arbeit auf und befasste sich seitdem mit Situationen in Burundi, Guinea, Liberia, Sierra-Leone und der Zentralafrikanischen Republik.

Nur durch die mit dem Wechsel der nicht-ständigen Mitglieder verbundene Abschwächung der Meinungsverschiedenheiten war es im Sicherheitsrat möglich, nach sechs Monaten intensiver Debatten Stellung zur R2P zu beziehen (Bellamy 2010, S. 145). Mit Resolution 1674 bekräftigte auch der Sicherheitsrat das Bekenntnis der Weltgemeinschaft zum Schutz der Zivilbevölkerung. Er nahm Rekurs auf die zitierten Ziffern des Millenium + 5-Gipfels und betonte vor allem den Schutz der Zivilbevölkerung in bewaffneten Konflikten sowie die Verantwortung der Staaten, das humanitäre Völkerrecht zu wahren und die Menschenrechtskonventionen zu ratifizieren (S/RES/1674 (2006) v. 28.05.2006). Auch in anderen Organen wurde das Konzept angegriffen. Im Menschenrechtsrat sprachen sich beispielsweise die arabische und asiatische Gruppe sowie die Konferenz islamischer Staaten dagegen aus, als in einem Bericht des Rates zur Situation in Darfur auf die Schutzverantwortung Bezug genommen wurde (Bellamy 2010, S. 146). Mit Amtsantritt Ban Ki-moons nahm die Arbeit an der Schutzverantwortung Fahrt auf. Er tritt immer wieder mit Berichten zur Implementierung der R2P und Dialoginitiativen an die Staatengemeinschaft heran, die zwar oft zu einer Diskussion in der Generalversammlung führen, aber bisher noch keinen weiteren sichtbaren Fortschritt zeitigten. Zudem institutionalisierte er die R2P in der Uno, indem er 2007 das Amt des „Special Advisor on the R2P" ins Leben rief.

4.5.2 Die Umsetzung der „Responsibility to Protect"

Trotz des Widerstands von Seiten vieler Staaten wird die R2P nach und nach politische Wirklichkeit. Noch zaghaft nahmen einzelne Resolutionen in den Folgejahren des Weltgipfels 2005 den Begriff auf. So wurde die R2P in der Sicherheitsratsresolution 1706 (2006) zu Darfur erwähnt (Bellamy 2010, S. 149). Auch Annan verwies anlässlich der Ausschreitungen nach den Wahlen in Kenia auf die R2P und UN-Mitarbeiter sprechen seit Jahren konstant von der Schutzverantwortung für die Zivilbevölkerung in der Demokratischen Republik Kongo. Doch meist wird in den Resolutionen des Sicherheitsrats nur indirekt Bezug genommen. Schon in der frühen Phase zeigte sich zudem, dass die R2P Raum zur Instrumentalisierung bietet. Russland wollte den Georgienkrieg mit der Schutzverantwortung rechtfertigen (Bellamy 2010, S. 149). Frankreich dagegen wollte die R2P im Sinne der ICISS ausgeweitet wissen. Die ICISS hatte angeregt, das Konzept auch auf Umweltkatastrophen auszudehnen, was Frankreich anlässlich des Zyklons Nargis umzusetzen gedachte (Ash 2008). Das fand keinen Widerhall in der Staatengemeinschaft.

Fünf Jahre und viele weitere UN-Dokumente später wurde erstmals in der Geschichte der Vereinten Nationen bei der Mandatierung einer militärischen Intervention auf die R2P Bezug genommen. Mit Resolution S/RES/1973 vom 17. März 2011 autorisierte die Uno eine Flugverbotszone in Libyen, um die Zivilbevölkerung vor den Gräueltaten des Gaddafi-Regimes zu schützen. Gleichzeitig wurden jedoch kritische Stimmen laut, die bis heute nicht verhallen und die weitere Genese des Konzepts entschleunigen könnten. Sie warnen vor einem Missbrauch der R2P, die instrumentalisiert werden könnte, um unliebsame Regime militärisch abzusetzen. Das mahnt explizit auch einer der Visionäre der R2P, Kofi Annan, an: „Die sich herausbildende globale Konvention über eine Schutzverantwortung (…) ist als universales Prinzip des Schutzes fundamentaler Menschenrechte zu verstehen – nicht als Lizenz zur Kriegsführung im Namen des Friedens.“ (Annan 2013, S. 11) Da die Libyen-Intervention nicht nur den Schutz der Zivilbevölkerung, sondern auch die Beseitigung des Regimes zur Folge hatte, ist diese Befürchtung sicherlich nicht aus der Luft gegriffen. Kritiker sehen sich in der Annahme bestärkt, die R2P könne als Vorwand für militärische Interventionen missbraucht werden, was auch die Kluft im Sicherheitsrat vertieft hat. Nach wie vor ist es höchst umstritten, „ob es zu humanitären Zwecken zulässig und legitim ist, einen Regimewechsel zu erwingen.“ (Brozus und Schaller 2013, S. 6)

Jenseits dieser immensen Fallstricke kann die Anwendung der R2P in Libyen jedoch auch positiv bewertet werden. Diese Entscheidung überhaupt zu treffen, spiegelt eine großen Wandel im Sicherheitsrat wider, denn er mandatierte den Einsatz massiver Gewalt zum Schutz der Zivilbevölkerung unter Berufung auf das Konzept der R2P. Bellamy sieht Libyen als Hinweis darauf, dass die R2P als Referenzrahmen für die Prävention und die Reaktion auf die schwersten Menschenrechtsverletzungen allgemein akzeptiert ist (Bellamy 2011). Thomas Weiss, der die R2P nach Libyen als „alive and well“ charakterisiert, meint sogar, der Fall Libyen hätte den „R2p stick" geschärft (Weiss 2011a). Trotzdem – der „Responsibility to Rebuild" kommt die Staatengemeinschaft in Libyen derzeit allenfalls mangelhaft nach.

Bei aller Kritik wird deutlich, dass das Konzept der R2P auf viele Entwicklungen des internationalen Systems antwortet und den Vereinten Nationen hilft, auf neue Realitäten angemessen zu reagieren. Es trägt der „menschlichen Sicherheit", den „neuen Kriegen" und der „Kultur der Prävention" Rechnung und es antwortet auf die Bedürfnisse der Zivilgesellschaft, die die Geschicke der Weltpolitik immer stärker mitbestimmt. In der Zukunft wird es entscheidend sein, sich noch stärker mit den politischen Implikationen der R2P auseinanderzusetzen, insbesondere der Frage des „regime change" als akzeptierte Folge der R2P, der Frage nach den notwendigen und erlaubten Instrumenten zum Schutz der Zivilbevölkerung und nicht zuletzt der Frage nach dem zu schützenden „Zivilisten" in Bürgerkriegen (Brozus und Schaller 2013, S. 12–14). Fest steht: Zwar werden bei der Anwendung der R2P im Falle einer Intervention die fundamentalen Prinzipien der UN-Charta in begründeten Ausnahmefällen außer Kraft gesetzt, doch kommen die Vereinten Nationen damit den „Völkern" wieder näher.

4.6 Wichtiges in Kürze

In der UN-Charta, einem zeitlich unbegrenzten und quasi universellen, zwischen-staatlichen Vertrag, schrieben die Staats- und Regierungschefs die Ziele und Prinzipien der Vereinten Nationen nieder. In der Präambel der Charta gelobten sie feierlich, künftige Geschlechter vor der Geißel des Krieges zu bewahren, die die Weltgemeinschaft bereits zweimal im zwanzigsten Jahrhundert heimgesucht hatte. Sie vereinbarten aber nicht nur, den „negativen Frieden" wahren zu wollen, sondern sich auch für die

Verwirklichung des „positiven Friedens" einzusetzen. In Kap. 1, Artikel 1 der UN-Charta, erfahren wir mehr.

Die Vereinten Nationen setzen sich das Ziel, nicht nur den Weltfrieden und die internationale Sicherheit zu bewahren und gegebenenfalls wieder herzustellen, sondern auch, sich um freundschaftliche Beziehungen zwischen den Staaten zu bemühen. Die Zusammenarbeit soll sich nicht nur auf die klassische Sicherheit beziehen, sondern auch die „low politics" wie Menschenrechte und Entwicklung umfassen. Bereits in der UN-Charta ist also der aktuelle Sicherheitsbegriff angelegt, der Sicherheit als „erweitert", d. h. thematisch offener, und „menschlich" begreift. Noch heute sind die Ziele der Uno aktuell. Das bestätigten die Staats- und Regierungschefs während der Milleniums-Versammlung im Jahr 2000. Doch hat sich – durch Globalisierung, Neue Kriege und die Evolution der Schutzverantwortung – der Fokus von der klassischen, zwischenstaatlichen Sicherheit hin zur menschlichen und innerstaatlichen Sicherheit verschoben. Sicherheit, Entwicklung und Menschenrechte sind die großen Ziele der Vereinten Nationen.

In Artikel 2 des ersten Kapitels der Charta werden die Prinzipien der Vereinten Nationen niedergelegt, die auch noch heute gültig sind. Der Grundsatz der souveränen Gleichheit und die Prinzipien der kollektiven Sicherheit sind der Kern der UN-Charta. Heute wie damals sind Angriffskriege verboten und Kollektivmaßnahmen gegen Friedensbrecher mit Autorisierung der UN-Sicherheitsrats erlaubt.

Gerade das Souveränitätsprinzip erfährt durch die Genese der „Responsibility to Protect" jedoch eine Begriffsverschiebung. Diese neue Norm rückt das Individuum wieder stärker in den Mittelpunkt und legt fest, dass ein Staat, ist er weder Willens noch in der Lage, seine Bevölkerung vor den schlimmsten Verbrechen zu schützen, seine Souveränität verwirkt. Die Verantwortung geht auf die Gemeinschaft über, die die notwendigen Maßnahmen zum Schutz der Zivilbevölkerung ergreift. Wurde

Souveränität in den Anfängen der Uno als ein uneingeschränktes Recht des Staates auf den Schutz gegen innere und äußere Eingriffe verstanden, so wird Souveränität heute entschieden anders definiert. Aus der Souveränitätsnorm leiten sich nämlich nicht mehr nur staatliche Sonderrechte ab, sondern auch Pflichten: die Verantwortung zum Schutz der Menschen. Die Entwicklungen der vergangenen Jahre verdeutlichen demnach, dass die Ziele und Prinzipien der Uno nach den Jahrzehnten der staatszentrierten Bipolarität wieder näher an „die Völker" gerückt sind.

5 Das System der Uno im Wandel der Zeit

Die Uno ist eine komplexe, vielschichtige und vielgesichtige Struktur, die aus einer Vielzahl weitere Organisationen besteht. Genau genommen spricht man gar nicht von der „einen" Organisation Uno, sondern vom UN-System oder der UN-Familie. Bevor die Organe der Vereinten Nationen eingeführt werden, werfen wir deshalb einen Blick auf die Struktur der Uno.

5.1 UN-Verständnisse im Vergleich: Von der einen zu den drei Unos

Organisationstheoretisch betrachtet ist die Uno eine so genannte Metaorganisation. Metaorganisationen bestehen aus vielen weiteren organisationalen Einheiten. Bereits bei der grafischen Darstellung der Uno bekommen wir einen Eindruck von der Komplexität des Systems. Herkömmliche Organigramme neigen dazu, den Betrachter aufgrund der schieren Unübersichtlichkeit und Vielschichtigkeit der Uno zu verwirren und abzuschrecken. Deshalb hat Göthel das planetarische Modell (vgl. Abb. 5.1) eingeführt, das den Eigentümlichkeiten des UN-Systems besser gerecht wird:

Göthel beschreibt die Uno als ein Planetensystem in dessen Zentrum die Hauptorgane der Vereinten Nationen liegen.

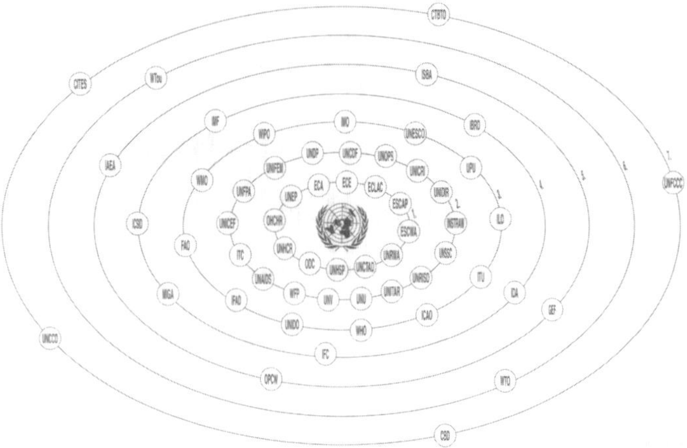

Abb. 5.1 Planetarisches Modell der Vereinten Nationen. (Quelle: Göthel 2002, S. 5)

Sie sind der Pol, um den sich das System dreht. Darum kreisen auf unterschiedlichen Umlaufbahnen die Unterorganisationen, Sonderprogramme, Fonds und Gerichtshöfe. Diese Organisationen sind um den Nukleus Uno entstanden und bewegen sich in seinem Schwerkraftfeld (Göthel 2002). Je weiter sie vom Kern entfernt sind, desto autonomer sind sie. Mit diesem Modell gelingt es Göthel, das Maß der Dependenz der Organisationen vom Zentrum darzustellen und mit der Hierarchisierung der herkömmlichen Organigramme aufzuräumen.

Eine ganz andere Sicht auf die Vereinten Nationen eröffnen die UN-Forscher Emmerji, Jolly und Weiss, die sich in einem großen Projekt der Erforschung der intellektuellen Geschichte der Vereinten Nationen angenommen haben. Bereits im ersten Band der Reihe treffen sie eine wichtige Aussage: es gibt nicht die „eine" Uno. Sie verstehen die Uno als dreiteilig (Emmerij et al. 2009; Weiss 2012, S. 9). Die erste Uno ist die Arena der Staaten, in der auch die inter-gouvernmental ausgehandelten Entscheidungen getroffen werden. Die zweite Uno sind die Sekretariate der Weltorganisation, die zwar für die Mitgliedsstaaten arbeiten, aber einen gewissen autonomen Handlungsspielraum haben. Für diese beiden Unos ergibt sich damit eine komfortable Position, die oft ausgenutzt wird: „The first UN has a convenient scapegoat in the second UN, and vice versa." (Weiss 2012, S. 10) Die dritte Uno sind die nicht-staatlichen Akteure, also NGOs, unabhängige Experten, Berater und engagierte Bürger, die Aktionen anstoßen, Analysen vornehmen und Ideen einbringen. Gerade Einzelpersonen und so genannte „epistemic communities", also Wissensgemeinschaften, haben in der Geschichte der Vereinten Nationen Entscheidendes bewirkt. Beispiele sind die Brundlandt-Kommission unter Leitung von Gro Harlem Brundlandt, die den Begriff der „nachhaltigen Entwicklung" prägte, die ICISS mit Gareth Evans und Ramesh Thakur, oder die Experten des High Level Panel um den ehemaligen thailändischen Premier Anand Panyarachun (Fröhlich 2011, S. 19, 20). Unter den Bedingungen von Globalisierung und Global Governance gewinnen die nicht-staatlichen Akteure noch stärker an Bedeutung und sollten, will die Weltorganisation nicht irrelevant werden, ihren Platz in den Vereinten Nationen bekommen. Wie noch exemplarisch zu zeigen sein wird, reagiert die Weltorganisation bereits seit den neunziger Jahren auf den Wandel der Akteurskonstellation und öffnet sich der Gesellschaftswelt. Um die Vereinten Nationen in ihrer Gänze verstehen zu lernen, muss man neben den Staaten und der Organisationsbürokratie also auch den nicht-staatlichen Akteuren Aufmerksamkeit schenken.

Kofi Annan entwirft eine weitere Version von der Weltorganisation. Für ihn existieren nur zwei Vereinte Nationen: die Organisation selbst und die Mitgliedsstaaten. Wie Weiss berichtet er von der Unart des bequemen Sündenbocks. Bei Erfolgen beanspruchten beide Unos das Verdienst für sich. Bei Misserfolgen jedoch werde die erste Uno, also die Organisation, zur Verantwortung gezogen. Das entbehrt nicht eines gewissen Paradoxes, ist die erste Uno doch hinsichtlich ihrer Ressourcen, ihrer politischen Vorgaben und ihres Grads an Handlungsautonomie der zweiten Uno auf Gedeih und Verderb ausgeliefert (Annan 2013, S. 195).

Die drei Unos
1. Mitgliedsstaaten
2. Bürokratie der Organisation
3. Nicht-staatliche Akteure.

Es ist dem Format einer Einführung geschuldet, dass wir im Folgenden den pragmatischen Weg gehen, die drei beziehungsweise zwei Unos hinter uns lassen und uns auf die Hauptorgane der Vereinten Nationen konzentrieren.

Die Hauptorgane der Uno werden in Art. 7, Abs. 1 eingeführt: „Als Hauptorgane der Vereinten Nationen werden eine Generalversammlung, ein Sicherheitsrat, ein Wirtschafts- und Sozialrat, ein Treuhandrat, ein Internationaler Gerichtshof und ein Sekretariat eingesetzt." Je nach Bedarf und in Übereinstimmung mit der UN-Charta können Nebenorgane gebildet werden (Art. 7.2 UN-Charta). Davon machen die Hauptorgane extensiv Gebrauch.

Wir beschäftigen uns zunächst mit dem Gremium, das die Hauptverantwortung für Frieden und Sicherheit trägt, den Sicherheitsrat. Danach wird das Signum der souveränen Gleichheit, die Generalversammlung, vorgestellt. Das Sekretariat der Vereinten Nationen wird mit besonderem Fokus auf die Generalsekretäre eingeführt. Das Wirken der wichtigsten Generalsekretäre wird skizziert und ihr Einfluss auf die Weltorganisation bewertet. Dieser ist beträchtlich. Nicht zufällig beginnt dieses Buch mit dem Zitat eines Generalsekretärs.

Der Treuhandrat wird aufgrund seiner faktischen Auflösung im Jahre 1994 nicht besprochen. Er war für die Verwaltung und Beaufsichtigung der so genannten Treuhandgebiete zuständig. Er sollte die Gebiete auf dem Weg in die Selbstregierung und Unabhängigkeit unterstützen (Art. 75 UN-Charta). Dazu zählten

UN-Mandatsgebiete und Hoheitsgebiete, die in Folge des Zweiten Weltkriegs von den Feindstaaten abgetrennt oder freiwillig an das Treuhandsystem der Vereinten Nationen übergeben wurden (Art. 77 UN-Charta). Als das letzte Treuhandgebiet, der pazifische Inselstaat Palau, 1994 unabhängig wurde, wurde das Hauptorgan arbeitslos und seine jährliche Versammlungspflicht aufgehoben. Es wurden Überlegungen angestellt, den Treuhandrat mit der Verwaltung von gescheiterten Staaten zu betrauen oder ihn für UN-Übergangsverwaltungen wie im Kosovo einzusetzen, die jedoch nicht vorangetrieben wurden. 2005 wurde der Treuhandrat de facto aus der UN-Charta gestrichen.

Bei der Vorstellung der Hauptorgane werden nicht nur deren Zusammensetzung, Aufgaben und der Modus der Entscheidungsfindung vorgestellt. Ein Blick in die Praxis zeigt die tatsächliche Auslegung der Charta-Bestimmungen. Exemplarische Einblicke in die Reformdiskussion verdeutlichen die Bemühungen der Uno, sich an den Wandel der Zeit anzupassen.

5.2 Der Sicherheitsrat: Machtinstrument unter Reformdruck

Der Sicherheitsrat, dem Kap. V der UN-Charta gewidmet ist, ist das wirkmächtigste Organ der Vereinten Nationen. Zugleich ist es das Organ, das dem Wandel des internationalen Systems stark ausgesetzt ist, das im Mittelpunkt der Reformdiskussion, und im Zentrum der öffentlichen Kritik steht.

5.2.1 Im Wandel der Zeit

Seine bisherige Laufbahn kann in zwei Phasen eingeteilt werden (Malone 2007, S. 117). Zur Zeit des Kalten Krieges (erste Phase) spielte das Gremium in den drängenden sicherheitspolitischen Fragen oft nur eine Nebenrolle. Sein Handlungsspielraum war nicht zuletzt dadurch eingeschränkt, dass er zur Arena des Großmachtwettbewerbs geworden war und durch Vetos blockiert wurde. So war der Sicherheitsrat außen vor, als es um die Berlin-Blockade, die Kuba-Krise und den Vietnam-Krieg ging (Malone 2007, S. 120). Er wurde mit weniger politischen Aufgaben, wie die Überwachung von Waffenstillständen, betraut. Die zweite Phase in der Geschichte des Sicherheitsrats begann in der zweiten Hälfte der achtziger Jahre und dauert bis heute an. Zum Ende des Kalten Krieges hin, als Gorbatschow die „Morgenröte im Glaspalast" ausrief, konnte der Sicherheitsrat erstmals die gesamte Bandbreite seines Einflusses geltend machen, beispielsweise bei den Verhandlungen zwischen Iran und Irak im Jahre 1988. Frei von den ideologischen Kämpfen der Supermächte gewann der Sicherheitsrat sukzessive an Bedeutung.

Heute ist zu beobachten, dass sich der Sicherheitsrat auf den Weg zu einem Weltgesetzgeber gemacht hat, der in immer mehr Bereichen, die nicht seine genuinen sind, legislativ tätig wird. Der Sicherheitsrat befasst sich nicht mehr nur mit der Beilegung von zwischenstaatlichen Streitigkeiten und Maßnahmen zur Beendigung von Konflikten, sondern auch stark mit der Bekämpfung des internationalen Terrorismus und immer mehr auch mit Fragen des Klimawandels, dem Schutz von fundamentalen Menschenrechtsnormen und Good Governance. Er versicherheitlicht immer mehr Themen. Heute kann der Schutz der Bevölkerung innerhalb eines Staates, ein Staatsstreich oder ein terroristischer Akt als Friedensbedrohung perzipiert werden. Auch die R2P und die „menschliche Sicherheit" bringen es mit sich, dass der Sicherheitsrat sich eine sehr weite Interpretation davon zu eigen gemacht hat, was eine Bedrohung des Weltfriedens und der internationalen Sicherheit darstellt. Oft sind es eher abstrakte denn tatsächliche Gefahren, die die Mitglieder des Gremiums diskutieren. Die neue Rolle als Weltgesetzgeber zeigt sich auch in einer quantitativen Zunahme seiner Tätigkeit. Von 1946 bis 1990 mandatierte der Sicherheitsrat 683 Resolutionen. Seit 1990 hat der Sicherheitsrat bereits 1.439 Resolutionen verabschiedet (Stand: November 2013). Gerade die im Sicherheitsrat unterrepräsentierten Staatengruppen, wie beispielsweise die Gruppe der G77, sehen den Einflusszuwachs des Sicherheitsrats, der bereits als Übermacht stilisiert wird, kritisch. Das liegt auch darin begründet, dass der Sicherheitsrat immer öfter in die Hoheitsrechte der Mitgliedsstaaten eingreift. In Resolution 1540 von 2004 werden beispielsweise alle Mitgliedsstaaten der Uno verbindlich dazu aufgefordert, die Proliferation von ABC-Waffen an nichtstaatliche Akteure unter Strafe zu stellen (S/RES/1540 (2004) v. 28.04.2004). Zur wachsenden legislativen Funktion des Sicherheitsrates tritt dessen Einfluss auf die Entwicklung des internationalen Strafrechts. Mit den Ad-hoc-Tribunalen von Ruanda und dem ehemaligen Jugoslawien legte er den Grundstein zum internationalen Strafgerichtshof. Deshalb schreibt Wesel: „Wenn eine Instanz im System der Uno völkerrechtlich und politisch potent genug ist, den Regierungen der souveränen Staaten normative Vorgaben zu machen, dann der Sicherheitsrat“ (Wesel 2012, S. 152).

5.2.2 Zusammensetzung

Nach Art. 23 UN-Charta setzt sich der SR aus insgesamt 15 Mitgliedern, fünf ständigen und zehn nicht-ständigen, zusammen. Jedes dieser Mitglieder stellt einen Vertreter im Gremium. Die fünf ständigen Mitglieder, auch unter dem Akronym P5 (Permanent Five) bekannt, werden in Art. 23.1 namentlich aufgeführt: China, Großbritannien, Frankreich, UdSSR, USA. Zwei Änderungen hat es hier im Laufe der Jahre gegeben. Sie betreffen die UdSSR und China. Bis zum 25. Oktober 1971 war Taiwan Mitglied im Sicherheitsrat, also Nationalchina. Dann beschloss die Generalversammlung, Taiwan aus der Uno auszuschließen und Rotchina als einzigen rechtmäßigen Vertreter Chinas aufzunehmen. Auch beim Übergang von der UdSSR zur GUS im Dezember 1991 wurden die P5 den neuen Realitäten angepasst. Russland wurde als Nachfolger der Sowjetunion anerkannt (Unser 2004, S. 100).

Auch die Wahl der zehn nicht-ständigen Staaten, E10 (Elected Ten) abgekürzt, ist in Art. 23 näher erläutert. Es wird festgelegt, dass die E10 von der Generalversammlung für eine Legislatur von zwei Jahren gewählt werden. Eine unmittelbare Wiederwahl ist nicht zulässig. Die Generalversammlung wählt dabei jährlich fünf von zehn Staaten in den Sicherheitsrat. Bei der Auswahl der Bewerber sind zwei Kriterien besonders zu berücksichtigen: der Beitrag, den der Staat zur Wahrung des Weltfriedens und der internationalen Sicherheit sowie zur Realisation der weiteren Ziele leistet sowie die angemessene geografische Verteilung der Sitze. Deshalb wurden so genannte Regionalgruppen eingerichtet, die sich als „Zweckbündnisse zur Organisation der Sitz- und Ämterverteilung" formierten (von Schorlemer 2005, S. 27). Fünf derartige Gruppen haben sich gebildet: Afrika mit 54 Staaten, Asien/Pazifik mit 54 Staaten, Lateinamerika und die Karibik mit 33 Staaten, Osteuropa mit 23 Staaten und die 29-köpfige Gruppe „WEOG" (Stand: November 2013). WEOG bedeutet „Western European and Other States Group" und schließt neben den westeuropäischen Staaten auch Kanada, Australien und Neuseeland ein. Die USA sind in keiner Regionalgruppe Vollmitglied, haben in der WEOG aber einen Beobachterstatus und stimmen bei Wahlen mit der WEOG. Im Jahr 2000 wurde auch Israel zeitlich begrenzt Mitglied der WEOG, was 2004 in eine permanente Mitgliedschaft überging. Die Türkei ist ein besonderer Fall, denn sie ist sowohl Mitglied der WEOG als auch der Asien-Gruppe. Bei Entscheidungsfragen stimmt sie mit WEOG.

Der Sitzverteilung der E10 im Sicherheitsrat liegt folgender Schlüssel zu Grunde: drei Sitze für Afrika, zwei Sitze für Asien, zwei Sitze für Lateinamerika und die Karibik, zwei Sitze für die

WEOG-Gruppe, ein Sitz für Osteuropa. Die Kandidatur für eine Mitgliedschaft ist sehr aufwändig. Deutschland beispielsweise warb für die Legislaturperiode 2011/12 zwei Jahre lang um den Sitz. Die deutsche Delegation besuchte jede UN-Delegation und überbrachte als Gastgeschenk die UN-Encyclopedia Helmut Volgers (Volger 2010a). Bereits im Frühjahr 2013 gab Deutschland seine Kandidatur für die Periode 2019/20 bekannt. Staaten, die sich eine wichtige Rolle im internationalen System zuschreiben oder gerne ständiges Mitglied des Gremiums wären, sind besonders erpicht auf die Kandidatur. Sie kann viel Prestige und Einfluss mit sich bringen (Wesel 2012, S. 151). Schließlich wird man zwei Jahre in einem exklusiven Kreis regelmäßig angehört und mit Informationen versorgt. Bei Entscheidungen von weltpolitischer Bedeutung besitzt man eine der wichtigen Stimmen. Entsprechend der Konkurrenz um einen regionalen Vormachtstatus bildet sich deshalb ein Muster der Häufigkeit der Mitgliedschaft heraus (Wesel 2012, S. 151). So waren Brasilien und Japan, die Anwärter auf einen ständigen Sitz nach einer Reform, bereits zehnmal unter den E10, gefolgt von Argentinien mit neun Legislaturperioden, und Pakistan, Indien und Kolumbien mit sieben geglückten Wahlgängen. Eindrittel der Staaten war dagegen noch nie im Sicherheitsrat vertreten, darunter Israel, Island oder Serbien. Seit vielen Jahren wird die Reform der Zusammensetzung des Sicherheitsrats diskutiert (siehe Kap. 5.2.6).

5.2.3 Aufgaben und Befugnisse

Der Sicherheitsrat hat politische und administrative Aufgaben. Die politischen Aufgaben sind in Art. 24, 25, 26 der UN-Charta, sowie Kap. VI und VII näher definiert. Die administrativen Aufgaben ergeben sich aus der Geschäftsordnung und den Beziehungen des Sicherheitsrats zu den anderen Hauptorganen.

5.2.3.1 Hauptverantwortung für den Weltfrieden

Die wichtigste Aufgabe des Sicherheitsrates findet sich in Art. 24 UN-Charta. Dort steht:

> (1) Um ein schnelles und wirksames Handeln der Vereinten Nationen zu gewährleisten, übertragen ihre Mitglieder dem Sicherheitsrat die Hauptverantwortung für die Wahrung des Weltfriedens und der internationalen Sicherheit und erkennen an, daß der Sicherheitsrat bei der Wahrnehmung der sich aus dieser Verantwortung ergebenden Pflichten in ihrem Namen handelt.

Der Sicherheitsrat ist der erste Akteur in der Verantwortungskette, wenn es um die höchsten Ziele der Vereinten Nationen geht. Die Mitgliedstaaten haben diesem exklusiven Gremium de jure die Hauptverantwortung übertragen, so dass er im Zentrum des Systems der kollektiven Sicherheit steht. De facto setzen sich immer wieder Staaten über dieses eherne Gesetz der Hauptverantwortung hinweg. Für eine große Daseinskrise des Gremiums, ja des klassischen Multilateralismus an sich, sorgte beispielsweise der von den USA geführte Krieg gegen den Irak 2003, der als völkerrechtswidrig betrachtet werden muss. Der Sicherheitsrat wurde zur Arena der US-amerikanischen Rechtfertigungspolitik stilisiert; der Krieg wurde schließlich ohne eine klare Autorisierung durch den Sicherheitsrat mittels einer „Koalition der Willigen" geführt.

Die zweite Ziffer des Art. 24 weist den Sicherheitsrat darauf hin, dass er seine Pflichten in Einklang mit den Zielen und Grundsätzen der Uno erfüllen müsse. Damit ist besonders das Prinzip der kollektiven Sicherheit gemeint, das in Kap. VII näher bestimmt wird. Aus Art. 24 leiten sich weitere Befugnisse des Sicherheitsrats ab: die Befugnis zur friedlichen Streitbeilegung (Kap. VI UN-Charta) und die Maßnahmen kollektiver Sicherheit (Kap. VII UN-Charta).

5.2.3.2 Friedliche Streitbeilegung

Die Befugnis zur friedlichen Streitbeilegung, die in Kap. VI der UN-Charta zwischen den Art. 33 bis 38 ausgebreitet wird, gibt dem Sicherheitsrat drei Instrumente an die Hand: die Untersuchung, die Vermittlung und den Vergleich von Streitigkeiten. Zunächst sind die Streitparteien dazu angehalten, ihren Streit alleine oder durch die Vermittlung Dritter beizulegen (Art. 33.1 UN-Charta). Der Sicherheitsrat hat das Recht, sich in die Streitigkeiten einzuschalten und kann die Streitparteien zunächst auffordern, ihren Konflikt mit friedlichen Mitteln beizulegen (Art. 33.2 UN-Charta). Falls diese ihren Konflikt nicht selbstständig beilegen können, sind sie nach Art. 37.1 UN-Charta aufgerufen, den Fall dem Gremium vorzulegen. Der Rat untersucht, ob der Konflikt den Weltfrieden und die internationale Sicherheit gefährdet. Seine Entscheidung trifft er nach eigenem Ermessen. Der Sicherheitsrat kann auch eigeninitiativ jede Streitigkeit, die den Weltfrieden gefährden könnte, untersuchen (Art. 34 UN-Charta). Sollte der Sicherheitsrat davon überzeugt sein, dass die Streitigkeit die internationale Sicherheit bedroht, kann er nach Art. 36 UN-Charta tätig werden. Er hat das Recht, zwischen den Parteien zu vermitteln, geeignete Verfahren und Methoden zur friedlichen Streitbeilegung zu empfehlen (Art. 36.1 UN-Charta) und Rechtsstreitigkeiten dem internationalen Gerichtshof vorzustellen (Art. 36.3 UN-Charta). Um sich ein Bild von der Lage zu machen, entsendet der Sicherheitsrat eigene Untersuchungsmissionen. Der Sicherheitsrat hat bei der „friedlichen Streitbeilegung" im Gegensatz zu den „Maßnahmen kollektiver Sicherheit" keine Entscheidungsgewalt. Er kann nur rechtlich unverbindliche Empfehlungen abgeben. Er hat im Vorfeld eines Konfliktes aber viele Möglichkeiten, um präventiv tätig zu werden. Dem kommt er immer stärker nach. Deshalb schreibt Unser auch, der Sicherheitsrat hätte sich von einem sicherheitspolitischen zu einem friedenspolitischen Organ gewandelt (2004, S. 106).

5.2.3.3 Kollektive Sicherheit

Auf das Kap. VI folgt das zentrale Kap. VII mit den Art. 39 bis 51, das den Titel „Maßnahmen bei Bedrohung oder Bruch des Friedens und bei Angriffshandlungen" trägt. Darin kommt zum Ausdruck, dass sich dieses Kapitel mit den Handlungsmöglichkeiten der Uno befasst, sollte ein Staat gegen die in Art. 2.3, 2.4 und 2.7 UN-Charta aufgeführten Grundprinzipien verstoßen.

Bevor der Sicherheitsrat die Bedrohung des Friedens feststellt, kann er die Streitparteien auffordern, den von ihm geforderten Maßnahmen Folge zu leisten. Sollten die Streitparteien den Wünschen des Sicherheitsrats nicht entsprechen, trägt er „diesem Versehen gebührend Rechnung" (Art. 40 UN-Charta). Hat das Gremium die Bedrohung des Weltfriedens oder eine Angriffshandlung nach Art. 39 festgestellt, hat es zwei Instrumentenkataloge zur Hand: Friedliche Sanktionsmaßnahmen (Art. 41 UN-Charta) und militärische Sanktionsmaßnahmen (Art. 42 UN-Charta). Nur der Sicherheitsrat kann diese Zwangsmaßnahmen verhängen. Aus Art. 39 folgt, dass der Sicherheitsrat die Hoheit der Problemdefinition hat, d. h. er entscheidet, welches Problem eine Frage von Krieg und Frieden ist.

Friedliche Sanktionsmaßnahmen finden ohne Waffengewalt statt. Sie treffen die Staaten jedoch empfindlich. Die Charta nennt beispielsweise die Unterbrechung von Wirtschaftsbeziehungen, der Infrastruktur und den Abbruch der diplomatischen Beziehungen. Die Menge an Sanktionsausschüssen des UN-Sicherheitsrats zeigt bereits, dass dieses Instrument besonders oft und gerne gewählt wird. Die Sanktionen, so der Sicherheitsrat auf seiner Internetpräsenz, werden genutzt, um Druck auf Staaten auszuüben, ohne Gewalt anwenden zu müssen und die Entscheidungen des Sicherheitsrats durchzusetzen. Die klassische Sanktionspraxis der Charta, bei der über ganze Staaten Sanktionen verhängt werden, steht schon lange in der Kritik. Denn diese Maßnahmen treffen besonders die Zivilbevölkerung des sanktionierten Staates. Das herrschende System wird von den Sanktionen oft nicht stark eingeschränkt. Seit Ende der neunziger Jahre gehen die Vereinten Nationen deshalb dazu über, gezielte Sanktionen (targeted oder smart sanctions) auszusprechen (Wallensteen und Grusell 2012). Beispielsweise werden Individuen, die für das Unrecht im eigenen Land verantwortlich sind, in ihrer Reisefreiheit oder in ihrem finanziellen Handlungsspielraum eingeschränkt. Den Prozess, gezielte finanzielle Sanktionen im Instrumentenkasten der Uno zu verankern, nennt man Interlaeken-Prozess. Zudem ist man angesichts der Globalisierung von Bedrohungen, die immer öfter im nicht-staatlichen Raum entstehen, dazu übergegangen, auch nicht-staatliche Akteure zu sanktionieren. Der Al Quaida-Sanktionsausschuss ist ein eindrucksvolles Beispiel für den Wandel der UN-Sanktionspraxis.

Sollten sich die friedlichen Sanktionsmaßnahmen als unzureichend erweisen, kann der Sicherheitsrat nach Art. 42 entscheiden, militärische Mittel einzusetzen. Er kann „mit Luft-, See- oder Landstreitkräften die zur Wahrung oder Wiederherstellung des Weltfriedens und der internationalen Sicherheit erforderlichen Maßnahmen durchführen." (Art. 42 UN-Charta)

Bei Maßnahmen der kollektiven Sicherheit wird der Beistand aller Mitgliedsstaaten erwartet. Dieses Prinzip ist bereits in Art. 2.5 niedergelegt und wird in den Art. 43, 45 und 49 der UN-Charta weiter ausgeführt. Die Mitgliedsstaaten verpflichten sich unter anderem, dass sie dem Sicherheitsrat „auf sein Ersuchen hin Streitkräfte zur Verfügung stellen, Beistand leisten und Erleichterungen einschließlich des Durchmarschrechtes gewähren, soweit dies zur Wahrung des Weltfriedens und der internationalen Sicherheit erforderlich ist." (Art. 43.1 UN-Charta) „Bei der Durchführung der vom Sicherheitsrat beschlossenen Maßnahmen leisten die Mitgliedsstaaten einander gemeinsam handelnd Beistand." (Art. 49 UN-Charta) Die Mitgliedsstaaten sollten, so der Tenor der Charta, in Form von Sonderabkommen den Vereinten Nationen Streitkräfte zur Verfügung zu stellen und

Luftstreitkräfte bereithalten (Art. 43; Art. 45 UN-Charta). Die Gründungsväter der Charta gingen nämlich noch davon aus, dass die Staaten militärische Kapazitäten auf die Uno übertragen würden. Dieses Vorhaben wurde nie umgesetzt. Deswegen mussten die „Blauhelme“ als Ausweg aus der militärischen Unmündigkeit der Weltorganisation erfunden werden. Auch der in der Charta noch vorgesehene Generalstabsausschuss, der den Sicherheitsrat bei Sicherheitsfragen beraten sollte, wurde nie Wirklichkeit (Art. 47 UN-Charta).

Neben der Beilegung von Streitigkeiten und Maßnahmen gegen Friedensbrecher, hat der Sicherheitsrat die Tradition des Völkerbundes übernommen und beschäftigt sich mit Fragen der Abrüstung und Rüstungskontrolle. In einem eigens dafür eingerichteten Ausschuss („1540-Commitee“) widmet er sich der Verhinderung der Proliferation von Massenvernichtungswaffen. Der Sicherheitsrat und das Gremium der P5 + 1 (P5 und Deutschland) ist federführend an den Verhandlungen über das iranische Atomprogramm beteiligt. Seit einigen Jahren wird im Sicherheitsrat auch die „Global Zero“-Initiative, eine Idee der US-amerikanischen Regierung und vieler ehemaliger Staatschefs, Militärs und Diplomaten, diskutiert, die ein Verbot aller Kernwaffen zum Ziel hat. Diese drei Beispiele sind nur einige der vielen Projekte und Resolutionen, die der Sicherheitsrat zu diesem Thema angeleitet und verabschiedet hat.

5.2.3.4 Administrative Aufgaben

Die Aufgabe, Frieden und Sicherheit zu bewahren und gegebenenfalls wieder herzustellen, dominiert unsere Wahrnehmung vom UN-Sicherheitsrat. Daneben wurde er mit weiteren Aufgaben betraut, die organisatorischer und administrativer Art sind. Auch sie eröffnen dem Sicherheitsrat beträchtliche Möglichkeiten zur Einflussnahme. Einige Aufgaben erfordern eine gute Zusammenarbeit zwischen dem Sicherheitsrat und der Generalversammlung. Der Sicherheitsrat empfiehlt der Generalversammlung beispielsweise den Generalsekretär zur Ernennung (Art. 97 UN-Charta). Diese Funktion gibt dem Sicherheitsrat große Macht, denn er ist es, der den politischen und bürokratischen Kopf der Vereinten Nationen auswählt. Oft in der Geschichte der Vereinten Nationen war es ein politischer Machtpoker im Sicherheitsrat, der der Empfehlung vorausging. Zusammen mit der Generalversammlung wählt der Sicherheitsrat zudem die Richter des Internationalen Gerichtshofs. Nach Art. 24.3 muss das Gremium Jahres- und Sonderberichte an die Generalversammlung geben, um darin über seine Arbeit Zeugnis abzulegen. Der Sicherheitsrat gibt zudem Empfehlungen ab, auf deren Grundlage die Generalversammlung Entscheidungen trifft. So empfiehlt der Sicherheitsrat der Generalversammlung die Aufnahme neuer Staaten (Art. 4.2 UN-Charta). Außerdem kann der Sicherheitsrat der Generalversammlung empfehlen, einem Mitglied, gegen das er Zwangsmaßnahmen getroffen hat, die Ausübung der Mitgliedschaft zu entziehen. Nur der Sicherheitsrat kann die Ausübung der Mitgliedsrechte wieder zulassen (Art. 5 UN-Charta).

5.2.4 Entscheidungsfindung

Der Sicherheitsrat produziert neben den Berichten an die Generalversammlung weitere Dokumentarten. Die häufigsten „Actions“ sind Resolutionen sowie Stellungnahmen, Mitteilungen und Briefe des Präsidenten und Pressemitteilungen. Im Gegensatz zu den Erklärungen des Präsidenten sind die Resolutionen des Sicherheitsrats nach Art. 25 rechtlich bindend. Damit ist der Sicherheitsrat das einzige Hauptorgan der Vereinten Nationen, das nach außen rechtsverbindliche Entscheidungen treffen kann.

Werden die präsidentiellen Papiere im Konsens verabschiedet, so erfolgt die Entscheidung über Resolutionen nach einem strengen Modus. Bei Abstimmungen hat jedes Mitglied des Sicherheitsrats eine Stimme (Art. 27.1 UN-Charta). Diese Stimmen zählen aber nicht immer gleich. Es gelten zwei Abstimmungsmodi: Beschlüsse über „Verfahrensfragen“ (prozedurale Fragen) (Art. 27.2 UN-Charta) und Beschlüsse über „Sonstige Fragen“ (substantielle Fragen) (Art. 27.3 UN-Charta). Beschlüsse des Sicherheitsrats über prozedurale Fragen bedürfen der Zustimmung von neun Mitgliedern des Gremiums. Dazu gehören beispielsweise Beschlüsse zur Tagesordnung, zum Sitzungsablauf oder die Einladung zur Sitzungsteilnahme. Entscheidungen über substantielle Fragen benötigen ebenfalls eine Mehrheit von neun Stimmen, darunter allerdings auch die Stimmen aller ständigen Mitglieder, „jedoch mit der Maßgabe, daß sich bei Beschlüssen auf Grund des Kap. VI und des Art. 52 Abs. 3 die Streitparteien der Stimme enthalten.“ (Art. 27.3 UN-Charta) Stimmt ein ständiges Mitglied bei substantiellen Fragen mit „Nein“, dann macht es von seinem Veto-Recht Gebrauch. Die Abstimmung ist mit einem einzigen Nein aus dem Kreis der P5 gescheitert. Vor allem zu Zeiten des Ost-West-Konflikts benutzten die Vetomächte ihr besonderes Stimmrecht, um die Blockade unliebsamer Entscheidungen zu erwirken. 279 Vetos wurde zur Zeit der Bipolarität eingelegt, meist durch UdSSR (Czempiel 1994, S. 13). Seit Ende des Ost-West-Konflikts gehen 60 % der Vetos auf das Konto der USA. Die Resolutionen stehen meist im direkten Bezug zum israelisch-palästinensischen Konflikt. „Es war immer klar gewesen, und in der Veto-Bestimmung auch bewußt so angelegt, daß sich die Friedensfunktion der UN nicht gegen eines der Ständigen Sicherheitsratsmitglieder wenden konnte.“ (Czempiel 1994, S. 51) Insgesamt sind die Vetos wie in Abb. 5.2 dargestellt verteilt (nach Höne 2011, S. 72).

Einen Weg aus der ständigen Blockade durch ein Veto gibt es dennoch: die Abwesenheit oder Stimmenthaltung durch ein P5. Beides wird nicht als „nein“ gewertet. Zudem gehen die P5 seit Ende des Kalten Krieges immer mehr dazu über, ein Veto

P5 Vetos	China	Frankreich	Großbritannien	UdSSR/ Russland	USA	Summe
1946-1970	1	4	4	105	1	115
1971-1982	1	11	16	8	34	70
1983-1990	0	3	10	2	34	49
1991-2010	4	0	0	6	14	24
1946-2010	6	18	30	121	83	258

Abb. 5.2 Vetos im Sicherheitsrat von 1946 bis 2010

lediglich anzudrohen (hidden veto), statt es einzulegen (Volger 2012, S. 66). So landen bestimmte strittige Resolutionsentwürfe gar nicht auf der offiziellen Agenda des Sicherheitsrats. Zudem wurden in letzter Zeit Forderungen laut, bei Resolutionen zu Konflikten mit schwerer humanitärer Notlage, in denen also die R2P greift, ganz auf das Veto zu verzichten. Neben dem einfachen Veto gibt es zwei weitere Wege, Entscheidungen durch Veto in die gewünschte Richtung zu lenken. Vom „doppelten Veto" spricht man, wenn Ratsmitglieder eine Verfahrensfrage zu einer Substantiellen deklarieren. Dieser Zug ist jederzeit möglich. Bei der „sechsten Veto-Position" können die E10 ein „kollektives Veto" einlegen. Dazu sind mindestens sieben Nein-Stimmen aus den Reihen der Nicht-Ständigen nötig, denn nach UN-Arithmetik kann die Entscheidung nicht mehr mit der erforderlichen Mehrheit von neun Stimmen passieren (Wesel 2012, S. 154).

5.2.5 Arbeitsweise

Aus der Verantwortung, die der Sicherheitsrat trägt, folgt die wichtigste Regel seiner Arbeitsweise: Der Sicherheitsrat muss immer und sofort handlungsfähig sein (Art. 28 UN-Charta). Der Rat kann auf Antrag verschiedenster Akteure jederzeit einberufen werden, nämlich auf Antrag eines Mitglieds des Gremiums, eines Nicht-Mitglieds, der Generalversammlung oder des Generalsekretärs. Die Tagesordnung wird vom Generalsekretär aufgestellt und vom Präsidenten des Sicherheitsrats genehmigt (Regel 7 GO). Der Vorsitz („Präsident") wechselt monatlich in alphabetischer Reihenfolge (Regel 18 GO). Mitglieder der Uno können zu den Sitzungen eingeladen werden, wenn ihr Interesse besonders betroffen ist. Auch Streitparteien können hinzugebeten werden, wenn es der Sicherheitsrat für richtig hält (Art. 31; Art. 32 UN-Charta).

Laut Geschäftsordnung sind die Sitzungen des Gremiums immer öffentlich, sofern der Sicherheitsrat nichts anderes beschließt (Regel 48 GO). In der Praxis haben sich aber folgende Beratungsformen herausgebildet (Volger 2010a, S. 198): Öffentliche Sitzungen, Nicht-Öffentliche Sitzungen, Informelle Konsultationen und informelle Sitzungen. Die Geschäftsordnung erwähnt die informellen Treffen überhaupt nicht. Schon seit den siebziger Jahren verlagert sich aber immer mehr Arbeit in die Konsultationsformen des Rates. Dabei tritt er inzwischen fast täglich zusammen. Die Konsultationstreffen wurden schnell von „beiläufigen Kaffeerunden zum unverbindlichen Meinungsaustausch (...) zum regelmäßigen und zum wohl wichtigsten Arbeitsinstrument" (Wesel 2012, S. 154) des Sicherheitsrats. Vor offiziellen Sitzungen finden sich die Mitglieder in einem sehr kleinen Raum unter dem Sitzungssaal zusammen, um spätere Entscheidungen auszuhandeln. Diese werden dann in den offiziellen Sitzungen nur noch formal beschlossen. Die eigentlichen Entscheidungen sind also eher ein öffentlichkeitswirksamer Ritus. Aus dieser Praxis erwächst vielfältige Kritik. Am meisten wird kritisiert, dass die P5 zu exklusiven Verständigungsformen neigen und der Sicherheitsrat zu exklusiv, d. h. zu geschlossen für Nicht-Mitglieder sei.

Diesem Vorwurf wurde entgegengearbeitet (S/2006/507 v. 19.07.2006; SCAD/DPA/United Nations 2012). Je nach Sitzungsformat sind andere Akteure, auch nicht-staatliche Akteure und Nicht-Mitglieder der Uno, zur Sitzung zugelassen und haben manchmal sogar ein Rederecht (mehr dazu Volger 2010a). Deutschland nutzte die Möglichkeit, Staatenvertreter in den Sicherheitsrat einzuladen, um ein für Deutschland wichtiges, aber eigentlich fachfremdes Thema, den Klimaschutz, auf der Agenda des Sicherheitsrats zu platzieren. Die kreativste Gelegenheit des Rates, informell mit NGOs in Kontakt zu kommen, ist die so genannte Arria-Formel, benannt nach dem venezolanischer UN-Botschafter Arria. Er hatte als nicht-ständiges Mitglied alle anderen Ratsmitglieder eingeladen, um in der „Delegates Lounge" mit einem wichtigen Augenzeugen des Balkan-Konflikts zu sprechen (Volger 2010a, S. 200). Um den informellen Charakter zu betonen, werden diese Sitzungen nicht vom Ratspräsidenten, sondern von einem Ratsmitglied einberufen. Es gibt kein offizielles Protokoll. Seit einigen Jahren wohnen auch die Truppenstellenden Staaten bestimmten Sitzungen bei, um der Kritik, die Truppensteller hätten zu wenig Einfluss auf die Entscheidungsfindung des Mandats, entgegenzutreten. Zuvor war eine Untergruppe des Sicherheitsrats für Belange des Friedenssicherung alleine zuständig, jetzt finden die Verhandlungen in nicht-öffentlichen Sitzungen statt (Volger 2010a, S. 198).

In seiner Arbeit wird der Sicherheitsrat von Nebenorganen unterstützt, die er laut Art. 29 UN-Charta und Regel 28 der Geschäftsordnung einrichten darf. Ein bekanntes Nebenorgan ist das Peacekeeping-Regime. Auch die Sondertribunale von Ruanda und Jugoslawien zählen zu den Nebenorganen des Sicherheitsrates. Der Sicherheitsrat hat eine Fülle von Ausschüssen installiert, die seine Beschlüsse vorbereiten und in denen wichtige Diskussionen stattfinden. So verfügt der Sicherheitsrat über zwei Ausschüsse, die sich mit dem Kampf gegen den internationalen Terrorismus („1373-Committee") und der Nichtverbreitung von ABC-Waffen („1540-Committee") beschäftigen. 13 Sanktionsausschüsse, zahlreiche Ständige Ausschüsse wie der Ausschuss zur Aufnahme neuer Mitglieder und Arbeitsgruppen wie diejenigen zu „Kindern und bewaffnete Konflikten“ arbeiten derzeit für den Sicherheitsrat.

5.2.6 Reformversuche

Die „unendliche Geschichte“ (Gareis 2011) der Reform des Sicherheitsrats begann in den sechziger Jahren und hält bis heute an. Die Kritik am Sicherheitsrat bezieht sich auf ein mehrfaches Defizit: einen Mangel an Legitimität, einer nicht mehr zeitgemäßen Repräsentation und einer fehlenden Glaubwürdigkeit (Fröhlich et al. 2005, S. 10). Der HLP stellt zudem fest, der Sicherheitsrat müsse seine Kapazitäten und seinen Willen zum Handeln stärken (HLP 2004, § 248). Ein Plus an Effektivität und Effizienz stehen demnach auch auf der Agenda der Reform. Aus diesen Defiziten folgt die Infragestellung der Legitimation seiner Entscheidungen und des Gremiums per se. Kann ein Organ, das derart antiquierte Machtverhältnisse widerspiegelt, überhaupt noch legitime Entscheidungen treffen? Entspricht ein so exklusiver Club, wie es der Sicherheitsrat ist, der Global-Governance-Struktur des internationalen Systems? Ist es richtig, ein solches Gremium mit einer solchen Machtfülle auszustatten, wenn das den Gleichheitsgrundsatz der Uno eigentlich ad absurdum führt? Diese Fragen kann und muss man sich stellen, will man den Sicherheitsrat für die Zukunft fit machen. Fest steht, der Sicherheitsrat der Gegenwart ist nicht systemkonform. Er muss einer grundsätzlichen Reform unterzogen werden.

Diese Reform muss einerseits die Arbeitsmethoden angehen. Das betrifft vor allem folgende Felder: das Format der Sitzungen, die wieder öffentlicher werden müssen; die Informationsbeschaffung; die Art der Entscheidung; die Art der Information für Nichtmitglieder (Volger 2010a, S. 201, 202). Bereits seit den 90er Jahren arbeitet der Sicherheitsrat an der Beseitigung der Defizite im Bereich der Arbeitsmethoden und ist dabei erfolgreich.

Auf Initiative Frankreichs hin kamen die Sicherheitsratsmitglieder 1994 überein, häufiger formelle Sitzungen abzuhalten, da diese Nichtmitgliedern zugänglich sind. Zum Teil werden den Nichtmitgliedern des Sicherheitsrats sogar Resolutionsentwürfe zur Verfügung gestellt, um Informationen besser zu verbreiten und den Austausch zu gewährleisten. Wichtige Staaten können in die Arbeit des Rates auch in Form von Kontaktgruppen integriert werden, die sich der Vermittlung in einem bestimmten Konflikt annehmen (Wesel 2012, S. 154). Neben der Arria-Formel bekommen NGOs durch das 1995 gegründete „World Policy Forum“ (WPF), der NGO-Arbeitsgruppe für den Sicherheitsrat, Zugang zum Gremium. Der jeweilige Ratspräsident trifft sich einmal im Monat mit der NGO-Gruppe, ergänzt durch bilaterale Treffen mit den Ratsmitgliedern. Nimmt man die Arria-Formel und das WPF zusammen, haben NGOs im neuen Jahrtausend einen wirkungsvollen Zugang zum Rat. Zudem arbeitet der Sicherheitsrat an der Erhöhung seiner Transparenz. Deshalb sind seine Berichte an die Generalversammlung detaillierter geworden und sein Monatsprogramm kann im Internet öffentlich eingesehen werden. Trotzdem – gerade nach einer Reform, die einen Mitgliederzuwachs mit sich bringen wird, muss über eine Effektivierung der Arbeitsmethoden verstärkt nachgedacht werden

Der zweite Reformansatz betrifft die Neujustierung seiner Zusammensetzung, nämlich die Kategorien der Mitgliedschaft (permanent/non-permanent), die Frage des Vetos (Ausweitung oder Abschaffung) und die ausbalancierte regionale Repräsentation (A/RES/62/557 v. 15.09.2008). Die Erfolgsbilanz ist mager. Einmal gelang es bisher, den Sicherheitsrat an den Wandel der Zeit anzupassen. 1965 wurde das Gremium von elf auf 15 Sitze vergrößert. Seitdem hat sich an der Komposition nichts mehr geändert. Reformwillige fanden sich dennoch immer wieder und gute Reformkonzepte schlummern in den Schreibtischen der Uno. Einige der viel versprechendsten Konzepte werden im Folgenden vorgestellt. Bevor die einzelnen Reformkonzepte nä-

Rang	BIP	Bevölkerung	UN-Pflichtbeitrag	ODA	Friedensoperationen
1	USA	VRChina	USA	Norwegen	Pakistan
2	VRChina	Indien	Japan	Dänemark	Bangladesh
3	Japan	USA	Dt.	Luxemburg	Indien
4	Dt.	Indones.	Großbritan.	Niederlande	Nepal
5	Frankr.	Brasilien	Frankreich	Schweden	Äthiopien

Abb. 5.3 Mögliche Kriterien für einen ständigen Sitz im UN-Sicherheitsrat

her betrachtet werden, sollten einige objektive Kriterien für eine ständige Mitgliedschaft im Sicherheitsrat bekannt sein, um die Vorschläge beurteilen zu können. Fröhlich, Hüfner und Märker diskutierten in ihrem Papier zur Reform des Sicherheitsrats von 2005 einen Katalog von Kriterien und ordneten den Kriterien mögliche Kandidaten zu. Sie nahmen die Bevölkerungsanzahl, die Wirtschaftsleistung, die Beiträge zum ordentlichen Haushalt, die Gewichtung der Stimmen unter Berücksichtigung der finanziellen Beiträge, die freiwilligen Beiträgen und die Öffentlichen Entwicklungsunterstützung (ODA) sowie die personelle Unterstützung militärischer und polizeilicher UN-Operationen als mögliche Kriterien auf. Auf die ersten fünf Positionen zusammengefasst, müsste der Sicherheitsrat derzeit je nach Kriterium wie Abb. 5.3 zeigt zusammengesetzt sein.

5.2.6.1 Der Razali-Plan 1997

Der erste viel versprechende Reformentwurf wurde 1997 veröffentlicht. Ismail Razali legte als Präsident der Generalversammlung einen Reformentwurf vor, den die „Open Ended Working Group" der Generalversammlung nach Beratung mit 165 Mitgliedsstaaten ausgearbeitet hatte (A/51/46 v. 08.08.1997: Annex

II, § 1/4). Der Plan sah vor, dass der Sicherheitsrat auf 24 Mitglieder anwachsen sollte. Fünf neue ständige Mitglieder ohne Veto-Recht und vier nicht-ständige Mitglieder sollten eingerichtet werden. Die neuen ständigen Mitglieder waren regional folgendermaßen aufgeteilt: jeweils ein Mitglied sollte aus den sich entwickelnden Staaten Afrikas, Asiens, Lateinamerikas/Karibik beschickt werden, zwei Mitglieder stellten die Industriestaaten. Deutschland und Japan wurden als Vertreter der Industriestaaten gehandelt. Die nicht-ständigen Mitglieder wurden aus den Reihen Afrikas, Asiens, Lateinamerikas und Osteuropas gewählt. Der Razali-Plan fand bei der Mehrheit der Staaten Unterstützung. Trotzdem kam er nie zur Abstimmung. Eine Gruppe, die sich um Italien formiert hatte, war eine Ursache des Scheiterns. Italien fühlte sich angesichts der Aussicht, Deutschland könnte ständiges Mitglied werden, diskriminiert. Es schmiedete eine Gegenallianz innerhalb der Regionen des Südens und legte einen Gegenentwurf vor. Diese Opposition, der sich viele marginalisiert geglaubte Staaten anschlossen, zusammen mit der Uneinigkeit in den südlichen Staatengruppen, welcher Kandidat nun der richtige sei, führten zur Stagnation des Prozesses Ende der 90er Jahre (Volger 2008, S. 297, 298).

Nach der Jahrtausendwende nahm die Uno die Reform erneut in Angriff. Dabei waren mehrere treibende Kräfte am Werk. Erstens führten der internationale Wandel, der Aufstieg neuer Mächte und der Mitgestaltungswille der sich entwickelnden Staaten den Vereinten Nationen vor Augen, dass der Sicherheitsrat dringend umgestaltet werden müsse. Zweitens zeigte die Irak-Krise 2003 der ganzen Welt, dass das Gremium den Mächtigen auf Gedeih und Verderb ausgeliefert ist. Es wurde im Lichte des Irak-Krieges sogar von der „Irrelevanz" und dem „Bankrott" der Uno gesprochen (Berdal 2004, S. 83). Drittens erkannte der Generalsekretär Kofi Annan den kritischen Scheideweg, an dem die Weltorganisation stand. Er leitete im Jahre 2000 einen umfassenden Reformprozess ein, der auch die Zusammensetzung des Sicherheitsrats betraf. Er berief Expertengruppen, die sich mit der Umgestaltung der Uno befassen sollten. 2004 wurde der Bericht des „The High Level Panel on Threats, Challenges and Change" veröffentlicht, der auch Vorschläge zur Reform des Sicherheitsrats enthielt. Diese nahm Kofi Annan in seinen Reformbericht „In larger Freedom" auf. Beide Dokumente dienten dem Millenium + 5-Gipfel als Diskussionsgrundlage.

5.2.6.2 HLP und ILF 2004/05

Die Experten des HLP konzentrierten sich bei der Umgestaltung der Zusammensetzung auf folgende To Do-Liste: eine breitere Repräsentanz, besonders aus den sich entwickelnden Regionen sowie mehr Effektivität, Demokratie und Berechenbarkeit (HLP 2004, § 249). Für die Wahl der richtigen Kandidaten legten sie dieselben Kriterien an, die oben in Abb. 5.3 zusammengefasst wurden. Die Gruppe konnte sich jedoch auf keinen gemeinsamen Vorschlag einigen und präsentierte der Weltgemeinschaft zwei Entwürfe. Die Uneinigkeit einer so wichtigen Expertengruppe, die dazu gebildet worden war, um Vorreiter der Reform zu sein, spricht Bände.

Der Bericht regte zunächst eine Neuordnung der Regionalgruppen an. WEOG und die Gruppe Osteuropa wurden in einer „Europa-Gruppe" vereint. Danach wurden die zwei Modelle mit jeweils 24 Sitzen eingeführt: Modell A sah sechs neue ständige Sitze ohne Vetorecht und drei nicht-ständige Sitze vor. Die neuen ständigen Sitze sollten Afrika (zwei Sitze), Asien und Pazifik (zwei Sitze), Europa (ein Sitz) und die Amerikas (ein Sitz) erhalten. Die neuen nicht-ständigen Sitze sollten auf Afrika (vier Sitze), Asien und Pazifik (drei Sitze), Europa (zwei Sitze) und die Amerikas (vier Sitze) verteilt werden. Insgesamt verfügte damit jede Regionalgruppe über sechs Sitze im Sicherheitsrat (HLP 2004, § 252). In Modell B wurde statt der neuen ständigen Sitze ein neuer Typus von Sitz eingeführt. Er hat eine Legislatur von vier

Jahren, Wiederwahl ist möglich. Damit könnten Staaten einen quasi-ständigen Sitz erhalten, der durch Wahlen aber immer wieder legitimiert wird. Alle Gruppen sollten je zwei dieser neuen Sitze bekommen. Nicht-ständige Sitze sollten zwischen Afrika (vier Sitze), Asien und Pazifik (drei Sitze), Europa (ein Sitz) und den Amerikas (drei Sitze) aufgeteilt werden (HLP 2004, § 253). Kofi Annan bestätigte den Entwurf des HLP. Er nahm diesen in seinen Reformbericht „In larger freedom" ohne weitere Veränderungen auf (ILF 2005, § 170).

Neben diesem offiziellen Vorschlag aus den Reihen der Uno kreierten potentielle Anwärter, deren Opponenten und einige Gruppen eigene Vorstellungen vom Sicherheitsrat der Zukunft. Drei der erfolgversprechendsten und bekanntesten Vorschläge, die auf dem Millennium + 5-Gipfel zur Abstimmung gestellt werden sollten, werden hier vorgestellt: der G4-, der AU- und der Coffee-Club-Entwurf.

5.2.6.3 G4, AU und Coffee-Club

Das Akronym G4 steht für die Initiatoren des Vorschlags, die zugleich Anwärter auf einen ständigen Sitz im Sicherheitsrat sind: Brasilien, Deutschland, Indien und Japan. Diese Gruppe legte Mitte 2005 ein eigenes Konzept vor (A/59/L.64 v. 6.07.2005). Dies fand bisher die Unterstützung von 80 Staaten. Der 25-köpfige neue Sicherheitsrat der G4 hat sechs neue ständige Sitze und vier neue nicht-ständige Sitze. Die ständigen Sitze werden wie folgt verteilt: zwei für Afrika und Asien, je einer für die WEOG sowie für Lateinamerika & Karibik. Je einen nicht-ständigen Sitz zusätzlich bekommen Afrika, Asien, Lateinamerika & Karibik sowie Osteuropa. Eine Überprüfungskonferenz, die 15 Jahre nach der Charta-Änderung anberaumt wird, soll die Möglichkeit des Veto-Rechts für die neuen ständigen Sitze beraten.

Die afrikanischen Staaten legten Mitte 2005 einen eigenen Resolutionsentwurf vor, der sich im Grunde mit dem der G4 deckte

(A/59/L.67 v. 14.07.2005). Davon abweichend werden jedoch das Veto-Recht für neue ständige Mitglieder sowie ein zweiter zusätzlicher nicht-ständiger Sitz für Afrika gefordert. Die G4 und AU-Vertreter versuchten sich an einem gemeinsamen Kompromissvorschlag. Diskutiert wurde ein 26. nicht-ständiger Sitz, der zwischen Afrika, Asien und den Amerikas routieren sollte, sowie die Veto-Recht-Regelung des G4-Vorschlags. Der gemeinsame Entwurf fand beim Sondergipfel der AU keine Bestätigung. Deshalb wurde der G4-Vorschlag auf dem Reformgipfel nicht zur Abstimmung gestellt. Man befürchtete, zu viele der insgesamt 53 afrikanischen Staaten könnten sich der Stimme enthalten und die notwendige Zweidrittel-Mehrheit in der Generalversammlung gefährden (Pleuger 2006, S. 16).

Die „Geeint für den Konsens"-Gruppe unter Führung Argentiniens, Kolumbiens, Italiens, Mexikos, Pakistans und Spaniens ist ein überzeugter Gegner neuer ständiger Sitze. Sie schlug vor, das Gremium nur um zehn nicht-ständige Sitze zu erweitern und das unmittelbare Wiederwahlverbot zu streichen. Die insgesamt 20 nicht-ständigen Sitze werden wie folgt verteilt: sechs Sitze für Afrika, fünf Sitze für Asien, vier Sitze für Lateinamerika & Karibik, drei Sitze für WEOG und zwei Sitze für Osteuropa. Die Gruppe hat dreißig Unterstützer, unter ihnen die Volksrepublik China, die ein aktiver Teilnehmer bei den Gruppentreffen ist.

5.2.6.4 Stand der Reform

Die Millenniums + 5-Versammlung ging im September 2005 auseinander, ohne die Reform des Sicherheitsrats beschlossen zu haben. Ein Jahr darauf startete eine neue Gruppe einen weiteren Versuch, den Sicherheitsrat zu reformieren, die „S 5". Dieser Zusammenschluss besteht aus den „small countries" Costa Rica, Jordanien, Liechtenstein, Schweiz und Singapur. Sie arbeitet vor allem an Vorschlägen zur Reform der Arbeitsmethoden des Sicherheitsrats, ruft aber auch zum Verzicht des Veto-Rechts auf.

Ein P5, der sein Veto-Recht benutzen wolle, müsse seine Gründe offen legen, wenn ein Resolutionsentwurf zurückgewiesen würde. Das Dokument, das die Rechtfertigung des jeweiligen P5 enthält, soll unter allen Mitglieder der Vereinten Nationen zirkulieren (A/60/L.49 v. 17.03.2006: Ziff. 13). Dieser Vorschlag fand in Frankreich einen mächtigen Unterstützer. Doch alle anderen ständigen Mitglieder widersprachen dem Entwurf mit solcher Stimmgewalt, dass er nie zu Abstimmung gestellt wurde. Abgelöst wurde diese viel versprechende Koalition von der ATC-Gruppe („accountability, transparency and coherence"), die ihre Bemühungen auf die Arbeitsmethoden konzentriert.

2007 wurde eine weitere Reformkoalition ins Leben gerufen. Sie hat sich nach ihrem Resolutionsentwurf „L.69" genannt (A/61/L.69 v. 11.09.2007). Die Resolution wurde von Brasilien und Indien sowie vielen kleinen Staaten eingebracht. In einem neuen Sicherheitsrat mit 25 Sitzen werden die neuen ständigen Mitglieder mit einem Veto-Recht ausgestattet und klar benannt. Die neuen Sitze gehen an Brasilien, Deutschland, Indien, Japan und zwei afrikanische Staaten. Vier neue nicht-ständige Sitze werden unter Afrika, Asien, Lateinamerika und einer neuen Gruppe, den SIDS („small island developing states"), aufgeteilt. Dieser Vorschlag gilt als aussichtsreich, wenn es gelingt, alle sich entwickelnden und kleinen Staaten dafür zu gewinnen. Einige Staaten der AU bekennen sich bereits zum Vorschlag der L.69. Eine Konfliktlinie könnte jedoch die Tatsache darstellen, dass Indien und Brasilien zeitgleich das Konzept der G4 bewerben, das sich von dem der L.69 unterscheidet.

Zudem arbeitet die Uno selbst weiter daran, die Reform des Sicherheitsrats in die Wege zu leiten. Das von der Generalversammlung eingesetzte fünfköpfige Expertengremium „Open-ended Working Group" erstellte nach zahlreichen Konsultationen 2007 einen Bericht, der Vorschläge für eine Neujustierung des Sicherheitsrats bündelte und als solide Ausgangsgrundlage für die Reformdebatten der Zukunft dienen kann (United Nations 2007). Die Experten stellten fest, dass die Vorschläge der erfolgversprechendsten Gruppen, zu denen die besprochenen zählen, derzeit keine Aussicht auf Realisierung haben. Die Parteien zeigten jedoch die nötige Flexibilität und den Willen zum Kompromiss. Zudem wurde vereinbart, die Verhandlungen der „Open-ended Working Group" in ein neues Forum, die „Intergovernmental Negotiations", zu verlagern. Dieses Gremium beschäftigt sich seitdem mit den fünf wichtigsten Baustellen der Reform: den Kategorien der Mitgliedschaft, dem Veto-Recht, der regionalen Repräsentation, den Arbeitsmethoden und der Beziehung zur Generalversammlung. Lässt das auf eine baldige Reform dieses wichtigen UN-Gremiums hoffen, um Glaubwürdigkeit, Repräsentativität und Legitimität zu erhöhen?

Der Sicherheitsrat als Hauptorgan für Frieden und Sicherheit muss, so viel steht fest, effizienter, effektiver, glaubwürdiger, repräsentativer und demokratischer werden. Sollte die Reform der Zusammensetzung und regionalen Repräsentation weiterhin unrealistisch bleiben, so bietet die Neugestaltung der Arbeitsmethoden doch einen probaten Weg aus dem Reformstau. Die Uno und auch einige der Reform-Gruppen konzentrieren deshalb ihre Erneuerungsbemühungen immer stärker auf diesen Bereich. So steht einer besseren Zukunft des Sicherheitsrats weniger im Wege als gemeinhin angenommen.

5.3 Die Generalversammlung: Auf dem Weg zum Weltparlament?

Die Generalversammlung (GV) ist das Organ der Uno, das den offenen Multilateralismus perfekt abbildet. Sie bietet allen Mitgliedsstaaten der Vereinten Nationen ein Forum. Jedes Mitglied der Vereinten Nationen ist mit bis zu fünf Vertretern, fünf Stellvertretern und den notwendigen Experten repräsentiert (GO UNGV: § 25). Jeder Staat hat eine Stimme, die gleich gewichtet wird. Die GV ist eine ständige internationale Konferenz, in der alle Themen behandelt werden dürfen, die als weltpolitisch relevant perzipiert werden (Peterson 2007, S. 98). In der Generalversammlung finden bedeutende politische Debatten statt, werden Normen gesetzt und deren Implementierung diskutiert. Sie ist zwar kein Staatenparlament, auch kein „Parlament der Menschheit" (Kennedy 2007), aber ein einflussreiches Plenum für globale Ideen und Visionen.

5.3.1 Im Wandel der Zeit

Aufgrund ihrer Zusammensetzung spiegelt die Generalversammlung Veränderungen im internationalen System stärker wieder als der Sicherheitsrat. Ursprünglich begann die Generalversammlung als 51-köpfiges Forum. Nach zwei großen Aufnahmewellen zur Zeit der Entkolonialisierung und nach dem Ende des Ost-West-Konflikts ist das Plenum inzwischen auf 193 Staaten angewachsen. Zu Beginn war der Westen aufgrund der Mitgliederkonstellation stark bevorteilt und setzte deutliche inhaltliche Schwerpunkte. Zeugnis dieser Phase sind vor allem die Allgemeine Erklärung der Menschenrechte von 1948 und die menschenrechtlichen Zivilpakte, die in dieser Zeit entworfen wurden. Doch nach 1955 wendete sich das Blatt und die Staaten Asiens, Afrikas und Lateinamerikas gewannen sukzessive die Oberhand. Dieses Ungleichgewicht zugunsten der sich entwickelnden Staaten hat sich bis heute nicht verändert.

Wie die Zusammensetzung der Uno wandelten sich auch die politischen Schwerpunkte der Generalversammlung. Der Nord-Süd-Konflikt, der mit der Gründung der Blockfreien Bewegung in den sechziger Jahren begann und mit der Idee einer Neuen Weltwirtschaftsordnung einen Höhepunkt fand, wurde vor allem in der UN-Generalversammlung ausgelebt. Ausdruck der Deutungshoheit durch die sich entwickelnden Staaten ist die noch heute sehr stark entwicklungspolitisch geprägte Agenda der Generalversammlung.

Auch die Veto-Politik der P5 im Sicherheitsrat bestimmte die Generalversammlung zur Zeit des Kalten Krieges, und vereinzelt bis heute. Anlässlich der Blockadehaltung der UdSSR im Korea-Konflikt nahm die Generalversammlung auf US-Initiative hin das Heft des Handelns in die Hand. Sie verabschiedete am 3. November 1950 Resolution A/RES/377 (V), die als „Uniting for Peace"-Resolution bekannt ist. Zentral ist Abschn. A1 der Resolution, in der die Generalversammlung sich folgendes Recht einräumt:

> 1. (die Generalversammlung; M. S.) trifft hiermit den Beschluss, dass in allen Fällen, in denen eine Bedrohung oder ein Bruch des Friedens oder eine Angriffshandlung vorzuliegen scheint und in denen der Sicherheitsrat mangels Einstimmigkeit der ständigen Mitglieder seine Hauptverantwortung für die Wahrung des Weltfriedens und der internationalen Sicherheit nicht wahrnimmt, die Frage unverzüglich von der Generalversammlung behandelt wird, mit dem Ziel, den Mitgliedern geeignete Empfehlungen für Kollektivmaßnahmen zur Wahrung oder Wiederherstellung des Weltfriedens und der internationalen Sicherheit zu geben, die im Falle eines Friedensbruchs oder einer Angriffshandlung erforderlichenfalls auch den Einsatz von Waffengewalt einschließen können.

Dazu entschied sie, eine Notstandsondertagung einberufen zu können. Bisher fanden zehn Notstandsondertagungen auf Grundlage von „Uniting for Peace" statt. Die erste Sondertagung wurde anlässlich der Suez-Krise 1956 anberaumt (Tomuschat 2008). Die zehnte Sondertagung beschäftigt sich mit den „Illegalen israelischen Maßnahmen im besetzten Ost-Jerusalem und in dem übrigen besetzten palästinensischen Gebiet". Diese tagte erstmals 1997 und seitdem teilweise mehrmals im Jahr (http://www.un.org/depts/german/gv/gv_1.html#Notstands). Das Ergebnis einer solchen „Uniting for Peace"-Sitzung ist zwar rechtlich nicht bindend, hat aber eine große politische Signalwirkung. Denn ein eindeutiges Abstimmungsergebnis repräsentiert die

Rechtsüberzeugung der Weltgemeinschaft (Schaller 2003, S. 4). Außerdem werden durch „Shaming und Blaming“ diejenigen unter den P5 vorgeführt, die den Sicherheitsrat durch ihr Veto lähmen.

Neben dem Sicherheitsrat ist die Generalversammlung also das zentrale Organ, um den Wandel des internationalen Systems mitzugestalten. Es ist aber auch das Gremium, das seit Beginn der neuen Zeit durch die Renaissance des Sicherheitsrates an Bedeutung verloren hat. Es nimmt nicht Wunder, dass die Staaten der G77 die Reform des Sicherheitsrats in den Debatten der Generalversammlung stets blockieren. Ein erstarkter Sicherheitsrat würde den Handlungsspielraum der Generalversammlung noch stärker einengen, so die Befürchtung dieser Staatengruppe.

5.3.2 Aufgaben und Befugnisse

Wie der Sicherheitsrat hat die Generalversammlung politische und organisatorische Aufgaben und Befugnisse. Während sich der Sicherheitsrat um den Schutz der Sicherheit kümmert, ist die Generalversammlung für die Wahrung der Freundschaft zwischen den Völkern zuständig. Der Sicherheitsrat beschäftigt sich mit den „high politics“, die Generalversammlung engagiert sich für die „low politics“. Der Sicherheitsrat ist im Grunde für den negativen Frieden verantwortlich und die Generalversammlung hat für den nachhaltigen positiven Frieden Sorge zu tragen. Bereits deshalb ist sie näher am Menschen und kann auf die Erfordernisse einer Ära der „menschlichen Sicherheit“ besser eingehen. Zusammen könnten sie ein unschlagbares Team bilden, würde der Sicherheitsrat verlässlich funktionieren.

5.3.2.1 Politische Aufgaben

Der Generalversammlung ist Kap. IV der UN-Charta gewidmet. Artikel 10 UN-Charta stattet sie mit großem Einfluss aus. Denn die GV kann „alle Fragen und Angelegenheiten erörtern, die in den Rahmen dieser Charta fallen oder Befugnisse und Aufgaben eines in dieser Charta vorgesehenen Organs betreffen." Dieser Artikel lässt der Generalversammlung eine gänzlich offene Agenda und wird Generalklausel genannt. Die GV ist somit das einzige Organ, das eine umfassende Zuständigkeit hat. Sie darf sich mit allen Fragen der Vereinten Nationen befassen, kann die Aufmerksamkeit des Sicherheitsrats auf einen sicherheitsrelevanten Fall lenken und Empfehlungen an die Mitglieder oder den Sicherheitsrat richten (Art. 10; 11 UN-Charta). Sie darf sogar Empfehlungen zur friedlichen Bereinigung von Situationen aussprechen, falls diese das allgemeine Wohl und die freundschaftlichen Beziehungen zwischen den Staaten beeinträchtigen könnten (Art. 14 UN-Charta). Eine Einschränkung der Generalklausel gibt es jedoch. Gemäß Art. 12 UN-Charta darf sich die Generalversammlung nur dann einer Frage widmen, wenn der Sicherheitsrat damit nicht befasst ist. In der Realität wird dieser Regel allerdings keine Beachtung geschenkt (Peterson 2007, S. 99).

Artikel 13 weist eine weitere Kernkompetenz der Generalversammlung aus. Sie ist für die Umsetzung des dritten Ziels der Vereinten Nationen verantwortlich: der Förderung der internationalen Zusammenarbeit und der Kodifizierung des Völkerrechts. Sie veranlasst Untersuchungen und gibt Empfehlungen ab, um die Realisierung dieser Ziele zu fördern. Vor allem folgende wirtschaftliche und soziale Ziele sollten auf der Agenda der Generalversammlung stehen:

> die Verbesserung des Lebensstandards, die Vollbeschäftigung und die Voraussetzungen für wirtschaftlichen und sozialen Fortschritt und Aufstieg; die Lösung internationaler Probleme wirtschaftlicher, sozialer, gesundheitlicher und verwandter Art sowie die internationale Zusammenarbeit auf den Gebieten der Kultur und der Erziehung; die allgemeine Achtung und Verwirklichung der Menschenrechte und Grundfreiheiten (...) (Art. 55 UN-Charta).

5.3.2.2 Administrative Aufgaben

Daneben hat die Generalversammlung organisatorische und administrative Aufgaben, die ihr ein beträchtliches Maß an Macht geben. Die wichtigste Befugnis, mit der die GV einem nationalen Parlament ähnelt, ist das Haushaltsrecht (Art. 17 UN-Charta). Die Generalversammlung setzt den Verteilungsschlüssel der Mitgliedsbeiträge fest (Art. 17.2 UN-Charta). Sie prüft und genehmigt den Budgetplan der Uno (Art. 17.1 UN-Charta) und der Sonderorganisationen (Art. 17.3 UN-Charta). Sie wählt oder ernennt die Mitglieder in den Hauptorganen, die Amtsträger wie den Generalsekretär und die Richter des internationalen Gerichtshofs. Außerdem kann die Generalversammlung durch die Berichtshoheit und die Wahl- und Kontrollfunktion die Geschicke der anderen Hauptorgane stark beeinflussen. Sie nimmt nämlich nicht nur die Berichte des Sicherheitsrats entgegen und prüft diese, sondern auch die aller anderen UN-Organe (Art. 15 UN-Charta). Aufgrund der Fülle von Berichten, die sie jährlich abarbeiten muss, wird ein effizienteres Management dringend angemahnt. Anlässlich der 59. Generalversammlung hatte allein der für Budgetfragen zuständige fünfte Ausschuss eine Flut von 275 Berichten zu bewältigen (Keller und Schulz 2007, S. 3). Abkommen mit Sonderorganisationen im UN-System, die der ECOSOC schließt, müssen von der Generalversammlung genehmigt werden (Art. 63 UN-Charta). Auch die Bediensteten des Sekretariats werden „vom Generalsekretär in Einklang mit den Regelungen ernannt, welche die Generalversammlung erlässt." (Art. 101.1 UN-Charta) Wann immer die Generalversammlung der Ansicht ist, es liege ein ernsthaftes globales Problem vor, hat sie das Recht, Sondergeneralversammlungen und Notstandsondertagungen einzuberufen. Nur die Generalversammlung kann neue UN-Institutionen als Nebenorgane schaffen (Art. 22 UN-Charta) und regelt die Beziehungen zwischen der Uno und den Mitgliedsstaaten hinsichtlich diplomatischer Vorrechte und Immunitäten (Art. 105 UN-Charta). Auf Empfehlung des Sicherheitsrates befindet das Organ auch über die Aufnahme und den Ausschluss von Mitgliedern (Art. 4–6 UN-Charta).

Besonders die Beziehung zu den anderen Organen und das Kontroll-, Haushalts- und Wahlrecht sind dafür verantwortlich, dass die Generalversammlung der Legislative einer nationalen Regierung ähnelt (Peterson 2007, S. 102). Durch das breit gefächerte Aufgabenspektrum wird die Generalversammlung ihrer Identität als Plenum aller Staaten gerecht. Sie ist sowohl globales Diskussionsforum als auch der Aufseher der Organisation (Peterson 2007, S. 99). Das stellt die Generalversammlung jedoch vor die Herausforderung, eine große Fülle unterschiedlichster Aufgaben bewältigen zu müssen.

5.3.3 Entscheidungsfindung

Trotz dieser Machtfülle ist die rechtliche Bindewirkung der Beschlüsse eingeschränkt. Die Generalversammlung kann zwar nach innen verbindliche Entscheidungen treffen. Entscheidungen, die nicht die Organisation betreffen, sind jedoch nicht rechtsverbindlich. In so genannten Empfehlungen kann sich das Gremium an die Mitgliedsstaaten richten. Die Generalversammlung kann zwei Arten von Empfehlungen abgeben: Resolutionen und Deklarationen. Beide werden in der Charta nicht genannt, sind aber gängige Praxis. Deklarationen enthalten zumeist grundsätzliche rechtliche oder politische Aussagen. Ihre völkerrechtliche Einordnung bleibt umstritten (Unser 2004, S. 42). Übrigens ist es gar nicht schlecht, dass die Empfehlungen der GV nicht bindend sind. Angesichts der Fülle von Resolutionen könnten die Staaten diese auch gar nicht umsetzen. Im Jahresverlauf verabschiedet die GV zwischen 250 und 300 Resolutionen, 75 % davon im Konsens. Diese Fülle wird auch in den kommenden

Jahren kaum abnehmen, da viele Mitgliedsstaaten an „ihrer“, d. h. der von ihnen jährlich zur Verlängerung eingebrachten Resolution festhalten. Sie gibt ihnen regelmäßig eine Stimme im Weltplenum (Luck 2007, S. 658). Um sich noch besser Gehör zu verschaffen, werden die Resolutionen oftmals noch an den ECOSOC geleitet, den Hauptausschüsse der Generalversammlung unterbreitet und in der Vollversammlung der Uno besprochen (Luck 2007, S. 258). Aufgrund des Trends zur konsensualen Entscheidung sind die Resolutionen des Öfteren vage. Trotzdem sind viele Empfehlungen der GV politisch bedeutsam. Denn sie zeigen die Ansichten der Regierung der Welt; sie können damit übergreifende normative Autorität beanspruchen; sie können Aufmerksamkeit wecken und politischen Druck ausüben; sie fragen nach der Weiterentwicklung von Politik und Recht (Wesel 2012, S. 150). Ein wichtiges Beispiel, das verdeutlicht, welche politische Stoßkraft auch rechtlich unverbindliche Empfehlungen haben können, ist die Allgemeine Erklärung der Menschenrechte von 1948. Die Ziele der Resolutionen sollten deshalb nicht als direkte Handlungsanweisungen nach dem Prinzip der Gesetzestexte eines Parlaments verstanden werden, die abprüfbar sind und an einem Stichtag umgesetzt sein sollen. Die Ziele sind Fernziele, die die Weltgemeinschaft zu erreichen strebt, aber nicht unbedingt erreichen muss.

Die Abstimmungsmodi sind in Art. 18 UN-Charta und in der Geschäftsordnung der Generalversammlung geregelt. Das eherne Gesetz der Generalversammlung steht zu Beginn des Artikels: „Jedes Mitglied (…) hat eine Stimme“ (Art. 18.1 UN-Charta). Das Prinzip des „one country, one vote“ wird hier niedergelegt. Wie beim Sicherheitsrat gibt es zwei Typen von Entscheidungen, „wichtige Fragen“ und „sonstige Fragen“. Wichtige Fragen bedürfen einer Zweidrittelmehrheit der anwesenden und abstimmenden Mitglieder (Art. 18.2 UN-Charta). Diese Sprachregelung sagt aus, dass Stimmenthaltungen als „nicht-abstimmend“ gewertet und nicht in die Gesamtrechnung einbezogen werden (GO GV Regel 86). Die „wichtigen Fragen“ sind in Art. 18.2 UN-Charta weiter aufgeführt. Dazu zählen unter anderem Empfehlungen hinsichtlich des Weltfriedens, die Wahlfunktion, die Aufnahme neuer Mitglieder und das Haushaltsrecht. Jede andere Frage kann mittels Abstimmung als „wichtig“ definiert werden (Art. 18.3 UN-Charta). Alle „sonstigen Frage“ benötigen die Mehrheit der anwesenden und abstimmenden Mitglieder (Art. 18.3 UN-Charta). Die Abstimmung erfolgt meist öffentlich per Handzeichen, mittels Aufstehen oder elektronisch (GO GV Regel 87). Auf Verlangen kann eine namentliche Abstimmung anberaumt werden. Eine Ausnahme ist die Wahl des Generalsekretärs. Sie ist nicht öffentlich und geheim (GO GV Regel 141).

Aufgrund des Mehrheitsentscheids wird die GV oft von einer Koalition aus kleinen und schwachen Staaten dominiert. Gerade wenn es darum geht, die Norm der Souveränität, die Gleichheit der Staaten und das Gebot der Nichteinmischung zu unterstreichen, ist es dadurch ein Leichtes, stabile Mehrheiten zu erzeugen. Damit wird nach Meinung Petersons jedoch genau die Souveränitätsinterpretation konserviert, die in Zeiten von Global Governance sukzessive aufgeweicht werden sollte (Peterson 2007, S. 98). Andererseits bietet gerade die GV den kleinen Staaten eine Möglichkeit, sich und den Anliegen der Mehrheit Gehör zu verschaffen. Im Sicherheitsrat haben diese Staaten nur selten eine Chance, die Politik entscheidend mitzubestimmen.

5.3.4 Arbeitsweise

Und wer erledigt die vielfältigen Hausaufgaben der Generalversammlung? Wer untersucht die verschiedenen Tatbestände? Wer schreibt die zahlreichen Empfehlungen? Wegen des Arbeitsprogramms der Generalversammlung, das nicht selten auszuufern droht, werden die fachliche Beratung und Aushandlung der Entscheidungen in Ausschüsse verlegt. Daneben hat die GV zahlreiche Nebenorgane, Programme, Fonds, Weltkonferenzen und Sonderausschüsse ins Leben gerufen, um die Aufgaben bewältigen zu können. Betrachtet man die schiere Anzahl der Subinstitutionen, so wird deutlich, dass die GV in ihrer Geschichte weniger der Verschlankung denn der Addition zugetan war (Luck 2007, S. 657). Der Wildwuchs der Resolutionen wird also vom Wildwuchs der Institutionen flankiert und dürfte sich gegenseitig verstärken.

5.3.4.1 Ausschüsse

Die Generalversammlung verfügt über sechs Hauptausschüsse zu den wichtigsten Fragen der Uno, zwei Ausschüsse für Verfahrensfragen, über Ständige Ausschüsse sowie zahlreiche ad hoc-Ausschüsse und Spezialausschüsse als Nebenorgane. Im Folgenden werden die wichtigsten Ausschüsse vorgestellt.

Die sechs Hauptausschüsse sind zuständig für (1) Abrüstung und internationale Sicherheit, (2) Wirtschaft und Finanzen, (3) Soziale, humanitäre und kulturelle Fragen, (4) Politische Fragen/Entkolonisierung, (5) Verwaltung und Haushalt, sowie (6) Recht. Die Ausschüsse werden nicht nach ihren Themen, sondern nach ihren Nummern benannt, also „first committee, second committee" usw. Sie sind „Commitees of the whole", d. h. in ihnen sind alle Mitgliedsstaaten vertreten. Obwohl sie Mini-Generalversammlungen sind, sind sie mit weniger Regeln überfrachtet und funktionieren deshalb besser als die Vollversammlung. Sie sind für den Entwurf der Resolutionen zuständig, die in der Generalversammlung anschließend zur Abstimmung stehen (Keller und Schulz 2007, S. 3). Außerdem obliegt es ihnen, Projekte vorzusortieren und auszulesen (Wesel 2012, S. 148). In diesen Ausschüssen werden politische Konfliktlinien zwischen den 193 Mitgliedern der Uno besonders deutlich. Im ersten Ausschuss stehen die Verfechter des Proliferationsverbots denjenigen gegenüber, die sich auf die Kontrolle bestimmter Waffensysteme konzentrieren wollen. Im fünften Ausschuss streiten sich Industrie- und Entwicklungsländer um das Budget. Bestehen die Industrieländer auf das Einfrieren des aktuellen Beitragssatzes, so streben die Entwicklungsländer eine Erhöhung des Beitrags für Industrieländer an (Keller und Schulz 2007, S. 2).

Bei einem Abgleich mit den Befugnissen und Tätigkeiten der anderen Hauptorgane ist festzustellen, dass sich Tätigkeitsbereiche oft überlappen. So überschneiden sich beispielsweise die Themen zwischen dem ersten sowie dem zweiten GV-Ausschuss und dem ECOSOC (Keller und Schulz 2007, S. 3). Der fünfte Ausschuss steht chronisch am Limit seiner Kapazität und ist deshalb ein unzureichender Kooperationspartner des Sekretariats (A/60/692 v. 7.03.2006: Ziffer 20/21). Deshalb hat Kofi Annan 2006 eine Reform der Ausschussverwaltung zur Effizienzerhöhung des Managements dringend angemahnt (A/60/692 v. 7.03.2006).

Zu den Ausschüssen für Verfahrensfragen gehören das „General Committee" und das „Credentials Committee". Ersteres regelt und steuert die Arbeit der GV und wird deshalb als Lenkungsausschuss bezeichnet. Es ist mit 28 Mitgliedern besetzt, die sich aus dem Präsidenten der Generalversammlung, seinen 21 Vizepräsidenten und den Vorsitzenden der Hauptausschüsse zusammensetzen. Das „Credentials Committee" überprüft akkreditierte Mitglieder und ist besonders wichtig, wenn es eine Streitfrage über die Legitimität einer Regierung zu lösen gilt (Keller und Schulz 2007, S. 2). Die „ständigen Ausschüsse" sind die Beratungsorgane der Generalversammlung. Sie werden mit Fachleuten und verdienten Individuen beschickt. Allerdings wird auf eine adäquate regionale Verteilung des Ausschusses geachtet.

5.3.4.2 Nebenorgane

Für die Erfüllung ihrer Aufgaben hat die GV im Laufe ihrer Geschichte weitere nachrangige Organe, so genannte Nebenorgane, eingesetzt. Derzeit bestehen etwa 60 solcher Nebenorgane. Schon in den siebziger Jahren verfügte die GV einen Stopp hinsichtlich der Schaffung neuer Nebenorgane. Die folgenden zwei Ausschüsse sind solche Nebenorgane: Der Sonderausschuss „Peacekeeping" existiert seit 1965. Er überprüft die Friedenssicherungsmissionen in allen Aspekten. Ihm gehören alle Truppensteller an (Unser 2004, S. 64). Der Charta-Ausschuss wurde 1975 ins Leben gerufen. Aktuelle Schwerpunkte sind die Sanktionsproblematik und die Stärkung des IGH. Diese Ausschüsse sind mit Mitgliedsstaaten und Sachverständigen besetzt (Unser 2004, S. 64). Zudem hat die Generalversammlung im Laufe ihres Daseins 14 Programme und Fonds eingerichtet, die zwar relativ autonom agieren können, in letzter Instanz aber der Generalversammlung direkt unterstehen (Keller und Schulz 2007, S. 3). Bekannte Beispiele sind UNICEF, UNDP oder das World Food Program (WFP).

5.3.4.3 Weltkonferenzen

Auch die großen Weltkonferenzen, die in den neunziger Jahren mit der Konferenz von Rio ihren Auftakt hatten, gehen auf die Initiative der Generalversammlung zurück. Dort werden zentrale Themen der Uno mit UN-Mitgliedsstaaten und dem Rest der Global Governance-Community, vor allem NGOs und Expertengruppen, besprochen. Auch wenn diese Konferenzen grundsätzlich positiv bewertet werden, überschatten sie die Arbeit und Positivbilanz der Generalversammlung. Um die Generalversammlung wieder stärker ins öffentliche Bewusstsein zu rücken, geht man derzeit schon soweit, die publikumsstarken Sondergipfel als einen frühen Teil der regulären Herbstvollversammlung zu integrieren (Peterson 2007, S. 106). Das könnte sich als Bärendienst erweisen, könnte die öffentliche Wahrnehmung der Generalversammlung im direkten Vergleich zu den Sondergipfeln doch noch weiter abnehmen.

5.3.4.4 Vollversammlung

Ein besonderer Höhepunkt eines jeden Jahres ist die Vollversammlung der Vereinten Nationen. Die Generalversammlung tagt einmal jährlich, beginnend mit dem dritten Dienstag im September (GO GV Regel 1). Sie dauert meist bis Weihnachten. Diese Sitzungen werden durch einen Präsidenten ohne Stimmrecht geleitet, den die Generalversammlung drei Monate vor Sitzungsbeginn bestimmt (GO GV Regel 37). In der Regel sind diese Sitzungen öffentlich, sofern nichts anderes beschlossen wurde (GO GV Regel 60). Die alljährliche Vollversammlung ist ein idealer Zeitpunkt für viele Staatenvertreter, sich der Völkergemeinschaft als UN-freundlicher Staat zu präsentieren oder die eigene politische Agenda zu bewerben. Dabei ergreifen besonders die Staaten gerne und ausführlich das Wort, die sich ungerecht behandelt fühlen oder die Vereinten Nationen um Unterstützung anrufen. Wandlungsprozesse im internationalen System werden hier besonders deutlich und mitunter sehr lebhaft abgebildet. Oft nutzen Staatschefs ihre Redezeit, um sich wortgewaltig im Historienbuch der Vereinten Nationen zu verewigen. Dort wetterte Chruschtschow in der berühmten Schuh-Szene gegen die kapitalistische Quasselbude. Netanjahu führte der Welt die Bedrohung durch iranische Atombomben vor Augen und Gaddafi zeriss die UN-Charta, um die Dominanz der P5 anzuprangern. Obwohl diese pathetischen und ideologischen Auftritte immer noch vorkommen, ist die Rhetorik in der Generalversammlung seit Ende der Bipolarität jedoch versöhnlicher und sachlicher geworden (Keller und Schulz 2007, S. 4).

5.3.5 Auf dem Weg zum Weltparlament?

Seit einigen Jahren gibt es Bestrebungen, der Generalversammlung ein weiteres Organ an die Seite zu stellen, das Weltparlament. Zwar wurde diese Vision schon 1945 geäußert, jedoch erst im Zuge von Globalisierung und Global Governance wiederbelebt. Seit 2007 werben Politiker, z. B. Rita Süssmuth und Boutros Boutros-Ghali, und interessierte Laien für ein Weltparlament. Der Slogan der weltweiten Kampagne lautet: „Demokratie globalisieren mit einem Parlament der Vereinten Nationen" (Komitee für eine demokratische Uno o. J.). Wenn es nach dem Willen der Unterstützer ginge, sollte diese Parlamentarische Versammlung lediglich beratende Funktion haben und sukzessive weitere Befugnisse übernehmen. Zunächst würde das Weltparlament von den Delegierten der nationalen und regionalen Parlamente beschickt werden. Dem würde eine Direktwahl des Weltparlaments weichen. Seit 2011 unterstützt auch das EU-Parlament die Agenda (Wustmann 2011). Vielleicht wäre diese Institution eine Möglichkeit, dem Ausspruch „Wir, die Völker" (Präambel UN-Charta) und dem Anspruch der „human security" noch besser gerecht zu werden? Zu bedenken wäre jedoch, dass die Generalversammlung noch mehr Einfluss verlieren könnte.

5.4 Das Sekretariat: Autonomie, Administration und Politik

Das UN-Generalsekretariat, dessen Bestimmungen sich im Wesentlichen in Kap. XV der Charta finden, ist eine vielschichtige Institution, die mit dem gesamten Aufgabengebiet der Uno befasst ist. Sie hat eine entscheidende Bedeutung für die Identität der Vereinten Nationen, denn die Uno wird durch das Sekretariat zu einer nach außen wirkenden Behörde. Zudem erhält sie als obersten Beamten einen nicht an Weisungen Dritter gebundenen Repräsentanten (Dicke 1994, S. 225). Dadurch wird die Uno partiell eigenständig.

Im Wandel der Zeit hat sich das Sekretariat stark verändert. Als bürokratischer Verwaltungsapparat angelegt, gewann die Institution politische Kompetenzen, die sich besonders in einer Figur spiegeln: dem UN-Generalsekretär. Dieses Kapitel führt zunächst in die Aufgaben, Befugnisse und die Organisationsstruktur des Sekretariats ein. Zahlreiche Umstrukturierungsmaßnahmen, die das Sekretariat über die Jahre erlebte, werden dann eingeflochten, wenn sie von besonderer Relevanz sind. Den Ausführungen zum Sekretariat folgt eine kurze Auseinandersetzung mit dem Beruf des internationalen Beamten. Der Generalsekretär bekommt aufgrund seiner hervorgehobenen Stellung im UN-System ein eigenes Kapitel.

5.4.1 Gründungskontext

Liest man die betreffenden Artikel in der Charta, Art. 97–101 UN-Charta, möchte man meinen, das Sekretariat sei eine lose Hülle, die vom Generalsekretär und den internationalen Bediensteten zu füllen wäre. Keiner der betreffenden Artikel beschäftigt sich explizit mit dem Hauptorgan. Es findet nur einmal Erwähnung! Deshalb drängt sich der Eindruck auf, nicht das Sekretariat, sondern der Generalsekretär sei das Hauptorgan. Doch Art. 7 UN-Charta ist diesbezüglich klar und deutlich: es zählt das Sekretariat zu den zentralen Institutionen der Uno. Auf der Suche nach Gründen für diese Eigentümlichkeit und nach Aufgaben, Rollen, Strukturen des Sekretariats, stößt man auf den historischen Kontext und die ursprünglich angedachte Rolle. Die Gründer der Vereinten Nationen orientierten sich streng am Völkerbundsekretariat, als sie das Sekretariat aus der Taufe hoben. Selbiges wurde vom Mitarchitekten des Völkerbunds, Robert Cecil, als das „große Experiment" bezeichnet (Cecil 1941), da die zwischenstaatlichen Konferenzen des 18. und 19. Jahrhunderts erst hatten lernen müssen, dass eine zentrale Organisationsinstanz ein Mehrwert sei. Das Völkerbundssekretariat war, die Bezeichnung „Sekretariat" legt es nahe, ursprünglich auf Verwaltungsaufgaben und das Management der Treffen beschränkt. In der Völkerbundssatzung wurde lediglich festgelegt, dass das Sekretariat permanent am Sitz des Völkerbundes eingerichtet werden sollte und aus einem Generalsekretär sowie dem notwenigen Stab bestünde. Dieser Artikel ähnelt der Charta-Bestimmung des Art. 97. Doch schon zur Zeit des Völkerbundes bestand Unklarheit über die Rolle des Sekretariats im System. Der erste und bedeutendste Generalsekretär des Völkerbunds, Sir Eric Drummond, veröffentlichte 1931 einen Artikel in der Zeitschrift „Public Administration", in dem er sich seiner Zweifel als junger Generalsekretär erinnert. Sollte das Sekretariat in Tradition der Administrativorgane des 19. und 20. Jahrhunderts eine permanente Konferenz der Mächtigen der Liga sein, oder durch Weisungsungebundene Beamte beschickt werden (Drummond 1931, S. 228, 229)? Unter Drummond dehnte das Sekretariat seinen politischen Handlungsspielraum aus.

5.4.2 Aufgaben und Befugnisse

Die Gründungsväter der Uno folgten dem Vorbild des Völkerbunds und auch sie begleiteten die Drummond'schen Fragen. Sie wurden insbesondere von der UdSSR in den Raum gestellt, die ein inter-gouvernmentales Sekretariat bevorzugt hätte (Jonah 2007, S. 160). Die UN-Gründer kreierten das Sekretariat vorrangig als Hauptadministrationsorgan der Weltorganisation. Es wurde nur in den Kanon der Hauptorgane aufgenommen, um die Eigenverantwortung des öffentlichen Dienstes zu wahren

(Göthel 2002, S. 77). Wir hatten es in den Anfängen demnach mit einer Institution zu tun, deren Rolle selbsterklärend war.

In der weiteren Entwicklung des Sekretariats standen sich zwei unvereinbare Positionen gegenüber. Das Lager der Minimalisten wollte das Sekretariat als „statische Konferenzmaschinerie“ sehen. Die Maximalisten dagegen vertraten die Ansicht, das Sekretariat sei ein „dynamisches Instrument der Mitgliedsstaaten“ (Langrod in Göthel 2002, S. 79).

Betrachtet man das Sekretariat über den Zeitverlauf, haben wohl beide Lager verloren. Es ist weder ein bloßes Managementorgan, noch ein Instrument der Mitgliedsstaaten. Das Sekretariat hat an beträchtlicher Autonomie gewonnen. Gerade die Vagheit des Art. 97 eröffnete der Institution eine dynamische Perspektive. Es kommt hinzu, dass Art. 98 und 99 UN-Charta an den Generalsekretär politische Aufgaben herantragen, in deren Erfüllung das Sekretariat ihn unterstützen muss. Das Sekretariat hat sich folgende vier politische Felder erobert: (1) Agenda Setting, Empfehlungen und Promotion von politischen Vorhaben; (2) Technische Unterstützung; (3) die Initiierung und Zurverfügungstellung von Verhandlungsforen; (4) Friedensoperationen und Wiederaufbau (Dicke in Fröhlich 2005, S. 58). Besonders das letztgenannte Gebiet liegt, hat der Sicherheitsrat eine Friedensoperation mandatiert, überwiegend in den Händen des Sekretariats (siehe Kap. 5.5. und 7.1).

Das Sekretariat hat heute weit größeren Einfluss als die Charta vorgesehen hatte. Es macht Politik im Namen und Sinne der Weltorganisation. Es hat einen beträchtlichen Handlungsspielraum in der Weltorganisation, lenkt vor allem die Reformdiskussion und gibt immer wieder neue Impulse, um die Uno dem Wandel der Zeit anzupassen. „Politik durch Verwaltung“ ist heute der Stil, der das Sekretariat am besten charakterisiert (Fröhlich 2005, S. 58). Bereits Dag Hammarskjöld beschrieb die Arbeit des Sekretariats als das Pulsen des Blutstroms durch den Körper. Deshalb kann der Uno organisationstheoretisch auch das Image eines Akteurs zugeschrieben werden.

Doch auch das Sekretariat hat seine Schattenseiten und Grenzen. Gerade autonome Bürokratien neigen dazu, dysfunktional zu handeln und Ergebnisse zu erzielen, die die Organisation schädigen können (Barnett und Finnemore 1999). Ein eindrückliches Beispiel ist der „Öl für Lebensmittel"-Skandal, eine Korruptionsaffäre, die die Volcker-Kommission 2004 aufdeckte und in die der Sohn des Generalsekretärs Kofi Annan verwickelt war (Meyer et al. 2006). Zudem ist auch das relativ unabhängige Sekretariat ohne staatliche Unterstützung nicht überlebensfähig. Alle Vorhaben des Sekretariats sind von den Kapazitäten der Staaten und damit vom Willen der Staaten abhängig. Und es ist nicht ganz so unabhängig, wie man glauben mag. Es untersteht immer noch der Generalversammlung. So ergibt sich ein permanenter Spannungszustand zwischen dem autonomen und supranationalen Sekretariat, den Mitgliedsstaaten und den intergouvernmental organisierten und national beschickten Organen (Göthel 2002, S. 77).

5.4.3 Organisationsstruktur

Die Organisationsstruktur ist stark hierarchisch angelegt. Das beginnt schon mit der Zentralisation der gesamten UN-Verwaltung in einer Behörde. Während der Ausarbeitungsphase der Charta diskutierte man noch über die Einrichtung von diskreten Sekretariaten für die anderen Hauptorgane, kam aber von diesem Gedanken ab. Mit der Konzentration des Managements in einer Behörde wurde die gesamt-systemische Loyalität gestärkt, Rivalitäten und sich überlappende Verantwortlichkeiten vermieden (Simma et al. 2012, S. 1994).

Artikel 97 schreibt dem Sekretariat eine monokratische Verfassung mit einem Generalsekretär als Chef der Verwaltung ein (Göthel 2002, S. 81). Diese Architektur wurde in der Geschichte der Vereinten Nationen nur einmal ernsthaft in Frage gestellt. Chruschtschow forderte mit den Worten, es gebe zwar neutrale Staaten, aber keine neutralen Menschen, eine dreiköpfige Führungsspitze (Newman 2007, S. 181). Selbige sollte den Westen, den Osten und den Block der Neutralen repräsentieren. 1998 schuf Kofi Annan das Amt des Stellvertretenden Generalsekretärs, das als erstes die Kanadierin Louise Fréchette bekleidete. Der Stellvertretende Generalsekretär bekam im Gegensatz zum Generalsekretär eine klare Amtsbeschreibung an die Hand. Er/Sie hat unter anderem die Aufgabe, den Generalsekretär bei der Leitung und beim Management der operativen Geschäfte zu unterstützen. Er/Sie hat den Generalsekretär in dessen Abwesenheit voll zu vertreten und die inter-institutionelle Kommunikation und Kohärenz gerade bei Aktivitäten, die mehrere Sektoren betreffen, sicherzustellen. Zudem soll er/sie die Reformprozesse überwachen und sich um eine Verbesserung der Entwicklungsfinanzierung kümmern (Simma et al. 2012, S. 1995). Damit wurde die Rolle des Sekretariats im Wirtschafts- und Sozialbereich aufgebaut, war der UN-Generalsekretär durch seine Aufgaben im Bereich von Frieden und Sicherheit doch sehr gefordert. In seinem Reformbericht von 2005 forderte Annan sogar die Einrichtung eines zweiten Stellvertreters, um einen Kabinett-Stil beim Entscheidungsmechanismus kreieren zu können (ILF 2005, § 191). Es war ihm daran gelegen, die strenge monokratische Spitze aufzuweichen. Auch das HLP schlug die Einrichtung eines weiteren Stellvertreters vor, der für Frieden und Sicherheit verantwortlich wäre (HLP 2004, § 293). Beide Vorschläge trafen auf wenig Widerhall und wurden nicht in den Reformvorschlag für den Millennium + 5-Gipfel aufgenommen (Simma et al. 2012, S. 1995)

Auch der Verwaltungsapparat ist stark hierarchisch gegliedert. Er ist Gegenstand ständiger Umstrukturierungen und drohte schon mehrfach in der Geschichte der Uno zu einer mehrköpfigen Hydra anzuwachsen. So war es eine der ersten Amtshandlungen Kofi Annans, die 35 Organisationsstränge des Sekretariats auf 25 zu verkleinern. Jede Strukturreform, die zu Lasten von Arbeitsplätzen geht, erfordert jedoch den eisernen Willen des Generalsekretärs. Die Mitgliedsstaaten hüten gerade die hohen und

Department (D.)	Akronym	Aufgaben (Auswahl)
Executive Office of the General	EOSG	Politikformulierung und exekutive Richtungsvorgabe; strategische Planung und Jahresberichte
D. of Economic and Social Affairs	DESA	Unterstützung der internationalen Kooperation; Analyse; Beratung
D. of Field Support	DFS	Logistische, informative, kommunikative, technologische und personelle Unterstützung von Friedensoperationen
D. for General Assembly and Conference Management	DGACM	Umfassende Unterstützun g von UN-Konferenzen und Sitzungen
D. of Political Affairs	DPA	Überwachung und Unterstützung bei Prävention und Lösung von Konflikten; Promotion andauernden Friedens
D. of Public Information	DPI	Public Relations
D. of Peacekeeping Operations	DPKO	Politische und exekutive Leitung der Operationen; Hauptquartier; integrierter Ansatz
D. of Safety and Security	DSS	Sicherheit und Wohlbefinden aller UN-Mitarbeiter in allen UN-Missionen und Programmen

Abb. 5.4 Die „Departments" des UN-Sekretariats

einflussreichen Beamtenstellen wie einen Schatz. Deshalb ist es bisher nicht gelungen, die „Elephantitis der UN-Verwaltung" zu reduzieren (Urquhart in Benner 2007, S. 16).

Das Sekretariat besteht aus Departments, Offices, Divisions, Branches und Sections. Insgesamt zählt das Sekretariat 102 solcher Einheiten, sowie Außenstellen in Genf, Wien, Nairobi. Derzeit verfügt das Sekretariat über acht Departments und 12 Offices. Den politisch bedeutsamen Departments steht ein Unter- oder Beigeordneter-Generalsekretär vor. Diese hohen Beamten werden vom Generalsekretär persönlich benannt. Die „Departments" sind wichtige politische und organisatorische Denkfabriken und behandeln die Themen, wie sie in Abb. 5.4 aufgeführt sind (MFAT 2013, S. 199–202).

Der Wandel der Organisationsstruktur ist Ausdruck der Veränderungen der Zeit. Nach dem Ende des Ost-West-Konflikts wurden die wichtigsten Neujustierungen vorgenommen. 1992 schuf Boutros Boutros-Ghali das DPKO und das DPA. Das DPKO ist das Hauptquartier aller UN-Friedenseinsätze. Die Missionen werden dort geplant und ihre Durchführung betreut. Das DPA ist für die Mobilisierung und Koordination aller humanitären Bemühungen zuständig (A/RES/46/182 v. 19.12.1991). 2005 wurde das Peacebuilding Support Office zur Unterstützung der Peacebuilding Commission ins Leben gerufen. 2006 wurde die Rule of Law Unit gegründet, die sich um die system-weite Koordination, Kohärenz und die Erarbeitung einer umfassenden Strategie kümmert. Ban Ki-moons erste Amtshandlung bestand in der Auslagerung einer ehemaligen Division des DPKO. Das neue Department of Field Support entstand. Waren die Neugründungen der neunziger Jahre politisch gerechtfertigt und induziert, wurde die Kreation des DFS von Insidern kritisiert, da Kernkompetenzen des DPKO ausgelagert wurden. Die Zersplitterung einer zentralen und gewachsenen Organisationseinheit war die Folge.

Das zukünftige Erscheinungsbild des Sekretariats wird sich kaum ändern. Zwar schreibt Kofi Annan in seinem Reformbericht, das Sekretariat müsse aufgrund mangelnder Effektivität komplett transformiert werden. Er mahnt, das Sekretariat müsse transparenter und rechenschaftspflichtig werden. Er fordert sogar eine einmalige Runderneuerung des Personals im Stab. Doch wer schlachtet schon gerne einen Elefanten?

5.4.4 Der internationale Beamte

Für das Sekretariat arbeiten circa 43.000 Menschen (A/67/329 v. 28.08.2012). Wie in allen Gremien der Uno sollten die Stellen regional ausgeglichen besetzt sein (Art. 100.3 UN-Charta). Viele dieser Mitarbeiter haben einen einzigartigen Berufsethos: sie sind internationale Beamte. Sie sind allein der Weltorganisation verpflichtet und dürfen keine Weisungen von anderer Seite annehmen (Art. 100.1 UN-Charta). Daraus folgt auch die Pflicht der UN-Mitglieder, diesen Status zu achten und die Bediensteten nicht zu beeinflussen (Art. 100.2 UN-Charta). Eric Drummond prägte das Berufsbild des internationalen Beamtentums. Zur Zeit des Völkerbundes galt ein „politisches Zölibat", das auch in der Uno fortbesteht (Hammarskjöld in Foote 1962). In Art. 101 der UN-Charta wird das Anforderungsprofil an die Bewerber und Bewerberinnen in Grundzügen entworfen. Sie müssen ein „Höchstmaß an Leistungsfähigkeit, fachlicher Eignung und Ehrenhaftigkeit gewährleisten." (Art. 100.3 UN-Charta) In den vergangenen Jahren wuchs jedoch die Unzufriedenheit mit den internationalen Beamten. Es wurden Forderungen laut, nach denen der Stab verantwortlicher handeln, stärker an die Herausforderungen des 21. Jahrhunderts angepasst sein und gerade hinsichtlich der Friedensoperationen gestärkt werden müsse (ILF 2005, § 188).

Auch organisationstheoretisch sind diese Mitarbeiter für die Organisation wichtig. Sie sichern Beständigkeit und Kontinuität, da sie nicht von Wahlen abhängig sind (Göthel 2002, S. 77). Sie bergen das organisationale Wissen und sie verfügen über ein solides Netzwerk, sowohl innerhalb der Uno als auch zu den nationalen Vertretungen. Auch das sind Quellen des bürokratischen Einflusses, ja der Macht, über die das Sekretariat verfügt.

5.5 Der Generalsekretär: Chefsekretär, Chefdiplomat, Chefpolitiker

Dem Generalsekretär der Uno werden viele Attribute zugeschrieben. Er ist Chefbürokrat und Chefdiplomat, Chefpolitiker, Sekretär, Minister und General. In ihren besten Augenblicken sind

Generalsekretäre sogar „weltliche Päpste" (Weiss 2011b). Roosevelt wünschte sich, der Generalsekretär würde der Moderator der Welt werden. Der finnische Diplomat und beinahe Generalsekretär Max Jakobson beschrieb seinen Wunschkandidaten als eine Mischung aus dem Kommunikator Reagan, dem Reformer Gorbatschow, dem Diplomaten Kissinger und dem Manager Iacocca (in Fröhlich 2002, S. 41). Die Gründer der Uno sahen im Generalsekretär in erster Linie den Sekretär, der der Uno dient. Er sollte „jung, politisch oder diplomatisch erfahren, nicht unbedingt berühmt und ein Verwaltungsfachmann im weitesten Sinne" sein (Dicke 1998, S. 83). Er sollte über Gemeinschaftssinn, Mut, Integrität und Taktgefühl verfügen (Urquhart und Childers in ebd.). Dieses Profil schlug sich in Art. 101, Abs. 3 UN-Charta nieder. Mehr wurde vom Generalsekretär nicht erwartet.

Anhand der wirkmächtigsten Generalsekretäre werden im Folgenden die Einflussmöglichkeiten und Grenzen des Amtes beleuchtet und die jeweilige Performanz vor dem zeitgeschichtlichen Hintergrund bewertet. Eine zentrale Erkenntnis dieses Kapitels lautet: für den Handlungsspielraum, das politische Gewicht und den Grad an Autonomie des Sekretariats sind zwei Faktoren fundamental – der Führungsstil des jeweiligen Chefdiplomaten und der Einfluss der Mitgliedsstaaten (Dicke 1994, S. 229).

5.5.1 Ernennung und Legislatur

In der Praxis hat nicht das Sekretariat, sondern eher der Generalsekretär die Position eines Hauptorgans inne. Er wird auf Empfehlung des Sicherheitsrats von der GV ernannt (Art. 97 UN-Charta). Die Legislaturperiode dauert fünf Jahre mit der Möglichkeit zur Wiederwahl. Die formale Höchstdienstzeit wird nur durch das Pensionseintrittsalter begrenzt.

In den Dumbarton Oaks Proposals wurde noch von einer Wahl durch die GV gesprochen. In San Fransisco entschied man sich jedoch für den Modus der Ernennung, um den administrativen Charakter des Amts zu betonen (Simma et al. 2012, S. 1996). Trotzdem wurde der Generalversammlung ein Weg eingeräumt, bei der Auswahl des Generalsekretärs mitzubestimmen. Regel 141 der Geschäftsordnung räumt der Generalversammlung das Recht ein, nicht-öffentlich über die Empfehlung des Sicherheitsrats zu beraten und geheim abzustimmen. Von diesem Recht macht die Generalversammlung jedoch keinen Gebrauch und befürwortete bisher fast jeden Vorschlag des Sicherheitsrats per Akklamation (Simma 2012, S. 1997). Aus dieser Vorgehensweise folgen zwei systemische Schwächen des Amtes. Erstens hat der Generalsekretär dadurch de jure eine relativ schwache Legitimation für seine de facto-Macht. Zweitens liegt die Entscheidung damit ganz beim Sicherheitsrat und letztlich in den Händen der P5. Die Empfehlung des Sicherheitsrats ist nicht selten Resultat politischer Großmachtspiele. Brian Urquhart bemängelte, die Auswahlkriterien des Art. 100.3 UN-Charta, die für den kleinen internationalen Beamten im gleichen Maße gelten wie für den Generalsekretär, würden deshalb bei der Empfehlung überhaupt nicht berücksichtigt werden (Urquhart in Newman 2007, S. 176). Er kritisierte, die politischen Differenzen zwischen den Sicherheitsratsmitgliedern führten dazu, dass man einem Kandidaten den Vorzug gebe, der nicht zu sehr führen wolle, keinen zu großen Einsatz zeige, nicht sehr eigenständig und eigenwillig sei (Urquhart in Newman 2007, S. 176). In Verknüpfung mit dem eigentümlichen Prozess der Selektion haben sich zudem Regeln herausgebildet, die die Auswahl prägen: bis heute war keiner der Generalsekretäre aus einem P5-Staat, bis auf zwei Ausnahmen war der Generalsekretär immer zwei Legislaturperioden im Amt und die geografische Rotation wurde bisher nicht berücksichtigt (Newman 2007, S. 176). Zwar gab es immer wieder Reformbestrebungen, um dem Generalsekretär größere Freiheiten vor dem Zugriff der P5 zu geben, beispielsweise die Ausdehnung der Legislaturperiode. Alle Vorschläge blieben bisher jedoch ungehört.

Kritische Stimmen lenken den Blick vor allem auf die schwache Legitimation des GS. Sie betonen, durch eine Wahl statt einer bloßen Ernennung durch die GV hätte man das Gewicht des GS de jure stärken können. Bisher blieben diese Ideen Papiertiger.

5.5.2 Aufgaben und Befugnisse gemäß UN-Charta

Der Generalsekretär ist der Chefmanager der Weltorganisation. Er ist als Chefbürokrat Verwaltungsmanager der Uno, als Chefdiplomat Krisenmanager der Uno, und als normativer Impulsgeber der Ideenmanager der Uno (Fröhlich 2007, S. 96). Nicht nur die daraus erwachsenden politischen, sondern auch die administrativen und repräsentativen Funktionen sind mit großem politischem Einfluss verbunden. Deshalb können die Aufgabenbereiche nicht sauber voneinander getrennt werden.

In der Charta ist die wichtigste administrative Funktion des GS klar benannt. Er ist der höchste Verwaltungsbeamte der Organisation, der „Chief Executive Officer" (Art. 97 UN-Charta). Er leitet das Sekretariat und es obliegt ihm, die Uno-Bediensteten zu ernennen (Art. 101.1 UN-Charta). Nach den Vorstellungen der Völkerbundsbeamten sollte der GS auch nur Verwaltungsfachmann sein. Er sollte das Sekretariat leiten können. Mehr wurde von ihm nicht erwartet. In der Uno-Charta wird er mit größerem Handlungsspielraum bedacht.

Artikel 98 stattet den Generalsekretär mit weiterer administrativer Macht und vor allem politischen Einflussmöglichkeiten aus. Bruno Simma et al. unterscheiden bei der Kommentierung des Art. 98 vier verschiedene Tätigkeitsbereiche: die Unterstützung der Hauptorgane, dem GS zugewiesene Aufgaben, repräsentative Tätigkeiten und die Berichtspflicht (Simma et al. 2012, S. 2002–2008).

Unterstützung der Hauptorgane: Der erste Halbsatz des Art. 98 legt fest, dass der Generalsekretär an den Sitzungen der

Hauptorgane und deren Untergruppen teilnimmt. Dazu gehört die Pflicht des GS, die Tagesordnungen der Organe vorzubereiten. Außerdem muss der Generalsekretär zwischen den Organisationen koordinieren und deren Implementationsfortschritte beobachten. Er ist in das Management des Etats eingebunden und fungiert als Kommunikationszentrale (Simma 2012, S. 2002–2005).

Zugewiesene Aufgaben: Im zweiten Halbsatz des Art. 98 wird der Generalsekretär dazu verpflichtet, alle Aufgaben wahrzunehmen, die ihm von den anderen Hauptorganen zugewiesen werden. Diese Aufgaben sind von höchst unterschiedlicher Art und können beträchtliches politisches Gewicht haben. Der Generalsekretär wird beispielsweise oft um konzeptionelle Impulse gebeten. So bekam Boutros Boutros-Ghali vom Sicherheitsrat den Auftrag erteilt, sich über die Zukunft der Friedenssicherung Gedanken zu machen. Das Resultat war die bis heute relevante „Agenda für den Frieden" aus dem Jahr 1992. Kofi Annan wurde während der Millenium-Vollversammlung von den Staats- und Regierungschefs gebeten, Reformvorschläge auszuarbeiten. Er setzte daraufhin das „High Level Panel" ein und prägte die Reformagenda. Auch als Ausweg aus einer Blockade wird der Generalsekretär eingesetzt. Immer dann, wenn der Sicherheitsrat blockiert ist oder sich nicht zum Handeln entschließen kann, wird Art. 98 und damit der Generalsekretär ins Spiel gebracht. Dag Hammarskjöld gewann dadurch an beträchtlichem Handlungsspielraum und Einfluss. Außerdem wird der Generalsekretär mit diplomatischen und militärischen Aufgaben betraut, die sich teilweise mit Art. 99 UN-Charta überschneiden. Beispielsweise wird der Generalsekretär von anderen Organen gebeten, eine Meinung zu einem bestimmten Streit- oder Konfliktfall abzugeben. Um sich ein Bild von der Lage zu machen, hat sich der Generalsekretär das Instrument der „Fact Finding Missions" eingerichtet (Simma 2012, S. 2012). Daneben hat sich unter dem ersten Generalsekretär Trygve Lie das Werkzeug der „Good

Offices" etabliert. Durch Mediation oder andere diplomatische Initiativen versucht der Generalsekretär als unparteilicher Dritter, Streitigkeiten zu schlichten oder Konflikte zu lösen.

Repräsentative Funktion: Als Ein-Mann-Institution übernimmt der GS sehr oft repräsentative Aufgaben. Er bezieht zu den drängenden Fragen der Zeit öffentlich Stellung, eröffnet die großen Weltkonferenzen und wird zu den Treffen der G-Clubs eingeladen. Er ist deshalb das öffentliche Gesicht und die rechtliche Stimme der Uno (Simma et al. 2012, S. 2007). Da er die „Personifizierung der Uno schlechthin" (Fröhlich 2002) ist, richten sich viele Erwartungen der Weltgemeinschaft direkt an den Generalsekretär.

Berichtspflicht: Oftmals wird unterschätzt, welch großen politischen Einfluss die Berichte des Generalsekretärs haben. Berichte sind ein probates Mittel, um die Aufmerksamkeit der Weltgemeinschaft auf Probleme zu lenken. In Art. 98 UN-Charta wird festgelegt, dass der Generalsekretär der Generalversammlung alljährlich über die Tätigkeit der Uno Bericht erstattet. Besonders unter dem Generalsekretär Dag Hammarskjöld wuchs die politische Bedeutung der ursprünglich rein bürokratischen Dokumente an. Er nutzte sie als einen Bericht zur Lage der Welt, als Instrument der politischen Führung, des Appells an die Weltgemeinschaft und als Möglichkeit des Agenda Settings. Seit dieser Zeit sind die Berichte des Generalsekretärs eine wichtige Quelle, um sich umfassend über den Zustand der Uno zu informieren. Zusätzlich verfasst der Generalsekretär Sonderberichte über bestimmte Krisengebiete, in denen er recht schonungslos mit der Bilanz der Uno ins Gericht geht und das geringe Engagement der Staaten beklagt. Zudem zeigt er in den Dokumenten strategische Optionen für die Befriedung von Konflikten oder die Entsendung von Friedenssicherern auf.

Genuin politische Aufgaben sind Art. 99 der Charta verankert. Der Artikel schreibt die sicherheitspolitische Zuständigkeit des GS fest: „Der Generalsekretär kann die Aufmerksamkeit des Sicherheitsrats auf jede Angelegenheit lenken, die nach seinem Dafürhalten geeignet ist, die Wahrung des Weltfriedens und der internationalen Sicherheit zu gefährden." Auch dieser Artikel ist so formuliert, dass der GS erheblichen Ausgestaltungsspielraum hat. Denn der GS kann jede erdenkliche Angelegenheit in den SR einbringen und kann sogar Resolutionsentwürfe vorlegen. Die Kriterien für einen Bruch des Weltfriedens liegen im vollen Ermessensspielraum des GS und er kann, muss aber nicht den SR beauftragen: „Der GS ist also keineswegs verpflichtet, alle Fälle solcher Art vor den Sicherheitsrat zu bringen – und auch die Unterlassung der Anrufung des Art. 99 kann eine äußerst politische Handlung sein." (Fröhlich 2002, S. 46) Auf Grundlage des Art. 99 haben sich die Generalsekretäre verschiedene Instrumente geschaffen, um zum Erhalt des Weltfriedens beizutragen. Dazu gehören die „Fact-Finding-Missions" und „Good Offices", die bereits beschrieben wurden. Zudem kann der Generalsekretär Sondergesandte ernennen, die als politische Leiter von Friedensoperationen, als Repräsentanten der Uno in den wenig entwickelten Regionen der Welt oder als dauerhafte Vermittler in Krisengebieten fungieren. Kofi Annan selbst wurde 2012 ein Sondergesandter des Generalsekretärs im Syrien-Konflikt. Außerdem verfügt der Generalsekretär über Sonderbeauftragte für die drängenden Probleme der Zeit. Die Sonderbeauftragten und Sondergesandten des GS nehmen qualitativ und quantitativ an Bedeutung zu. Zudem spielen Generalsekretäre die Rolle von Normunternehmern (Rushton 2008). Die Interpretation der Blauhelmsoldaten als Instrumente des „Kap. VI ½" durch Dag Hammarskjöld, Boutros-Ghalis „Democracy Promoting"-Strategie oder Annans Deklaration des Irak-Kriegs 2003 als völkerrechtswidrig sind wichtige Meilensteine der normativen UN-Geschichte.

5.5.3 Handlungsspielraum

Aus den Chartabestimmungen leitet sich ab, dass vom GS nicht nur bürokratische, sondern auch politische Führung verlangt wird (Boutros-Ghali 1996). Gordenker stellte Überlegungen dazu an, in welchen Bereichen sich die Führungsqualität eines Generalsekretärs offenbart. Er benannte den Entwurf von Normen, politischen und bürokratischen Ideen sowie die Stimulation, die Überprüfung und das Management bei der Implementierung von Projekten (Gordenker 2010). Diese Funktion kann ein GS aber nur dann voll wahrnehmen, wenn er neben den finanziellen und personellen Ressourcen fünf weitere Kriterien erfüllt. Skjelsbaek nennt sie das Kapital des Generalsekretärs (1991, S. 105–109):

1. Moralisches Ansehen und Unparteilichkeit
2. Unterstützung durch die Mitgliedsstaaten
3. Organisatorische Position innerhalb des UN-Systems
4. Persönliche Fähigkeiten des GS und seiner Mitarbeiter
5. Position innerhalb des diplomatischen Netzwerks

Diese Kriterien stehen in starker Wechselwirkung mit dem Vertrauen, das der Generalsekretär genießt. Besonders das Vertrauen der SR-Mitglieder, von denen er existentiell abhängig ist, muss der Generalsekretär von Beginn an gewinnen. Deshalb, und weil der politische Handlungsspielraum immer wieder selbst erarbeitet werden muss, sind die ersten Amtshandlungen des GS die Feuerprobe für die gesamte Amtsperiode. In der Literatur wird das als Vertrauensspirale bezeichnet (Fröhlich 2002, S. 55 ff.). Ist das Vertrauen einmal beschädigt, wie es zum Beispiel bei Boutros-Ghali der Fall war, sollte der GS abdanken. Denn es wird sukzessive die wichtigste informelle Rolle des UN-Generalsekretär zum Vorschein kommen: die des Sündenbocks für das einzelstaatliche Versagen (Fröhlich 2002, S. 56). Damit wird die Brisanz dieses Amtes deutlich:

> Der Generalsekretär steht mithin vor der Aufgabe, mehrere Balanceakte gleichzeitig durchzuführen: den Balanceakt zwischen administrativen und politischen Funktionen, den Balanceakt zwischen Unabhängigkeit und dem Vertrauen der Mitgliedsstaaten sowie den Balanceakt zwischen höchsten moralischen Verpflichtungen und deren Chance zur realpolitischen Umsetzung. (Fröhlich 1997, S. 303)

Ein weiteres Kriterium bestimmt den Handlungsspielraum der Generalsekretärs: seine Legislaturperiode. Während in der ersten Amtszeit meist ein hoffnungsvoller Start inklusive diplomatischer Erfolge zu beobachten ist, der von den Mitgliedsstaaten mit großem Rückhalt begleitet wird, tritt der Generalsekretär in der zweiten Amtszeit zunehmend selbstbewusster auf und riskiert so die Kollision mit einzelnen Mitgliedsstaaten (Fröhlich 2007, S. 96). Oftmals spitzt sich diese Konfliktlinie zwischen dem erstarkten Generalsekretär und den auf Eigeninteressen pochenden Staaten so zu, dass am Ende der Amtszeit nicht nur der jeweilige Generalsekretär, sondern gleich die gesamte Weltorganisation in Frage gestellt wird (Fröhlich 2007, S. 96).

5.5.4 Die Generalsekretäre der Uno

Bisher haben acht Männer im „most impossible job on this earth“ (Trygve Lie) gedient (vgl. Abb. 5.5). Auf eine Frau wartet die Weltgemeinschaft noch.

Jeder von ihnen füllte das Amt unterschiedlich aus. Der eine war mehr Chef der Verwaltung, der andere mehr politischer Kopf der Weltorganisation, der eine mehr Sekretär, der andere mehr General (Chesterman 2007). Je nach politischem Kalkül befürwortete der Sicherheitsrat einen politisch schwachen oder starken Generalsekretär. Einige derjenigen, die die Geschicke der Uno am nachhaltigsten geprägt haben, werden im Folgenden kurz vorgestellt und ein Blick auf den derzeitigen Vertreter, Ban Kimoon, geworfen.

Legislatur	Name	Herkunftsland
1946-1952	Trygve Lie	Norwegen
1953-1961	Dag Hammarskjöld	Schweden
1961-1971	U Thant	Birma
1972-1981	Kurt Waldheim	Österreich
1982-1991	Peréz de Cuéllar	Peru
1991-1996	Boutros Boutros-Ghali	Ägypten
1997-2006	Kofi Annan	Ghana
Seit 2007	Ban Ki-moon	Südkorea

Abb. 5.5 Die Generalsekretäre der Vereinten Nationen

5.5.4.1 Dag Hammarskjöld: Diplomat mit Visionen

Dag Hammarskjöld wurde der zweite Mann an der Spitze der Uno und übernahm eine Aufgabe, die sein Vorgänger Trygve Lie anlässlich seines Rücktritts als den „unmöglichsten Job der Erde" bezeichnet hatte. Eigentlich war Dag Hammarskjöld als Generalsekretär ausgewählt worden, weil er aufgrund seiner bisherigen Laufbahn als ein unpolitischer Technokrat galt. Er war zwar Sohn des schwedischen Premierministers und seit 1951 auch stellvertretender Außenminister, doch war er vor allem als Finanzexperte bekannt. Er war unter anderem habilitierter Wirtschaftswissenschaftler und bekleidete von 1951 bis zu seiner Berufung zum GS das Amt des schwedischen Finanzministers. Die P5 erhofften sich einen Chefbürokraten an der Spitze der Weltgemeinschaft.

Obwohl als Bürokrat gewählt, hat gerade Hammarskjöld das politische Amtsverständnis des GS und das UN-System fundamental weiterentwickelt. Er prägte das Amt der Generalsekretärs als das eines „servant of peace", der sich vom Einfluss der

Großmächte befreien müsse und sich nicht etwa neutral aus den Geschicken der Weltpolitik heraushalten sollte (Foote 1962). Im Gegenteil – er wollte die Fahne der Uno, die Flagge der UN-Parteilichkeit, hochhalten. Deshalb war seine erste Amtshandlung auch die Beendigung der US-Spionageaffäre, wozu Lie nicht in der Lage gewesen war (Göller 1995, S. 52). Diese Affäre entzündete sich aufgrund der „hysterischen Kommunistenverfolgung" der USA (Göller 1995, S. 47), die auch vor den Toren der Vereinten Nationen nicht Halt machte. Hammarskjöld verwehrte den FBI-Agenten den Zutritt zum UN-Gebäude und sandte damit ein machtvolles Signal in die Welt.

Anlässlich der Suez-Krise 1956 hob er die UN-Friedenstruppen aus der Taufe, das wichtigste Instrument der UN-Friedenssicherung (siehe Kap. 7.1.2). Für ihn waren die Blauhelme eine Variante des umfassenden Konzepts einer UN-Präsenz vor Ort (Fröhlich und Melber 2011, S. 264). Deshalb förderte er auch das Instrument des Sondergesandten als diplomatischen Vertreter des UN-Generalsekretärs vor Ort (Fröhlich und Melber 2011, S. 264). Unter ihm fand die „Uniting for Peace"-Formel erstmals Anwendung. Er erfand das Instrument der Peking-Formel, der stillen und persönlichen Diplomatie. Dadurch gelang ihm die Befreiung US-amerikanischer Kriegsgefangener des Korea-Kriegs. Er politisierte die alljährlichen Berichte an die GV als „Bericht zur Lage der Welt."

In seinen Artikeln und Gedichten schrieb er vom Dienst an Gott und der Menschheit und davon, dass ihm als Beamten der Uno die Welt zum Staat wurde (Hammarskjöld 1965). Sein Amtsverständnis war das eines opferbereiten Dieners für den Frieden. Sein Ziel vor Amtsantritt war es: „von innen her denjenigen zu helfen, welche die Geschichtsformenden Beschlüsse fassen, lauschen und analysieren und versuchen, voll und ganz die Kräfte zu verstehen, um die richtigen Ratschläge zu erteilen, wenn diese Situation es verlangt." (Knyphausen in Hammarskjöld 1965, S. 13) Bei seiner Wiederwahl zeigte er, dass sich der dienende Sekretär in einen selbstbewussten Minister gewandelt hatte, der die Ziele der Uno tatkräftig verfolgte und die vagen Charta-Bestimmungen weit auslegte: „es entspricht, so glaube ich, dem Sinn der Charta, wenn man vom Generalsekretär erwartet, dass er auch ohne Richtlinien auskommt." Doch auch er verlor seine Machtbasis, als er sich mit der Sowjetunion überwarf und mittels stiller Diplomatie und guter Dienste zu eigenmächtig handelte, um den Kongo-Konflikt zu schlichten. Letzteres bezahlte er mit seinem Leben, als er während eines geheimen Besuchs mit seiner Maschine 1961 über dem Kongo abstürzte.

Dag Hammarskjöld ist immer noch eine „moralische Großmacht" (Göller 1995, S. 69), die aus seiner Idee von der strikten Unparteilichkeit, die seiner politischen Ethik und religiösen Wertegebundenheit entstammte, aus seinem Mut und seiner Innovationskraft erwächst.

5.5.4.2 Boutros Boutros-Ghali: Politiker mit Biss

Anders als die GS vor und nach ihm war Boutros-Ghali nicht „a natu" Diplomat oder Technokrat. Bis 1970 war Boutros-Ghali namhafter Politikprofessor und auf Fragen der so genannten Dritten Welt spezialisiert. Auf internationalen Konferenzen trug er den Spitznamen „Der Unterentwickelte vom Dienst" (Göller 1995, S. 203). Ab 1991 wurde Boutros-Ghali zum ägyptischen Vizepremierminister ernannt, der für auswärtige Angelegenheiten zuständig war. Er bemühte sich insbesondere um eine Lösung des israelisch-palästinensischen Konfliktes und spielte im Camp David-Abkommen eine Schlüsselrolle. Er war der „Großmeister der ägyptischen Diplomatie, in dessen Händen weltweit alle Fäden zusammenliefen." (Neue Zürcher Zeitung 1992)

Boutros-Ghali wurde als Repräsentant Afrikas, als Vertreter der so genannten Dritten Welt, zum GS ernannt. Er war einer von fünf afrikanischen Kandidaten und wurde ausgewählt, weil er mehrsprachig war (Boutros-Ghali 2000, S. 16). Er war wählbar, da er als formbar und wenig lästig empfunden wurde – eine Fehlannahme, wie sich im Laufe der Amtszeit herausstellte (Jonah 2007, S. 171). Boutros-Ghali versprach sich viel vom Amt. Denn er erkannte das „Window of Opportunity“ für eine Erneuerung der Vereinten Nationen, das sich nach dem Ende des Ost-West-Konflikts öffnete. Ihm wurde von der Weltgemeinschaft viel Vertrauen entgegengebracht, das er jedoch sukzessive verlor.

Die Realität erwies sich als steinig. Boutros-Ghali ging große politische Schritte. Er wurde zugleich zum umstrittensten GS der UN-Geschichte. Schon seine Wahl versprach keine einfache Amtsführung. Die USA nämlich äußersten Vorbehalte gegen seine Wahl und enthielten sich zusammen mit den Briten der Stimme. Dieser Widerstand war in der pro-palästinensische Haltung Boutros-Ghalis im Nahostkonflikt begründet. Frankreich hingegen und Gorbatschow unterstützten ihn. Die Vertrauensspirale war auf instabilem Grund gebaut. Die USA sollten Boutros-Ghali während der gesamten Amtszeit das Leben schwer machen. Nach dem Debakel von Somalia brachen die USA mit Boutros-Ghali. Sie machten ihn für das Scheitern der Uno und der USA in Somalia verantwortlich. Auch während der Jugoslawien-Kriege rissen die gegenseitigen Beschuldigungen nicht ab. Boutros-Ghali schrieb, die Opfer des Krieges, der von niemandem verhindert wurde, seien die Menschen und die Uno. Schuld seien die Kriegsverbrecher und die Großmächte, die sich nicht einigen konnten und verantwortungslos gehandelt hätten (Boutros-Ghali 2000). Dagegen warfen die USA ihm vor, er habe sie in einen Krieg verwickeln und US-Soldaten dem Befehl der Uno unterstellen wollen. Es war eine Zeit des UN-Bashings und des Austrocknens der Uno durch die Einstellung von Zahlungen durch die USA. Die USA, innenpolitisch unter Druck, verhinderten die Wiederwahl des Generalsekretärs, die bis dahin nie zu Diskussionen geführt hatte. Sie kritisierten Boutros-Ghali für sein zu politisches Amtsverständnis, seine eigenwillige Interpretation der Charta und sein Scheitern bei der UN-Reform. Bereits sechs Monate vor der Wiederwahl kündigten die USA ein Veto an (Neue Zürcher Zeitung v. 12.06.1996). Sie boten dem Generalsekretär an, die Amtszeit um ein Jahr zu verlängern. Boutros-Ghali verzichtete.

Die USA hatten mit der Charakterisierung Boutros-Ghalis als eigensinnigen General nicht Unrecht. Anders als Dag Hammarskjöld war Boutros-Ghali kein Kommunikator. Er galt als reserviert, kühl, schroff und bisweilen herablassend gegenüber Mitarbeitern und Medien. Pressearbeit war ihm fremd. Er war der Mann der einsamen Entscheidungen und nahm nicht an den geschlossenen Sitzungen des Sicherheitsrats teil. In seinem Amtsverständnis nämlich hatte der SR ihm nicht zu sagen, was er und die Uno zu tun hätten. Für ihn waren GV, SR und GS gleichberechtigte Institutionen, die sich um Konsens bemühen müssten. Deshalb wurde der Vorwurf von Arroganz und Kompetenzüberschreitung laut, der bis heute nicht verhallt ist. Ihm wurde vorgeworfen, mehr General als Sekretär zu sein. Das entsprach seinem Amtsethos: „Es ist mein Job, provokativ zu sein." (Boutros-Ghali in „DIE WELT" v. 23.11.1996) Er überhöhte das eigene Amt und war selbst im engsten Mitarbeiterkreis beratungsresistent.

Was von Boutros-Ghali positiv in Erinnerung bleibt, ist seine eigene politische Agenda. Es war sein Bestreben, die Uno an die Entwicklungen der globalisierten Welt anzupassen und auf die Veränderungen des Konfliktgeschehens zu reagieren. Ein Ergebnis dieses Ziels war die „Agenda for Peace", in der er die Friedenssicherung der Uno vollkommen neu organisierte. Der Auftrag dazu kam zu Beginn seiner Amtszeit während des ersten Gipfeltreffens des Sicherheitsrats auf höchster politischer Ebene und wird als großer Vertrauensvorstoß interpretiert (Boutros-Ghali 2000, S. 35). Es war nur durch die mit vielen Hoffnungen verbundene Wiederentdeckung der Uno möglich, dass ein Generalsekretär einen so stark politischen Auftrag erhalten konnte (Fröhlich 1997, S. 303). Und eigentlich erwartete man einen Bericht für die Ablage, so ein UN-Diplomat (Göller 1995, S. 209).

Doch Boutros-Ghali analysierte in der „Agenda für den Frieden" die weltpolitische Lage nach Ende des Kalten Krieges dezidiert, schlug Anpassungsmöglichkeiten der Uno an die veränderte Lage vor und definierte neue Aufgaben der UN-Friedensbemühungen. Er erkannte das eigentliche Problem der Friedenssicherung: es lag darin, „dass die (…) Konflikte sich zwar tatsächlich innerhalb der Grenzen eines einzigen Staates abspielten, dass sich von vielen aber mit Recht sagen ließ, sie würden den internationalen Frieden und die Sicherheit gefährden" (Boutros-Ghali 2000, S. 38). Ein Jahr später veröffentlichte er die „Agenda für Entwicklung" und initiierte eine ganze Reihe von großen Weltkonferenzen. Doch seine großen Reformbemühungen verliefen bis auf einige Reförmchen des Sekretariats im Sande. Die Debakel von Somalia, Ruanda und Srebrenica bremsten die Uno aus und stürzten sie in eine tiefe Krise. Boutros-Ghali scheiterte nicht zuletzt, weil er nicht kompromissfähig war, weil er nicht fähig war, Schuld einzugestehen und Missverständnisse aus dem Weg zu räumen. Aufgrund dieser Amtsführung verspielte er sich sein Kapital im diplomatischen Netzwerk, bei den Mitgliedsstaaten und seinen eigenen Mitarbeitern.

5.5.4.3 Kofi Annan: Visionär mit Charisma

Neben Dag Hammarskjöld ist Kofi Annan die schillerndste Person der UN-Geschichte. Wie viele GS vor ihm war auch Annan Karrierediplomat. Bereits 1961 startete er seine Laufbahn bei den Vereinten Nationen, die stetig auf Erfolgskurs stand. Er begleitete die unterschiedlichsten Aufgaben im UN-System. Zu Beginn war er Haushaltsreferent der WHO. Nach weiteren Karriereschritten wurde er Leiter der UN-Wirtschaftskommission für Afrika und war für das „Oil for Food"-Programm im Irak zuständig. 1993 wurde Annan Untergeneralsekretär für Friedensoperationen – ein Amt das ihn bis heute prägt. In dieser Zeit ereignete sich einer der tragischsten Konflikte der neunziger Jahre, der das Versagen der Uno wie unter einem Brennglas visualisierte: der Bürgerkrieg und Völkermord in Ruanda. Annan verfolgen bis heute Schuldgefühle, weil die Uno zu spät und zu schwach auf die Geschehnisse in Ruanda reagiert hatte (Annan 2013). Er war außerdem Sonderbeauftragter für das ehemalige Jugoslawien und am 13. Dezember 1996 wurde er schließlich zum siebten Generalsekretär der Uno ernannt. Bei seinem Amtsantritt wurde er als blasser Technokrat bezeichnet, eine Charakterisierung, die er mit Dag Hammarskjöld teilte. Doch bereits sein Amtsverständnis, das Parallelen zu Hammarskjölds Ethos aufweist, zeigt, dass Annan vor allem ein politischer Generalsekretär war: „Ich beabsichtige, einen internationalen, öffentlichen Dienst zu leisten, der ehrlich, effizient, unabhängig und stolz ist – stolz auf seinen ehrenhaften Beitrag zur Verbesserung des Lebens auf dieser Erde." (in Fröhlich 2004, S. 37) Er setzte selbst eigene Schwerpunkte und entwickelte visionäre Ziele für die Zukunft der internationalen Gemeinschaft. Thematisch fokussierte er sich auf seinen Heimatkontinent Afrika, auf die Bekämpfung von HIV/Aids und die Reform der Weltorganisation. Kofi Annan agierte als Visionär und Reformer. Er war Mitinitiator der Millenniums-Erklärung der Staats- und Regierungschefs aus dem Jahr 2000, die als Bestätigung der UN-Charta gelten kann. Auf ihn gehen die Millennium-Entwicklungsziele zurück, nach denen die internationale und die nationale Entwicklungspolitik besonders im afrikanischen Raum agiert. Er trieb die Kooperation mit anderen Regionalorganisationen, besonders der Afrikanischen Union, voran. Er initiierte die Reformkommissionen der Uno und brachte mit seinem Bericht „In larger Freedom" einen eigenen wichtigen Beitrag zur Reform in die Debatte ein. Seine Vision ist und war die Schutzverantwortung, die er bereits seit Ende der neunziger Jahre verfolgt. In die Idee der Schutzverantwortung war eine weitere, größere Vision eingebettet, die einer Weltethik:

> Ein Rahmen geteilter Werte – ein Gefühl für unsere Gemeinsamkeiten als Menschen, in dem unterschiedliche Traditionen nebeneinander bestehen können. Alle großen Religionen und Traditionen stimmen hier überein, wenn es um die fundamentalen Grundsätze menschlichen Verhaltens geht, wie Nächstenliebe, Gerechtigkeit, Mitgefühl, gegenseitige Achtung und die Gleichheit der Menschen vor Gott. (Annan 1999b)

Kofi Annan wurde vor allem zum Visionär und Reformer, als die Welt den Untergang der Vereinten Nationen beschwor, weil sie den Irak-Krieg 2003 nicht verhindert hatten. Dieses Erlebnis war für Annan noch einschneidender als die Erfahrung des ruandischen Bürgerkriegs (Annan 2013). Nicht nur die Uno an sich verharrte angesichts des unilateralen Handelns der USA in Schockstarre. Vor allem der GS, der in dieser Situation ein moralisches Machtwort hätte sprechen können, blieb stumm. Das lag vor allem daran, dass er immer mehr in die Rolle eines Mediators zwischen den USA und dem Rest der Mitgliedsstaaten gedrängt worden war (Newman 2007, S. 188). Er vermochte es nicht, in der Irak-Frage, die seit November 2002 auf die Agenda drängte, deutlich Stellung zu beziehen. Er verlor das Profil, das ihn bisher ausgezeichnet und seinem Amtsethos entsprochen hatte, die personalisierte Führung der Uno zu sein, aufgrund seines Balanceakts zwischen den USA und dem Rest. Er wurde zum stillen Beobachter der ungeheuerlichen Instrumentalisierung des SR. Erst am 10. März 2003, acht Tage vor Kriegsbeginn, als die USA und Großbritannien eine den Krieg legitimierende Resolution einbrachten, meldete er sich zu Wort: „Sollten die Vereinigten Staaten und die anderen den Sicherheitsrat umgehen und militärisch eingreifen, stünde das nicht im Einklang mit der Charta." Im September 2004 erst bezeichnete er die militärischen Operationen der US-geführten „Coalition of the Willing" als illegal. Doch er wandelte die Niederlage der Uno während des Iraks in einen Impuls zur Reform um, als er die Uno am Scheideweg zwischen

Reform und Irrelevanz charakterisierte. Der große Reformgipfel „Millenium + 5" war ein Signal des neuen Aufbruchs der Uno unter Leitung Annans.

Auch wenn die Erfolgsbilanz Annans durch den nicht verhinderten Irak-Krieg, das Scheitern der UN-Reform und den „Öl-für-Lebensmittel"-Skandal getrübt ist, bleibt neben seinen zahlreichen Impulsen vor allem seine starke Präsenz im Gedächtnis. Annan gilt als gewandt, charismatisch, elegant, rhetorisch brillant und vor allem als ein Generalsekretär mit moralischer Führung. Deshalb ist er auch noch nach Ende seiner Amtszeit ein wichtiger Berater der Uno.

5.5.4.4 Ban Ki-moon: Leisetreter mit hoher Arbeitsmoral

Auch der amtierende Generalsekretär Ban Ki-moon ist ein Karrierediplomat, allerdings kein UN-Eigengewächs. Der Korea-Krieg und ein Treffen mit Kennedy im Jahre 1962 führt Ban als Triebfedern für seinen diplomatischen Karriereweg an. Nach seinem Studium der Internationalen Beziehungen trat Ban in den diplomatischen Dienst ein und wurde nach mehreren, auch UN-nahen Stationen und einem Master im Fach Öffentliche Verwaltung 2004 Außenminister Südkoreas. Am 13. Dezember 2006 wurde er zum achten Generalsekretär ernannt. Manuel Fröhlich erkennt in der Ernennung Bans, die für viele überraschend kam, bemerkenswerte Parallelen zur Inthronisation U Thans (Fröhlich 2006, S. 245): Die Ernennung illustriert einen bemerkenswerten weltpolitischen Wandel. Bei U Thant war sie ein Zeichen der Entkolonialisierung und bei Ban markiert sie den Aufstieg Asiens, vor allem Südkoreas als elftgrößte Wirtschaftsmacht. Wie zu Zeiten U Thants suchten die P5 nach einem politisch weniger ambitionierten Generalsekretär, der einen Kontrast zu Annan, respektive Dag Hammarskjöld, bilden sollte. Ban muss die Uno zudem auf den Weg der neuen multipolaren Weltordnung steuern.

Ban bringt ein spezifisches Amtsverständnis mit, das von seinem kulturellen Hintergrund geprägt ist. Er schreibt sich selbst das Programm ein, durch Beispiel führen zu wollen, an sich und die internationalen Beamten die höchsten ethischen Standards anzulegen und Exzellenz mit Bescheidenheit paaren zu wollen (Ban Ki-moon 2007). Er versteht den GS als Harmonisierer und Brückenbauer. Obwohl er damit eine gewisse Zurückhaltung zeigt, sollte diese Zurückhaltung nicht mit Passivität verwechselt werden. Sie ist eher Ausdruck seiner asiatischen Kultur, die auch seinen Führungsstil prägt. Das erklärte er selbst in seiner Antrittsrede vor der Generalversammlung am 13.10.2006:

> Asien ist eine Region, in der Bescheidenheit eine Tugend ist. Doch es ist dies eine Bescheidenheit im Auftreten, nicht bei Visionen und Zielen. Es bedeutet nicht einen Mangel an Engagement und Führungskraft. Es steht vielmehr die stille Entschlossenheit, die Dinge ohne viel Aufhebens voranzubringen.

Trotz dieser von ihm betonten kulturellen Vorprägung sollte man nicht außer Acht lassen, dass Ban durchaus einen starken internationalen Hintergrund hat. Er unterscheidet sich aber nicht nur aufgrund seines Amtsethos von seinen Vorgängern, sondern auch aufgrund seiner Präsenz. Wer ihn einmal live erlebt hat, wird ihn als sehr ruhigen, überlegten und freundlichen Redner erlebt haben. Er ist weder ein brillanter oder charismatischer Rhetoriker noch kann er ein moralischer Führer sein, wie Annan einer war. Er verfolgt eher das Ziel, die Konzepte und Pläne aus der Annan-Zeit effektiv und effizient umzusetzen.

Seine Prioritäten, die er sich beim Amtsantritt gesetzt hatte, verfolgt er überwiegend erfolgreich, auch wenn gerade in der ersten Amtszeit keine Strategie für seine Legislatur zu erkennen war (Weiss 2011b). Auf der Agenda standen die Terrorismuskonvention und die Kommission für Friedenskonsolidierung, die beide umgesetzt sind. Zudem bemüht er sich tatkräftig um die Verwirklichung der Millennium-Entwicklungsziele und die Planung des Nachfolgekonzepts mit dem Fokus auf nachhaltige Entwicklung, Partnerschaften und Prävention. Vor allem propagiert er die strikte Ausrichtung der UN-Friedenssicherung an humanitären Normen und treibt die konzeptionelle Arbeit an der R2P voran. Ihm ist es zu verdanken, dass die Debatte um die R2P ab 2007 neu an Fahrt gewann, konzeptionell weiterentwickelt wurde und so die Möglichkeit reifen konnten, auch vom „last resort" der R2P, dem Einsatz militärischer Gewalt, Gebrauch zu machen. Doch seine bisherige Performanz auf dem Gebiet der klassischen Sicherheit ist keine Erfolgsgeschichte. Im Iran-Konflikt, in dem er sich immer wieder ohne Abstimmung mit den Mitgliedstaaten diplomatisch engagierte, wurde ihm bereits mehrfach eigenmächtiges Handeln vorgeworfen Seine Rolle in der Vermittlung der Konflikte in Libyen und Syrien ist schwach, obwohl er sich als Sprachrohr für Demokratie und Menschenrechte engagierte. Er versäumte es jedoch, die Ideen der Uno, für die er zweifelsohne eintrat, mutig beim Namen zu nennen und dadurch UN-Werte zu schaffen (Haack 2012, S. 168).

Er wurde 2011 ohne weitere kontroverse Diskussionen im Amt bestätigt, was zeigt, dass er sich nicht zum selbstbewussten Generalsekretär entwickelt hat, wie es die bisherige Dynamik der Amtsvorgänger war (Haack 2012, S. 165). Er wird eher als „Teflon-Diplomat" charakterisiert (Walsh in Haack 2012, S. 169). Gerade vor dem Hintergrund der großen militärischen Konflikte und weltpolitischen Herausforderungen stellt sich die Frage: Ist eine solche Art von Diplomatie nicht zu leise und unsichtbar für das Amt des GS, das mit Tatkraft und Präsenz ausgefüllt werden muss (MacAskill 2010)? Oder ist Ban vielleicht doch die „eiserne Faust im Samthandschuh" (Fröhlich 2006)?

5.5.5 Der Einfluss der Generalsekretäre auf die UN-Politik

Das Generalsekretariat eröffnet dem Generalsekretär aufgrund der vagen Charta-Bestimmungen einen weiten Handlungsspielraum. Im Laufe der Jahrzehnte haben die Generalsekretäre im steten Kreislauf aus Krise und Reform eigene Fingerabdrücke in der UN-Bürokratie hinterlassen und die Weltorganisation durch die Umgestaltung des Sekretariats den Zeitverläufen angepasst. Ein gut funktionierendes Sekretariat kann dem Generalsekretär als Machtbasis dienen, um seine politischen Einflussmöglichkeiten geltend zu machen. Denn die Wirksamkeit des GS hängt „zu gleichen Teilen von seinen persönlichen Fähigkeiten, der institutionellen Struktur, in die er eingebunden ist, und den Mitteln ab, die die Mitgliedsstaaten ihm an die Hand zu geben bereit sind." (Dicke 1998, S. 86) Besonders die näher betrachteten Generalsekretäre, aber auch Vertreter wie Trygve Lie und Perés de Cuéllar, prägten die Geschicke der Vereinten Nationen durch ihre Persönlichkeit fundamental. Ohne sie gäbe es keine UN-Blauhelmsoldaten, keine „Agenda für den Frieden" und wahrscheinlich auch keine Millennium-Entwicklungsziele. Viele „windows of opportunities" zur Erneuerung der Vereinten Nationen wären nicht genutzt worden. Der erste Mann an der Spitze der Weltorganisation ist also eine maßgeblich steuernde Institution, ohne die die Vereinten Nationen im wahrsten Sinne kopflos wären. Wir dürfen gespannt sein, wann auch an der Spitze der Weltorganisation eine Frau das Sagen hat. Art. 8 der UN-Charta stellt ausdrücklich fest: „Die Vereinten Nationen schränken hinsichtlich der Anwartschaft auf alle Stellen in ihren Haupt- und Nebenorganen die Gleichberechtigung von Frauen und Männern nicht ein."

5.6 Wirtschafts- und Sozialrat: Kein gleichberechtigtes Hauptorgan

Die Aufgaben und Befugnisse des Wirtschafts- und Sozialrates sind in Kap. X geregelt. Er ist besser unter seinem englischen Akronym ECOSOC (Economic and Social Council) bekannt. In den Dumbarton Oak Proposals wurde der ECOSOC noch als Unterorgan der Generalversammlung bezeichnet. In der Charta wurde er als ein Hauptorgan der Vereinten Nationen eingeführt, um die Bedeutung von wirtschaftlichen und sozialen Themen zu unterstreichen (Rosenthal 2007, S. 139). Trotzdem ist der ECOSOC kein völlig gleichberechtigtes Organ, da er in vielen Fragen der Autorität der GV unterstellt ist. Er ist ein ausführendes Organ der Generalversammlung, aber als solches das zentrale Organ zur Herstellung des positiven Friedens, und ein weiteres Organ, in dem der „institutionelle Wildwuchs" herrscht (Trauttmannsdorf in Gareis und Varwick 2006, S. 53).

5.6.1 Zusammensetzung und Abstimmungsmodi

Der Rat besteht nach zweimaliger Erweiterung derzeit aus 54 Staaten, die nach einem regionalen Schlüssel von der Generalversammlung gewählt werden. 14 Mitglieder werden aus Afrika, elf aus Asien, zehn aus Lateinamerika, 13 aus der WEOG-Gruppe und sechs aus Osteuropa beschickt. Die Sitzverteilung begünstigt eine Stimmenmehrheit der G 77. Alljährlich werden 18 Mitglieder für drei Jahre gewählt. Eine unmittelbare Wiederwahl ist möglich und führt dazu, dass manch ein Mitglied Dauergast ist. So ist Deutschland bereits seit 1974– mit Ausnahme 2008 und 2013– im ECOSOC vertreten. Beschlüsse des ECOSOC sind nicht bindend und bedürfen der Mehrheit der anwesenden und abstimmenden Mitglieder (Art. 64.2 UN-Charta). Die Mitglieder des ECOSOC treffen sich einmal im Jahr zu einer Sitzungsperiode von vier Wochen, an der auch andere Mitglieder der Uno teilnehmen können (Art. 68 UN-Charta). Die Hauptarbeit wird von den Unterorganen des ECOSOC geleistet, die kontinuierlich tagen.

5.6.2 Aufgaben und Befugnisse

Der ECOSOC ist gemeinsam mit der GV für die internationale Zusammenarbeit auf wirtschaftlichem, sozialem, kulturellen und humanitären Gebiet zuständig (Art. IX UN-Charta). Neben Lenkungs- und Unterstützungsleistungen, die in der Aufgabenbeschreibung des ECOSOC an erster Stelle stehen, hat der ECOSOC auch eigenständige Befugnisse. Als Gremium der 54 gewählten Mitglieder erfüllt er vor allem drei Funktionen (Rosenthal 2007, S. 136): Er bietet ein Reflexionsforum, denn er kann Untersuchungen durchführen und Berichte abfassen, wenn es um „internationale Angelegenheiten auf den Gebieten der Wirtschaft, des Sozialwesens, der Kultur, der Erziehung, der Gesundheit" und verwandten Gebieten geht (Art. 62.1 UN-Charta). Er kann eigene politische Agenden formulieren oder sich für Themen einsetzen, da er das Recht hat, Empfehlungen abzugeben, um die Menschenrechte und Grundfreiheiten zu fördern und Übereinkommen für die GV zu entwerfen (Art. 62.2; 62.3 UN-Charta). Aus der politischen Einflussmöglichkeit ergibt sich auch eine normative Gestaltungskraft. Zudem hat er das Recht, internationale Konferenzen in seinem Aufgabengebiet einzuberufen, wovon er in der Vergangenheit rege Gebrauch machte (Art. 62.4 UN-Charta).

Im Laufe der UN-Geschichte hat sich der ECOSOC zum zentralen Unterstützungs-, Koordinations- und Lenkungsorgan in den Politikfeldern Entwicklung, Wirtschaft, Kultur und Menschenrechte entwickelt. Er ist das größte Hilfsorgan der Generalversammlung (Unser 2004, S. 138, 139). Er untersteht ihrer

Autorität, wenn er alle Angelegenheiten wahrnimmt „für die er im Zusammenhang mit der Durchführung von Empfehlungen der Generalversammlung zuständig ist" (Art. 66.1 UN-Charta). Er tätigt sämtliche Aufgaben, die ihm durch die Generalversammlung und die Charta zugewiesen werden und hat nach Genehmigung durch die Generalversammlung das Recht, alle Dienste zu leisten, die von Mitgliedsstaaten oder Sonderorganisationen erfragt werden (Art. 66. 2; 66.3 UN-Charta). Diese Befugnisse sind zunächst wenig konkret, zeigen aber bereits, dass der ECOSOC mit derselben Aufgabenfülle betraut werden kann, der sich die Generalversammlung im Bereich von Entwicklung, Kultur und Wirtschaft gegenübersieht. Im täglichen Zusammenspiel sind die Kompetenzen zwischen ECOSOC und GV oft nicht klar abgegrenzt, so dass schlimmstenfalls beide bestimmten Aufgaben nicht nachkommen (Wesel 2012, S. 157). Seit 1997 wurde die Arbeitsteilung zwischen den beiden Organen deshalb reformiert, um Effizienzverluste zu vermeiden.

Als Lenkungsorgan schließt der ECOSOC Abkommen mit Sonderorganisationen, die danach der Zustimmung durch die GV bedürfen, und koordiniert vor allem die Tätigkeit der insgesamt 17 Sonderorganisationen (Art. 63 UN-Charta). Sonderorganisationen sind keine Organe der Vereinten Nationen, sondern Mitglieder des weiter gefassten UN-Systems. Sie sind de facto autonom und besitzen eine eigene Rechtspersönlichkeit (Fues und Klingebiel 2007, S. 220). Im sozialen und humanitären Bereich zählen dazu beispielsweise die Weltgesundheitsorganisation (WHO), die Organisation für Erziehung, Wissenschaft und Kultur (UNESCO) und die Ernährungs- und Landwirtschaftsorganisation (FAO). Im technischen Bereich koordiniert der ECOSOC unter anderem den Weltpostverein, die internationale Arbeitsorganisation (IAO) und die Internationale Seeschifffahrts-Organisation (IMO). Die Weltbank-Gruppe und der Internationale Währungsfond gehören zu den wirtschaftlichen Sonderorganisationen, deren Tätigkeiten der ECOSOC abstimmt. Zu

1.500 Nichtregierungsorganisation unterhält der ECOSOC auf Grundlage des Art. 71 UN-Charta Konsultativbeziehungen (Gareis und Varwick 2006, S. 54). Er fungiert als Haupteingang der Vereinten Nationen für INGOs (Rosenthal 2007, S. 136).

5.6.3 Arbeitsweise

Zur Unterstützung bei der Erfüllung seiner Pflichten kann der ECOSOC Kommissionen, ständige Ausschüsse, ad hoc Gruppen und Expertengruppen einsetzen, wovon er in seiner Geschichte extensiv Gebrauch gemacht hat (Art. 68 UN-Charta). So verfügt er über neun funktionale Kommissionen. Die Bekannteste unter ihnen ist die Menschenrechtskommission, die 2005 durch den Menschenrechtsrat ersetzt und der Generalversammlung direkt unterstellt wurde (siehe Kap. 7.2.2). Weitere Kommissionen kümmern sich unter anderem um Bevölkerungs- und Entwicklungsfragen, die Rechtsstellung der Frau und die nachhaltige Entwicklung. Fünf regionale Wirtschaftskommissionen sind mit der Förderung der wirtschaftlichen Entwicklung in verschiedenen Weltregionen betraut. Die ständigen Ausschüsse sind die Koordinierungsorgane des ECOSOC und führen beispielsweise Verhandlungen mit INGOs durch. Die Expertengruppen werden auf Bedarf eingerichtet und befassen sich zum Beispiel mit der Klassifikation von Chemikalien oder der internationalen Kooperation in Steuerfragen.

5.6.4 Handlungsspielraum

Obwohl Anstrengungen unternommen wurden, das Profil des ECOSOC zu schärfen und ihn als eigenständiges Organ zu positionieren, ist es bisher weder gelungen, die ambiguösen Beziehungen zur Generalversammlung zu klären, noch seine eigene Rolle klarer zu definieren (Rosenthal 2007, S. 141). In den vergangenen Jahren wurde es sogar noch schwerer, ein Profil für den ECOSOC zu bilden, denn zentrale ECOSOC-Themen werden heute nicht nur in der Generalversammlung behandelt, sondern auch vom Sicherheitsrat beansprucht. Diese Entwicklung hat den ECOSOC auf die koordinativen Aufgaben zurückgedrängt. Doch auch diesen Pflichten kann der ECOSOC nur beschränkt nachkommen, steht ihm doch die teilweise große Autonomie der Sonderorganisationen entgegen, die Eingriffe durch den ECOSOC als Einmischung in innere Angelegenheiten ablehnen (Rosenthal 2007, S. 141). Das planetarische System der Vereinten Nationen, das Hierarchien entgegensteuert, verhindert hier, dass der ECOSOC seine Aufgaben erledigen kann. Als Beobachter ist man deshalb geneigt, den ECOSOC als überforderten Erfüllungsgehilfen der Generalversammlung oder unverbindliches Diskussionsforum zu übergehen – eine Einschätzung, die seiner Bedeutung als Konferenzmanager, Reflexionsforum und Empfehlungsgeber sicher nicht gerecht wird. Es wurden Vorschläge diskutiert, den ECOSOC zu zerschlagen und in einen Wirtschaftsrat und einen Sozialrat, oder gar einen ökonomischen Sicherheitsrat umzugestalten (Kennedy 2007, S. 305). Doch eigentlich sollte es darum gehen, ihn seine Aufgaben erfüllen zu lassen, wird er doch von der G77 auch als notwendiges Gleichgewicht zum Sicherheitsrat perzipiert (ebd.).

Während der letzten großen Reformanstrengungen der Jahre 2003 bis 2005 wurde darauf hingewiesen, dass gerade die Funktionen des ECOSOC in einzigartiger Weise auf die entwicklungspolitischen Herausforderungen der Gegenwart antworten (ILF 2005, § 171). Ihm wurde die Aufgabe angetragen, als „High Level Development Cooperation Forum" zu wirken, um die internationale Entwicklungszusammenarbeit kohärenter zu gestalten. Seine Bedeutung könnte in einer Welt der Global Governance, in der INGOs eine zunehmend größere Rolle spielen, stark wachsen. Trotzdem – das Profil und die Funktionen des ECOSOC bleiben ungewiss.

5.7 Internationaler Gerichtshof: Unersetzbar, aber unausgelastet

Der Internationale Gerichtshof, kurz IGH, ist das Hauptrechtsprechungsorgan der Vereinten Nationen und regelt Streitigkeiten zwischen den Staaten (Art. 1 IGH-Statut; Art. 92 UN-Charta). Seine Aufgaben und Zusammensetzung sind in Kap. XIV der UN-Charta und im Statut des IGH geregelt. Er sollte keinesfalls mit dem Internationalen Strafgerichtshof (IStGH) verwechselt werden, der nicht zu den Organen der Vereinten Nationen zählt und seit 2002 für die schwersten Individualverbrechen Genozid, Verbrechen gegen die Menschlichkeit, Kriegsverbrechen und ab frühestens 2017 auch für das Verbrechen der Aggression, also des Angriffskriegs, zuständig ist. Das UN-System verfügt neben dem Internationalen Gerichtshof über eine ganze Reihe von Gerichtsbarkeiten, die im Laufe der Geschichte aus der Taufe gehoben wurden. Den Weg für diese Neugründungen macht Art. 95 UN-Charta frei, in dem nicht ausgeschlossen wird, dass die Vereinten Nationen die Beilegung von Streitigkeiten in Zukunft auch anderen Gerichten zuweisen würden. So wurde 1996 beispielsweise der internationale Seegerichtshof in Hamburg als eine eigenständige internationale Organisation gegründet. Er hat die Aufgabe, auf Basis des Seerechtsübereinkommens von 1994 Meeresstreitigkeiten unter Mitgliedern des Abkommens verbindlich und friedlich zu regeln (Unser 2004, S. 152). Dazu zählen auch die temporären Internationalen Strafgerichtshöfe für bestimmte Konfliktstaaten, in denen Gräuel gegen die Menschlichkeit verübt wurden. Sie wurden vom Sicherheitsrat als Nebenorgane eingerichtet und befassen sich mit den Verbrechen in Jugoslawien und Ruanda.

Der IGH ist die älteste Institution unter dem Dach der Vereinten Nationen und älter als das Weltorganisation selbst. Er geht auf die Haager Friedenskonferenz von 1899 zurück, wo er als Ständiges Schiedsgericht aus der Taufe gehoben worden war.

1922 wurde er im Rahmen des Völkerbundes als Ständiger Internationaler Gerichtshof mit Sitz in Den Haag neu gegründet. Der jetzige IGH ist direkter Nachfahre des Ständigen Internationalen Gerichtshofs und bezieht seine Urteile direkt auf die des Völkerbundsgerichts. Auch sein Statut ist dem des Völkerbundsgerichts sehr ähnlich. Als einziges Hauptorgan sitzt der IGH nicht in New York, sondern in Den Haag.

5.7.1 Zusammensetzung und Parteien

Dem Internationalen Gerichtshof gehören 15 Richter an, die auf Vorschlag der Regionalgruppen von Generalversammlung und Sicherheitsrat in voneinander unabhängigen Wahlen gewählt werden. Ihre Legislatur dauert neun Jahre, mit der Möglichkeit zur Wiederwahl. Im zweiten Amtsturnus sind unterschiedliche Dienstzeiten vorgesehen. Die Amtszeit von fünf der 15 Richter endet nach drei Jahren und für weitere fünf Richter endet die Amtszeit nach sechs Jahren (Art. 13.1 IGH-Statut). Die Entscheidung darüber trifft der UN-Generalsekretär mittels Los (Art. 13.2 IGH-Statut). Die Gesamtheit der Richter, die von unterschiedlicher Nationalität sein sollen, soll die hauptsächlichen Rechtssysteme und die großen Kulturkreise vertreten (Art. 9 IGH-Statut). In Art. 2 des IGH-Status werden besondere Anforderungen an die Richter formuliert. Sie sollten ein hohes sittliches Ansehen genießen, die höchsten Voraussetzungen für richterliche Ämter in ihren Herkunftsländern erfüllen und Völkerrechtsgelehrte von anerkanntem Ruf sein. Dem Gericht sitzen ein Präsident und sein Vize vor, die auf drei Jahre vom IGH gewählt werden. Zudem ernennt das Gericht einen Kanzler als Chef der Verwaltung.

Parteien des IGH können nur Staaten sein. Zwei Wege stehen Staaten offen, um Partei des IGH zu werden. Der erste Weg ist der denkbar einfachste: Mit Eintritt in die Vereinten Nationen wird ein Staat automatisch Vertragspartei des IGH, da das

IGH-Statut integraler Bestandteil der UN-Charta ist (Art. 93.1 UN-Charta). Ist ein Staat nicht Mitglied der Vereinten Nationen, führt der Weg über den Sicherheitsrat und die Generalversammlung. Art. 93.2 der UN-Charta regelt, dass ein Nicht-Mitglied „zu Bedingungen, welche die Generalversammlung jeweils auf Empfehlung des Sicherheitsrats festsetzt, Vertragspartei" des Statuts werden kann. Eine solche Parteifähigkeit erlangten die Schweiz und Liechtenstein bereits Ende der vierziger Jahre.

5.7.2 Aufbau und Arbeitsweise

Der IGH ist als egininstanzliches Gericht eingerichtet worden, kann aber gemäß Art. 26 des IGH-Status jederzeit eine oder mehrere Kammer bilden. Er tagt ständig (Art. 23.1 IGH-Statut). Der Präsident und sein Vize müssen deshalb in Den Haag wohnhaft sein und die Richter müssen sich außer im Urlaub, bei Krankheit oder in besonderen Fällen immer verfügbar halten (Art. 23.3 IGH-Statut). Der IGH wird von relativ wenigen Unterorganen unterstützt. Derzeit arbeiten drei Ausschüsse im Bereich der IGH-Bibliothek, der Arbeitsmethoden und im administrativen Bereich. Er kommt im Vergleich zu den anderen Hauptorganen mit sehr wenigen Mitarbeitern aus. Derzeit beschäftigt der IGH nur rund 100 Mitarbeiter und verfügt über ein Budget von US$ 17 Mio. (Tams 2007, S. 2). Diese Zahlen verweisen schon auf die Arbeitsintensität des IGH. Obwohl er das Hauptsprechungsorgan der Uno ist und sogar den Titel Weltgericht trägt, wird er nicht oft angerufen.

5.7.3 Aufgaben und Befugnisse

Der IGH ist für die Rechtssprechung bei zwischenstaatlichen Streitigkeiten und bei internationalen Streitfällen zuständig. Die Zuständigkeit erstreckt sich dabei „auf alle ihm von den Parteien unterbreiteten Rechtssachen sowie auf alle in der Charta der Vereinten Nationen oder in geltenden Verträgen und Übereinkommen besonders vorgesehenen Angelegenheiten“ (Art. 36.2 IGH-Statut). Zudem fungiert er als Gutachter für die Vereinten Nationen. Die Generalversammlung und der Sicherheitsrat können über jede Rechtsfrage ein Gutachten beim IGH anfordern (Art. 96.1 UN-Charta) und andere Organe sowie die Sonderorganisationen können dies nach Ermächtigung durch die GV anstreben (Art. 96.2 UN-Charta).

Der reale Handlungsspielraum des IGH ist jedoch eingeschränkter als diese Artikel vermuten lassen. Die engen Grenzen des IGH werden durch die Art der Parteien und durch die so genannten Fakultativklausel (Art. 36. 2 IGH-Statut) deutlich. Da eine internationale Gerichtsbarkeit nicht obligatorisch sein kann und der Charakter des Völkerrechts genossenschaftlich ist, erfordert die Unterwerfung unter ein internationales Gericht die ausdrückliche Vereinbarung durch die jeweilige Partei (Gareis und Varwick 2002, S. 56). Ein jedes UN-Mitglied ist zwar automatisch Partei des IGH, seine Rechtssprechung ist für den Staat jedoch nur bindend, wenn er sich freiwillig dem Statut unterwirft. Das kann er tun, wenn eine Streitsache verhandelt werden soll. Dann gilt die Unterwerfung nur temporär für diese Streitsache. Um sich dem IGH voll zu unterwerfen, müssen die Staaten dies in einem Schreiben an den Generalsekretär erklären. Die Fakultativklausel sieht hier vor, dass die Vertragsstaaten des Statuts

> die Zuständigkeit des Gerichtshofs von Rechts wegen (…) für alle Rechtsstreitigkeiten über folgende Gegenstände obligatorisch anerkennen: (a) die Auslegung eines Vertrags; (b) jede Frage des Völkerrechts; (c) das Bestehen jeder Tatsache, die, wäre sie bewiesen, eine Verletzung einer internationalen Verpflichtung darstellt; (d) Art oder Umfang der wegen Verletzung einer internationalen Verpflichtung geschuldeten Wiedergutmachung.

Letzter Tatbestand, die Wiedergutmachung nach begangenem Unrecht, war 2012 am IGH anhängig. Italien hatte einem italienischen Zwangsarbeiter, der während des Zweiten Weltkriegs nach Deutschland verschleppt worden war, Wiedergutmachung durch den deutschen Staat zugestanden. Der IGH urteilte, durch eine Anklage vor einem nationalen Gericht werde Deutschlands Immunität verletzt, das italienische Urteil sei deshalb nicht rechtens (dapd v. 3.12.2012). Doch auch die Fakultativklausel kann durch die Formulierung von Vorbehalten auf die Bedürfnisse des jeweiligen Staates zurechtgeschnitten werden. Bisher haben sich rund 65 Staaten gemäß Art. 36.2 UN-Charta dem Statut des IGH unterworfen, darunter auch Deutschland im Jahre 2008.

Ein dritter Weg für den IGH, Zuständigkeit zu erlangen, ist die Berufung auf Völkerrechtskonventionen, wie beispielsweise die Völkermord-Konvention (Tams 2007, S. 3). Doch wie im Falle der kurzzeitigen Unterwerfung unter das Statut ist die Zuständigkeit auf Basis von Konventionen auf Einzelfragen beschränkt. Obwohl der IGH also de jure enorme Einflussmöglichkeiten hat, sind seinem Handlungsspielraum de facto enge Grenzen gesetzt. Das erklärt auch, wieso die Zahl der Streitfälle nicht gerade groß ist (Wesel 2012, S. 161). Seit 1946 hat der IGH 136 Verfahren durchgeführt, 93 Urteile gesprochen und 25 Gutachten erstellt (Tams 2007, S. 3). Derzeit werden Grenzkonflikte, der Walfang in der Antarktis, Souveränitätsverletzungen, bewaffnete Konflikte und Seekonflikte behandelt.

5.7.4 Urteilsfindung und Rechtsverbindlichkeit

In Charta und Statut ist zudem kein Selbstbefassungsrecht des IGH mit internationalen Streitigkeiten vorgesehen, so dass er seine Tätigkeit nur aufnehmen kann, wenn ein Fall an ihn von einer Streitpartei herangetragen wird. Das schränkt seinen Handlungsspielraum immens ein und verbannt ihn oft auf die Zuschauertribüne. Urteile trifft der IGH mit einfacher Stimmenmehrheit und immer im Plenum, in dem mindestens neun Richter anwesend sein müssen. Bei Stimmengleichheit gibt die Stimme des Präsidenten den Ausschlag (Tams 2007, S. 2). Haben sich Staaten der Jurisdiktion des IGH unterworfen, so kann der IGH rechtsverbindliche Entscheidung treffen. Die Rechtsurteile sind nur für die Streitparteien verbindlich und haben keine allgemeine Wirkung. Demnach gibt es kein Präjudiz. Der verurteilte Staat ist verpflichtet, die Entscheidungen des Gerichts auszuführen. Folgt er dem Urteil des IGH nicht, kann der Sicherheitsrat auf Grundlage von Art. 94.2 UN-Charta geeignete Maßnahmen ersuchen, um der Rechtsentscheidung Geltung zu verschaffen (Unser 2004, S. 155). Zuletzt wurde von dieser Maßnahme 1986 Gebrauch gemacht, als die USA im Konflikt mit Nicaragua wegen militärischer und paramilitärischer Aktivitäten verurteilt wurden und die Entscheidung nicht akzeptierten (Unser 2004, S. 155). Die USA legten im Sicherheitsrat mehrfach ein Veto gegen das Urteil ein. Die Erstellung von Rechtsgutachten und die Auslegung internationaler Verträge und des Völkerrechts sind im Übrigen auch nicht rechtsverbindlich, aber normprägend.

Mit der relativen Unverbindlichkeit der Urteile des IGH und der mangelnden Durchsetzungsmacht sind die Architekten der Uno dem altbekannten Strickmuster gefolgt: Sie handelten im Sinne der Großmächte. Denn der SR bleibt das einzige Organ, das verpflichtende Durchsetzungsmaßnahmen anordnen kann.

5.7.5 Leistungsbilanz

Obwohl der IGH aufgrund seiner universellen Zuständigkeit und seiner normativen Kraft zu Recht ein Hauptorgan der Vereinten Nationen ist, ist seine Bedeutung für die Weltorganisation wegen der vielen Einschränkungen, die sich aus dem Statut und der Zurückhaltung der Staaten ergeben, sehr begrenzt. Mangelt es am Willen der Staaten, sich dem Statut zu unterwerfen oder eine Streitsache vor den IGH zu bringen, kann der IGH seinen Aufgaben nicht nachkommen. Dies wiegt umso schwerer, als wichtige Staaten des internationalen Systems, allen voran die USA, sich der Jurisdiktion des IGH nur zeitweise und ad hoc unterwerfen. Er verliert dadurch an Bedeutung. Vielleicht schweigen sich die Reformberichte der Jahre 2003 bis 2005 deshalb über dieses Organ aus?

5.8 Wichtiges in Kürze

Die Vereinten Nationen werden aufgrund ihrer mehr-dimensionalen und vielgestaltigen Struktur als „System“ oder „Familie“ bezeichnet. Im Kern des UN-Systems befinden sich die sechs Hauptorgane: Generalversammlung, Sicherheitsrat, Sekretariat mit Generalsekretär, Wirtschafts- und Sozialrat, Internationaler Gerichtshof und der faktisch aufgelöste Treuhandrat. Um den Nukleus der Hauptorgane gruppieren sich die Nebenorgane von Generalversammlung und Sicherheitsrat, die Sonderorganisationen, Programme, Fonds und weitere Gerichtshöfe. Herkömmliche Organigramme geben bei der Darstellung der UN-Familie vor, zwischen Hauptorganen und den sonstigen Institutionen bestehe eine Hierarchie, die in der Realität nicht existiert. Göthel hat dem klassischen Organigramm deshalb das planetarische Modell gegenübergestellt. Je weiter die betreffende Umlaufbahn vom Kern, den Hauptorganen, entfernt ist, desto autonomer ist die jeweilige Institution. Mit Emmerji et al. aus dem UN-Intellectual-History-Projekt wurde außerdem festgestellt, dass wir es nicht mit einer, sondern mit drei Unos zu tun haben: der Uno der Staaten, der Uno der organisationalen Bürokratie und der Uno der Zivilgesellschaft, die heute immer wichtiger wird.

Die sechs Hauptorgane wurden hinsichtlich ihrer Zusammensetzung, ihrer Aufgaben und Befugnisse und ihrer Arbeitsweise vorgestellt und ein kleiner Blick in die Gegenwart und Zukunft gewagt. In einer kurzen Zusammenfassung wird jeweils die Mitgliederzahl, die wichtigste Aufgabe und ein mögliches zukünftiges Profil genannt.

Der UN-Sicherheitsrat ist ein fünfzehnköpfiges Gremium und zählt die „Permanent Five" zu seinen Mitgliedern, die in allen „sonstigen Fragen" das Vetorecht haben. Er trägt die Hauptverantwortung für die Bewahrung des Weltfriedens und der internationalen Sicherheit und ist das einzige Organ, das nach außen verbindliche Entscheidungen treffen darf. Er entwickelt sich derzeit zu eine Art „Weltgesetzgeber" und weitet seine Aufgabenbereiche auf die weichen Politikfelder aus. Noch immer wartet die Welt auf eine Reform der Mitgliederstruktur, um dem Wandel der Mächtekonstellation im internationalen System zu entsprechen. Auch die Abschaffung des Vetorechts sollte Gegenstand der Debatte sein.

Alle Mitglieder der Vereinten Nationen sind Mitglieder der Generalversammlung. Jeder Staat hat bei Abstimmungen eine Stimme, was Ausdruck der souveränen Gleichheit aller Mitglieder ist. Die Generalversammlung kann nur nach innen bindende Beschlüsse fassen. Sie darf sich aufgrund der „Generalklausel" mit allen Fragen beschäftigen, die die Vereinten Nationen betreffen und hat großes normatives Gewicht. Die Generalversammlung muss ihre Themen gegen die Ausweitung des Handlungsspielraums durch den Sicherheitsrat verteidigen und ihre wichtige Rolle behalten. Seit einiger Zeit diskutiert die Welt über die Einrichtung einer zweiten Kammer als „Weltparlament".

Das Sekretariat ist das Verwaltungsorgan der Vereinten Nationen. Es wird vom Generalsekretär als Chef der Verwaltung geleitet. Er ist das eigentliche Hauptorgan. Neben seiner Tätigkeit als Chefmanager ist der Generalsekretär Chefdiplomat und das Gesicht und die Stimme der Vereinten Nationen. Je nach Amtsverständnis und Amtsführung spielt der Generalsekretär eher die Rolle eines Sekretärs, eines Ministers oder eines Generals.

Wichtige Generalsekretäre waren Dag Hammarskjöld, Boutros Boutros-Ghali und Kofi Annan. Derzeit wird das Amt von Ban Ki-moon ausgeübt. Zukünftig könnte eine Frau an der Spitze der Weltorganisation stehen.

Der Wirtschafts- und Sozialrat ist ein 54-köpfiges Gremium, das für Fragen sozialer, wirtschaftlicher, kultureller und humanitärer Art zuständig ist. Obwohl er den anderen Hauptorganen formal gleichgestellt ist, ist er aufgrund seiner Funktionen vor allem das Hilfsorgan der Generalversammlung und ein Lenkungs- und Koordinierungsorgan der Sonderorganisationen. Als „Tür für die INGOs" könnte er in einer Ära der Global Governance zunehmend wichtiger werden.

Der Treuhandrat ist seit 1994 faktisch suspendiert. Er hatte die Aufgabe, Staaten auf dem Weg in die Unabhängigkeit zu unterstützten. Kurzzeitig wurde seine Wiederbelebung diskutiert als es um die Einrichtung einer Übergangsverwaltung im Kosovo ging. Die Streichung der den Treuhandrat betreffenden Artikel der UN-Charta wurde 2005 beschlossen.

Der Internationale Gerichtshof besteht auf 15 Richtern, die vom Sicherheitsrat und der Generalversammlung in voneinander unabhängigen Wahlen nach klaren Kriterien bestimmt werden. Der Gerichtshof ist ein direkter Nachfolger des Völkerbundgerichts und hat seinen Sitz in Den Haag. Er verhandelt zwischenstaatliche Streitigkeiten und internationale Streitfälle. Jeder Mitgliedsstaat der Vereinten Nationen ist zugleich Partei des Internationalen Gerichtshofs. Sein größtes Aktionshindernis ist die Fakultativklausel des Art. 36.2 IGH-Statut. Um Urteile über Streitigkeiten behandeln zu können, muss sich ein Staat dem Gericht freiwillig unterwerfen. Dem ist bisher nur eine Minderheit der Staaten nachgekommen, was das Gewicht und den Einfluss des IGH stark dezimiert.

Insgesamt sind fünf der sechs Hauptorgane der Vereinten Nationen voll funktionsfähig, könnten jedoch an Effizienz, Effektivität und Kohärenz gewinnen, würden die zahlreichen Reforminitiativen, die in den Schreibtischen der Welt schlummern, endlich umgesetzt werden. Dies verhindern freilich der Unwille und das fehlende Interesse der Staaten. Trotz beträchtlicher Autonomie in einzelnen Bereichen, insbesondere im Sekretariat der UN, ist deshalb die wichtigste Botschaft: Ohne den Willen der Staatengemeinschaft ist die Uno nicht handlungsfähig. Sie ist auch nicht überlebensfähig. Denn schließlich, so zeigt das nächste Kapitel, ist die gesamte Organisation von den Beitragsgebühren der Staaten abhängig.

6

Die Finanzierung der Uno: Weltorganisation unter Kostendruck

Da auch die Vereinten Nationen nicht ohne Geld existieren können, soll im folgenden ein kurzer Einblick in das Finanzsystem der Vereinten Nationen gegeben werden. Das UN-Budget kennt drei Beitragsarten: Pflichtbeiträge zum ordentlichen Haushalt, Pflichtbeiträge zu Friedensoperationen und Strafgerichtshöfen sowie freiwillige Beiträge.

Die Pflichtbeiträge werden für jeweils zwei Jahre erhoben. Es sind Regelbeiträge, die jedes Mitglied der Uno gemäß einem vorher festgelegten Satz entrichten muss. Der Haushalt und die Beitragshöhe werden vom Beitragsausschuss der UN-Generalversammlung empfohlen und von der Generalversammlung gebilligt. Aus dem Budget für den ordentlichen Haushalt werden folgende Posten bestritten: Personal-, Verwaltungs- und Liegenschaftskosten der Uno und die Verwaltungsausgaben der Sonderorganisationen und Spezialorgane. Für die weiteren Ausgaben erheben diese Institutionen eigene Beiträge. Die Pflichtbeitragsumlagen für Friedensoperationen und die internationale Strafgerichtshöfe für Ruanda und Jugoslawien fließen direkt in deren Finanzierung. Die freiwillig entrichteten Beiträge werden für operative Aufgaben im Bereich der Entwicklungszusammenarbeit und humanitären Hilfe verwendet.

Aufgrund des enormen Wachstums der Vereinten Nationen in den vergangenen Jahrzehnten, das sowohl personeller, orga-

Rang	Land	Anteil in Prozent
1	USA	22,00
2	Japan	16,62
3	Deutschland	8,58
4	Großbritannien	6,64
5	Frankreich	6,30

Abb. 6.1 Pflichtbeiträge zum regulären Haushalt der Vereinten Nationen. (Stand: November 2013)

nisationaler als auch thematischer Art war, hat sich der Haushalt der Organisation stark ausgedehnt. Lag die Pflichtbeitragssumme 1971 noch bei US$ 1,94 Mrd., so wurden 1990 – bei einem konstanten Geldwert von 1971 – bereits US$ 3,39 Mrd. aufgewendet (Hüfner 2009). Für den Beitragshaushalt 2012/2013 wurden US$ 5,24 Mrd. veranschlagt (MFAT 2013). Trotzdem sind das immer noch weniger als drei Prozent der jährlichen US-amerikanischen Militärausgaben (Alger 2007, S. 711).

Die Pflichtbeiträge der Mitgliedsstaaten werden nach einem Beitragsschlüssel ermittelt, den der Beitragsausschuss der Generalversammlung erarbeitet. Dabei wird das Bruttoinlandsprodukt der letzten sechs Jahre herangezogen. Außerdem wurde eine Ober- und Untergrenze für Beitragszahlungen zum ordentlichen Pflichthaushalt festgelegt. Demnach liegt der höchste Beitragssatz derzeit bei 22 % des UN-Budgets. Der niedrigste Satz wurde auf 0,001 % fixiert. Aus dieser Erhebungsweise ergibt sich, dass fünf Staaten den Löwenanteil am ordentlichen Pflichthaushalt zu tragen haben (siehe Abb. 6.1).

Insgesamt bringen die drei größten Beitragszahler fast fünfzig Prozent des Gesamtbudgets der Uno auf, während 134 Mitgliedsstaaten weniger als 10 % zahlen.

Die Beiträge zum Haushalt für Friedensoperationen sind in den vergangenen zwanzig Jahren exponentiell angestiegen. Die derzeitigen Friedenssicherungsoperationen sind die größten und teuersten Missionen in der UN-Geschichte, allen voran die MONUSCO-Mission in der DR Kongo und die UNAMID in Darfur. Für den Zeitraum 2002/03 waren noch rund US$ 2,6 Mrd. veranschlagt worden. Im Beitragszeitraum 2012/13 beträgt das Budget bereits US$ 7,23 Mrd. Es übersteigt also ordentlichen Haushalt bei weitem. Die Berechnung der Beitragssätze für das Budget der Friedensoperationen erfolgt mit Hilfe von zehn Beitragskategorien, die in die Levels A bis J unterteilt werden. Am meisten zahlen hier die P5, gefolgt von 32 finanzstarken Industrieländern, darunter auch Deutschland. Die Friedensoperationen profitieren aber auch von zahlreichen nicht-monetären Beiträgen, wie beispielsweise der Übernahme der Ausstattung und Ausbildung durch solvente Staaten, und von der Einrichtung neuer Friedensoperationen zwischen den Haushaltsjahren, die zusätzliches Geld in die Kassen spülen (Hüfner 2007, S. 430).

Trotz des gut geplanten Haushalts kämpfen die Vereinten Nationen seit Jahrzehnten mit großen finanziellen Problemen. Diese sind vor allem auf die schlechte Zahlungsmoral der Mitgliedsstaaten, allen voran der USA, zurückzuführen. Aufgrund hoher Schulden der USA stand die Uno in den neunziger Jahren sogar am Rande der Zahlungsunfähigkeit. Seit 1986 macht der US-Anteil der ausstehenden Pflichtbeiträge zum ordentlichen Haushalt mehr als die Hälfte, oftmals sogar mehr als 70 % aus (Hüfner 2007, S. 428). 2010 lagen die Schulden der USA bei circa US$ 2 Mrd., die der übrigen Staaten bei US$ 4 Mrd. Doch die Zahlungsmoral der übrigen Staaten ist seit den neunziger Jahren stark angestiegen. Zwischen 40 und 50 Staaten, darunter die nordeuropäischen Staaten, Großbritannien und Frankreich, zahlen pünktlich und vollständig (Hüfner 2007, S. 429). Trotzdem blickt die Weltorganisation auf erhebliche Zahlungsrückstände, die besonders im Bereich der Friedensoperationen gravierend ausfallen. Für das Jahr Juli 2012 bis Juli 2013 beispielsweise beliefen sich die Ausstände auf US$ 3,09 Mrd. – fast die Hälfte des Peaceoperations-Budgets gelangte nicht auf das Konto der

Vereinten Nationen. Dabei kennt die Charta Mechanismen, um säumige Zahler zu disziplinieren: „Ein Mitglied der Vereinten Nationen, das mit der Zahlung seiner finanziellen Beiträge an die Organisation im Rückstand ist, hat in der Generalversammlung kein Stimmrecht, wenn der rückständige Betrag die Höhe der Beiträge erreicht oder übersteigt, die dieses Mitglied für die vorausgegangene zwei vollen Jahre schuldet." (Art. 19 UN-Charta) Die Regelumsetzung wissen die USA zu verhindern und die kleinen Schuldner, oftmals unterentwickelte und hoch verschuldete Staaten, werden von diesem Artikel nicht berührt. Deshalb werden seit Längerem Wege diskutiert, um den Vereinten Nationen zu mehr Geld zu verhelfen. Dabei stehen besonders Steuern im Vordergrund, die erhoben und der Weltorganisation zugute kommen könnten, allen voran die „Tobin-Steuer", eine Finanztransaktionssteuer bei internationalen Devisengeschäften.

Da die Uno nicht selbst Steuern eintreiben kann, ist sie auf die Zahlungen der Mitgliedsstaaten angewiesen. Sie verfügt über mehrere Beitragsformen: Pflichtbeiträge zum ordentlichen Haushalt, Pflichtbeiträge zu Friedensoperationen und den internationalen Strafgerichtshöfen von Ruanda und Jugoslawien sowie freiwillige Beiträge. Die Beiträge werden für zwei Jahre erhoben. Die Pflichtbeiträge werden aus dem staatlichen Bruttosozialprodukt der vergangenen sechs Jahre ermittelt und nach einem zuvor festgelegten Länderschlüssel eingefordert. Die Vereinten Nationen kämpfen chronisch gegen die Unterfinanzierung, da die Zahlungsmoral der Mitgliedsstaaten im Allgemeinen schlecht ist. Die Finanzmisere der Uno wird sich wohl auch in Zukunft nicht ändern und dürfte sich, bei weiter steigendem Engagement in kostenintensiven Politikbereichen, eher verschärfen.

7

Die Weltorganisation im 21. Jahrhundert: Sicherheit, Entwicklung und Menschenrechte

Als Organisation des offenen Multilateralismus sind die Vereinten Nationen in allen internationalen Politikfeldern mehr oder weniger stark engagiert. Zu den Hauptbetätigungsfeldern der Weltorganisationen gehören Friedenssicherung, Entwicklungspolitik, Menschenrechtspolitik und immer mehr auch umweltpolitische Belange. Medial wird den Vereinten Nationen am stärksten bei sicherheitspolitischen Fragen Aufmerksamkeit geschenkt. An zweiter und dritter Stelle stehen Menschenrechts- und Entwicklungsfragen. In den folgenden Kapiteln wird ein kompakter Einblick in diese drei wichtigen Aktionsräume gegeben. Bedeutende Entwicklungen über die Lebenszeit der Vereinten Nationen hinweg werden skizziert und die Themen der Gegenwart eingeführt. Der Schwerpunkt liegt auf der Vorstellung der UN-Friedenssicherung als Kernaufgabe der Vereinten Nationen. Die Ausführungen werden als Anregung verstanden, sich näher mit einzelnen Politikbereichen auseinanderzusetzen und tiefere Erkenntnisse zu gewinnen.

7.1 Für Frieden und Sicherheit: Auf dem Weg zur integrierten Friedenssicherung

Um ihrer Hauptaufgabe, den Frieden zu wahren oder wieder herzustellen, nachzukommen, haben die Vereinten Nationen eine Reihe von Instrumenten etabliert. Neben Abrüstung und Rüstungskontrolle, Sanktionen und diplomatischen Bemühungen richtet die Weltorganisation auch Präsenzen in volatilen Gebieten ein, um die Sicherheit vor Ort zu garantieren und auf dem Weg zu einem dauerhaften Frieden zu assistieren. Diese Präsenzen vor Ort werden unter den Oberbegriffen „UN-Friedensmissionen" und „UN Peaceoperations" subsumiert. Die Anwesenheit vor Ort ist meist militärischer und ziviler Natur.

Im Folgenden werden zuerst verschiedene Typen von Friedensmissionen vorgestellt und einige grundsätzliche Begriffe geklärt. Die weiteren Ausführungen werden auf das am häufigsten angewandte Instrument, die Friedenssicherung, zugeschnitten. Der Entstehungszusammenhang, die rasante Entwicklung und gegenwärtige Tendenzen der Friedenssicherung werden dargestellt und diskutiert.

7.1.1 Friedensoperationen und Friedensakteure

Boutros Boutros-Ghali hat in seiner „Agenda für den Frieden" vier mögliche Szenarien für Friedensoperationen entworfen, die bis heute Gültigkeit besitzen: Vorbeugende Diplomatie, Friedensschaffung, Friedenssicherung und Friedenskonsolidierung in der Konfliktfolgezeit. In der Realität lassen sich diese vier Kategorien nicht klar voneinander trennen und gehen in den zivilmilitärischen UN-Missionen oft fließend ineinander über.

An erster Stelle steht die vorbeugende Diplomatie, also die Verhinderung eines Ausbruchs von gewaltsamen Konflikten oder Kriegen. Darunter fallen die diplomatischen Mittel der Uno, die Etablierung von Frühwarnsystemen und die Tatsachenermittlung vor Ort, sowie die vorbeugende Stationierung von UN-Soldaten zur Beobachtung der Streitigkeiten und die Einrichtung entmilitarisierter Zonen. Präventive UN-Missionen sind bis heute eine Rarität und wurden bisher nur in Mazedonien mit UNPREDEP (1995–1999) umgesetzt. Die Stationierung von Soldaten zur Beobachtung von Konflikten ist als „Peace Observing" bekannt. Die Prävention von Konflikten und Kriegen ist mit Zunahme und Zuspitzung des Konfliktgeschehens nach dem Ende des Ost-West-Konfliktes zu einem wichtigen Ziel der Vereinten Nationen geworden.

Das zweite Instrument ist die „Friedensschaffung". Mit dieser Maßnahme sollen die feindlichen Parteien nach Ausbruch eines Konflikts zu einer Einigung gebracht werden (Falkner et al. 1995, S. 50). Auch diese kann ohne die Präsenz der Vereinten Nationen vor Ort auskommen, wird der Streitfall zum Beispiel vor dem Internationalen Gerichtshof verhandelt. Meist reagieren die Vereinten Nationen zudem mit Sanktionen nach Artikel 41 UN-Charta auf Konflikte, um die Parteien zu einem Einlenken zu bewegen. „Friedensschaffung" bedeutet aber auch die Anwendung von militärischer Gewalt nach Kap. 42 UN-Charta, also die Friedenserzwingung, und die militärische Durchsetzung des Friedens auf Basis eines Mandats des Sicherheitsrats. Diese militärischen Operationen können von drei Gruppen ausgeführt werden: 1) Vom UN-Sicherheitsrat autorisierte und von den Vereinten Nationen geführte UN-Truppen. Diese Form der Friedensdurchsetzung ist eine Seltenheit und findet derzeit nur durch einen kleinen Teil der UN-Friedensmission MONUSCO im Osten der Demokratischen Republik Kongo statt. Czempiel stellt fest: „Die Friedenserzwingung steigt von 1945 zu 1947 deutlich an, um dann auf die Nulllinie zurückzufallen. Zwei irreguläre

Ausschläge markieren den Korea- und den Golfkrieg. Stattdessen erhebt sich ab 1956 die Linie der Friedenssicherungsaktionen. Sie bildet in den sechziger Jahren einen Plafond, um dann bis 1985 deutlich, seitdem steil anzusteigen." (1994, S. 56) 2) Vom UN-Sicherheitsrat autorisierte „Coalitions of the Willing" unter Führung einer Nation. Dieses Format wurde im Zweiten Golfkrieg für eine Operation der Friedenserzwingung gewählt, als eine Koalition unter Führung der USA den Waffenstillstand zwischen dem Irak und Kuwait auf Basis von S/RES/678 (1990) durchsetzte. Auch der Anti-Terror-Einsatz „Enduring Freedom" zählt dazu. Die Koalitionen übernehmen besonders politisch belastete Operationen und überlassen kleinere Missionen dem DPKO. Diese ad hoc-Zweiteilung ist zwar flexibel, verfestigt aber besonders die exklusiven Entscheidungsprivilegien der P5 (Kennedy 2007, S. 296). 3) Vom UN-Sicherheitsrat autorisierte und von einer Regionalorganisation geführte Operationen. Die Möglichkeit, regionale Verbünde mit der Friedensdurchsetzung zu betrauen, ist in Kapitel VIII der UN-Charta geregelt. Die Vereinten Nationen greifen seit einigen Jahren immer stärker auf diese Form zurück. Sie ist ein probater Weg aus der Überforderung der UN-Friedenssicherung und wird in Zukunft noch mehr Bedeutung gewinnen.

Die „Friedenssicherung" ist das dritte Instrument. Dabei soll die Lage in einer Konfliktzone entschärft oder stabilisiert und die Einhaltung der Vereinbarungen zwischen Konfliktparteien überwacht und durchgesetzt werden (Falkner et al. 1995, S. 50). Es ist das Werkzeug, für das die Vereinten Nationen 1988 den Friedensnobelpreis erhielten und wird durch die so genannten Blauhelm-Soldaten ausgeführt. Es hat sich im Laufe der Zeit fundamental weiterentwickelt und wird im Folgenden noch ausführlich behandelt.

Das vierte Instrument ist die „Friedenskonsolidierung", also die Herstellung eines nachhaltigen und positiven Friedens in der Konfliktregion. Dazu wird der gesamte Werkzeugkasten der Vereinten Nationen angewandt. Militärische und zivile Präsenzen unterstützen Regierung und Bevölkerung beim Wiederaufbau und bei der Etablierung von funktionierender Staatlichkeit. Es ist das Instrument, das die Vereinten Nationen am stärksten fordert und die kapazitären Grenzen der Weltorganisation deutlich aufzeigt. 2005 wurde dazu die „Peace Building Commission“ eingeführt. Sie antwortet auf die Tatsache, dass durch das Engagement der internationalen Gemeinschaft zwar die bewaffneten Konflikte zurückgehen, in 44 % aller Nachkriegsgesellschaften aber fünf Jahre nach Konfliktbeilegung neue Gewalt ausbricht (Weinlich 2006, S. 2). Ihre Kernaufgaben sind das Zusammenbringen und die Koordinierung der Akteure, die Entwicklung integrierter Strategien für die Friedenskonsolidierung und die Sicherstellung politischer Aufmerksamkeit (Weinlich 2006, S. 6). Sie ist ein Unterorgan sowohl des Sicherheitsrats als auch der Generalversammlung und setzt sich aus Mitgliedern des Sicherheitsrats, des ECOSOC, den fünf größten Finanziers und Truppenstellern bei Friedensoperationen sowie nach regionalen Gesichtspunkten von der Generalversammlung gewählten Staatenvertretern zusammen. Ein Spiegelreferat, das „Peace Building Support Office“ wurde zusätzlich im Sekretariat eingerichtet und ein 250 Mio. schwerer „Peace Building Fund“ installiert (Weiss 2012, S. 194, 195).

Bei allen vier genannten Formen von Friedensoperationen sind sowohl Militär als auch Polizei und Zivilisten engagiert, um den Frieden wieder herzustellen. In Operationen zur Friedenserzwingung überwiegt das militärische Personal, bei der Friedenskonsolidierung das zivile Personal. Operationen militärischer Natur werden deshalb vom „Department for Peacekeeping Operations“ dirigiert, wohingegen Missionen zum „Peacebuilding“ unter Leitung des „Department for Political Affairs“ stehen. Bei der Friedenssicherung und bei präventiven Einsätzen hängt das Verhältnis zwischen Zivilisten, Polizei und Militär stark vom jeweiligen Fall ab. In den Mandaten des Sicherheitsrats wird die

Anzahl der benötigten Soldaten und Polizisten immer sehr genau angegeben, wohingegen die Anzahl der zivilen Mitarbeiter mit der vagen Bestimmung „so viele wie nötig“ versehen ist. Im militärischen Bereich unterscheidet man nach dem Auftrag der Mission zwei Typen. Sind die Soldaten zur Beobachtung von entmilitarisierten Zonen, Waffenstillständen und Truppenbewegungen im Land, dann werden sie als „Peace Observer“ bezeichnet. Sie sind grundsätzlich unbewaffnet und sind anhand ihrer blauen Kopfbedeckung gut zu erkennen. Von ihnen müssen die „Blauhelme“ unterschieden werden, die verschiedene Aufgaben in der Friedenssicherung ausführen. Wie die Bezeichnung nahe legt, tragen diese Militärs einen blauen Helm und sind dadurch leicht als unparteiliche UN-Soldaten identifizierbar.

Nach der „Agenda für Frieden“ werden vier Typen von Friedensmissionen unterschieden:

1. Vorbeugende Diplomatie (preventive diplomacy)
2. Friedensschaffung und Friedensdurchsetzung (peace making; peace enforcement)
3. Friedenssicherung (peace keeping)
4. Friedenskonsolidierung (peace building).

Das Personal setzt sich aus Militärs, Polizei und zivilen Mitarbeitern zusammen. Die Militärs sind Militärbeobachter und Blauhelme.

7.1.2 Friedenssicherung: Entstehung und Entwicklung

Das Instrument der Friedenssicherung hat sich im Laufe der UN-Geschichte zum essentiellen Bestandteil des Friedensregimes entwickelt. In seiner Evolution wurde das im Englischen als „Peacekeeping“ bekannte Mittel immer wieder auf die Bedürfnisse eines sich im Gestaltwandel befindenden Krieges zugeschnitten. Heute muss die Friedenssicherung auf das Phänomen der modernen Kriege eine passende Antwort finden und ist damit oft über die Belastbarkeitsgrenzen hinaus gefordert. Derzeit ein prominentes Werkzeug der Uno, war es in ihren Anfängen gar nicht vorgesehen. Deshalb sucht der, der die Friedenssicherung in der UN-Charta finden möchte, vergeblich. Dag Hammarskjöld löste dieses Problem, indem er Peacekeeping zwischen den Kapiteln VI und VII verortete und weiterfort vom Kapitel VI½ sprach. Liest man die Charta genau, so kann man auch in den Zielen und Grundsätzen der Vereinten Nationen sowie in Artikel 24 eine Begründung für die Installation von Blauhelmen finden. Das Instrument der Friedenssicherung wird deshalb als „implied power" der Uno bezeichnet. Ein Ausweg aus der völkerrechtlichen Grauzone wurde mit Resolution 45/75 vom 11. Dezember 1990 gefunden. Dort wurde erklärt, Peacekeeping sei ein integraler Bestandteil zur Stärkung der Uno bei der Wahrung des Weltfriedens und der internationalen Sicherheit.

Die UN-Friedenssicherung entwickelte sich in drei Phasen: der Gründung, der Etablierung zur Zeit der Bipolarität, der Ausdifferenzierung seit 1990. Die Entwicklungsgeschichte wurde durch drei Faktoren stark beeinflusst: durch den Zustand der Vereinten Nationen, die weltpolitischen Umbrüche und den Wandel des Konflikt- und Kriegsgeschehens. In der deutschen Literatur hat sich durchgesetzt, von den vier Generationen des Peacekeepings zu sprechen, um der Evolution und den unterschiedlichen Instrumenten aus dem Werkzeugkasten der Friedenssicherung Rechnung zu tragen. Es wird zwischen dem klassischen Peacekeeping (1. Generation), dem um zivile Aufgaben erweiterten Peacekeeping (2. Generation), dem robusten, weil militärisch erstarkten Peacekeeping (3. Generation) und einem Peacekeeping, das sich der Wiederherstellung ganzer staatlicher Ordnungen widmet (4. Generation), unterschieden (Kühne 2003, S. 716–718). Diese Einteilung ist eine rein akademische Übung, die zum besseren

Verständnis des komplexen Instruments beiträgt. Es sei deshalb darauf hingewiesen, dass in den meisten aktuellen UN-Friedensoperation Elemente aller Generationen vorhanden sind.

7.1.2.1 Der Beginn

Peacekeeping entwickelte sich aus einer Not heraus. Denn mit Ausbruch des Kalten Krieges musste die Staatengemeinschaft lernen, dass die vorgesehenen Instrumente zur Friedenswahrung und -sicherung vollkommen wirkungslos waren. In erster Linie war geplant gewesen, den Vereinten Nationen eigene Truppen für die kollektive Friedenssicherung zur Verfügung zu stellen. Ein solches Vorhaben war unter den Bedingungen des Ost-West-Konflikts nicht vorstellbar. Die Konflikte und Kriege nahmen auf die Unfähigkeit der Weltorganisation keine Rücksicht. Bereits in den vierziger Jahren brach der Nahost-Konflikt aus, der einer Reaktion der Vereinten Nationen bedurfte. Es mussten Auswege aus dem Dilemma, in dem sich die Uno befand, gefunden werden.

Bereits 1948 wurde unter dem Generalsekretär Trygve Lie die erste Beobachtermission der Vereinten Nationen installiert. Sie hatte die Aufgabe, den Waffenstillstand im Nahen Osten zu überwachen, nachdem in Folge der Ausrufung des Staates Israel Kämpfe ausgebrochen waren (S/RES/50 (1948) v. 29.05.1948). Die Friedensmission trug den Namen „United Nations Truce Supervision Organization“ (UNTSO) und bestand aus bis zu 250 Militärbeobachtern. Sie dauert bis heute an. Als reine Beobachtermission darf sie nicht mit den „Peacekeeping“-Missionen verwechselt werden. Bis zur weltpolitischen Wende wurden häufiger Operationen zur Friedensbeobachtung installiert als Peacekeeping-Operationen. Aufgrund der strikten Nichtbewaffnung und der lediglich beobachtenden Funktionen waren sie im Sicherheitsrat politisch weniger umstritten als die bewaffneten Blauhelm-Missionen.

„Peaceobserver" sind unbewaffnete und unparteiliche Soldaten. Sie beobachten in UN-Beobachtermissionen Waffenstillstände, Truppenbewegungen und entmilitarisierte Zonen.

Aktuelle Beispiele: UNTSO (Israel/Palästina seit 1948); UNMOGIP (Indien/Pakistan seit 1949); UNDOF (Golanhöhen; seit 1974).

Die „Blauhelme" wurden in den fünfziger Jahren unter maßgeblicher Mitwirkung des Generalsekretärs Dag Hammarskjöld kreiert. Er selbst bezeichnete die Erfindung der Friedenssicherung als „kopernikanische Wende in der UN-Strategie" (in Czempiel 1994, S. 114). Anlässlich der Suez-Krise wurde auf Basis der „Uniting for Peace"-Resolution die erste UN-Peacekeeping-Mission ins Leben gerufen (A/RES/1000 (ES-I) v. 5.11.1956). Sie trug den Namen „United Nations Emergency Force" (UNEF). Die 6.000 bewaffneten UNEF-Soldaten hatten die Aufgabe, den Waffenstillstand im Suez zwischen Israel und Ägypten zu sichern, den Rückzug der Armeen Großbritanniens, Frankreichs und Israels von ägyptischem Territorium abzusichern und danach eine Pufferzone zwischen Ägypten und Israel einzurichten. Diese Aufgaben waren fortan die klassischen Aufgaben der UN-Friedenssicherung. Erst Ende der achtziger Jahre wurden die Tätigkeitsfelder erweitert und sind seitdem im ständigen Wandel.

Der Weg zu UNEF war steinig. Der Sicherheitsrat war blockiert, da Großbritannien und Frankreich als Konfliktakteure eine Resolution verhinderten. Der Ausweg über eine Notfallsondertagung der Generalversammlung und der Entwurf der Resolution wurde von Kanada und Dag Hammarskjöld forciert. Der Generalsekretär prägte das Regime der UN-Friedenssicherung in seinen Berichten zur UNEF fundamental (A/3302 v. 6.11.1956 und A/3943 v. 9.10.1958). Seit dieser Zeit galten goldene Regeln in der Friedenssicherung, die erst durch den starken Wandel des Peacekeepings seit Mitte der neunziger Jahre aufweichten:

1. Die Voraussetzung für die Stationierung von Blauhelmen ist ein tragfähiger Waffenstillstand. Der Zustand des negativen Friedens muss also erreicht sein. Denn eine Grundmaxime lautet: „There is no peacekeeping if there is no peace to keep".
2. Für die Stationierung der Blauhelme ist der Konsens der beteiligten Parteien Voraussetzung. Das gilt in besonderem Maße für die Staaten, in denen die Blauhelme stationiert werden. „Status of Force Agreements" und spezielle „Memoranda of Understanding" stellen den Konsens sicher.
3. Blauhelme sind unparteilich. Sie müssen immer als solche zu erkennen sein. Sie tragen zwar die Uniform ihres Herkunftslandes, aber einen UN-Helm und benutzen weiße UN-Fahrzeuge.
4. Blauhelmen ist der Einsatz von Gewalt nur zur Selbstverteidigung erlaubt. Sie sind deshalb nur leicht bewaffnet.
5. Blauhelme unterstehen dem Kommando der Uno.
6. Ständige Sicherheitsratsmitglieder dürfen sich nicht an UN-Operationen beteiligen.
7. Blauhelme sind eine zeitlich begrenzte Unterstützungsmaßnahme im Notfall und keine dauerhafte Besatzungsmacht.

Die UN-Friedenssicherung beginnt 1956 mit UNEF I und der klassischen Form des Peacekeepings. Die klassische Form ist rein militärisch. Die unparteilichen Blauhelme sichern Waffenstillstandslinien und entmilitarisierte Zonen. Sie bilden Puffer zwischen Konfliktparteien. Waffengewalt ist nur zur Selbstverteidigung erlaubt. Diese Missionen werden „Kapitel VI"-Operationen genannt.

Beispiele: UNEF (Suez, 1956–1967); UNFICYP (Zypern, seit 1964); UNIFIL (Libanon, seit 1978).

7.1.2.2 Entwicklung bis 1990

Zur Zeit der weltpolitischen Spaltung wurde vom Instrument der Friedenssicherung selten Gebrauch gemacht. Die Vereinten Nationen hatten nur zehn Beobachtermissionen und acht Peacekeeping-Operationen ins Leben gerufen. Das hatte vor allem drei Gründe. In wichtigen internationalen Fragen war der Sicherheitsrat gespalten und handlungsunfähig. Außerdem waren die P5 oft selbst Konfliktpartei und an einer Befassung durch die Uno nicht interessiert, wie beispielsweise im Korea-Konflikt, während der Volksaufstände in der DDR, in Prag und Ungarn oder im Vietnam-Krieg. Drittens schwelten viele Konflikte, gerade in sub-Sahara Afrika, unter dem Deckmantel des Kalten Krieges vor sich hin und wurden durch die jeweilige „Schutzmacht" in Grenzen gehalten. Die Chancen für eine fundamentale Weiterentwicklung, die auf starken Erfahrungen und Lernprozessen beruht, waren gering. Deshalb blieb die Friedenssicherung bis in die achtziger Jahre hinein eng an UNEF I orientiert. Eine Ausnahme stellte die ONUC im Kongo dar, die 1960 bis 1964 als erste robuste, also militärisch hochgerüstete, Friedensdurchsetzungstruppe der Uno eingesetzt wurde.

Mit den Missionen in Angola (UNAVEM I) und Namibia (UNTAG) wurde der Instrumentenkasten der Friedenssicherung erweitert. In Namibia hatte UNTAG 1989 die Aufgabe, den Staat beim Übergang in die Unabhängigkeit von Südafrika zu unterstützen und insbesondere die Durchführung freier und fairer Wahlen abzusichern (S/RES/632 (1989) v. 16.02.1989). Dazu war nicht mehr nur Militär notwendig, sondern auch Zivilpolizei und Zivilisten. Das Mandat erlaubte die Stationierung von 7.500 Soldaten, von Polizeikräften und internationalen sowie lokalen zivilen Mitarbeitern. Zusätzlich hatte UNTAG alle traditionellen Aufgaben der Blauhelme zu erfüllen, beispielsweise den Rückzug der südafrikanischen Armee zu überwachen und klassische Sicherungsaufgaben wahrzunehmen. Im März 1990 wurde Namibia unabhängig und UNTAG verließ das Land. Deshalb zählt diese Mission zu den Erfolgsgeschichten der UN-Friedenssicherung. Dabei muss man wissen, dass die Vereinten Nationen unter besonderer Mitwirkung Deutschlands schon seit den siebziger Jahre auf eine UN-Blauhelmmission in Namibia gedrängt und sich deshalb lange und intensiv mit deren Planung und Ausgestaltung befasst hatten. Das ist nicht der Normalfall.

Dieses „erweiterte" Peacekeeping ist seit Namibia die gängige Form der Friedenssicherung. Neben der Wahlhilfe erfüllen die zivilen, polizeilichen und militärischen UN-Mitarbeiter weitere Funktionen, um dem Staat auf dem Weg zu Stabilität, Sicherheit und Frieden zu helfen. Sie organisieren die Rückführung und Wiederansiedelung von Flüchtlingen, die Verteilung der humanitären Hilfe, den Aufbau des staatlichen Verwaltungs-, Polizei- und Militärapparats. Sie unterstützen beim Aufbau der Justiz, der Infrastruktur und medizinischen Versorgung. Sie sind für die Entwaffnung, Demilitarisierung und Repatriierung von Rebellen verantwortlich. Sie unterstützen den Staat also bei vielen staatlichen Funktionen, um den Frieden dauerhaft zu sichern. Dabei verschwimmen die Grenzen zwischen Peacekeeping und Post-Conflict Peacebuilding.

Im „erweiterten" Peacekeeping treten zu den militärischen Aufgaben zivile Aufträge. Die Operationen setzen sich aus Militärs, Polizei und zivilen Mitarbeitern zusammen.

Beispiele: UNAVEM (Angola, 1989–1991); UNTAG (Namibia, 1989/1990); UNTAC (Kambodscha, 1992/1993).

7.1.2.3 Nach 1990

Nach dem Ende des Ost-West-Konfliktes änderten sich diese Parameter grundsätzlich. Friedenssicherung erlebte eine Hochphase, die auf drei Entwicklungen zurückzuführen ist. Die Vereinten Nationen waren erstmals in ihrer Geschichte voll handlungsfähig. Das betraf vor allem den Sicherheitsrat, der nicht mehr als Schaubühne des Kalten Krieges instrumentalisiert werden konnte. Zweitens hatte die gesamte Weltgemeinschaft große Erwartungen an diese neu erstarkte Uno, besonders in ihrem genuinen Handlungsbereich „Frieden und Sicherheit". Die Mandatierung der US-geführten Koalition „Desert Storm" im zweiten Golfkrieg durch einen entschlossenen Sicherheitsrat führte der Weltgemeinschaft die Leistungsfähigkeit der Uno vor Augen. Drittens veränderte sich das Konfliktgeschehen mit dem Ende der Bipolarität grundlegend. Wurden bis 1945 80 % aller Kriege zwischen Staaten ausgetragen, so sind Kriege und Konflikte heute zu 97 % innerstaatlicher Natur. Nach dem Ende des Ost-West-Konflikts brachen vor allem innerstaatliche Konflikte, die unter dem bipolaren Deckmantel schon lange Zeit vor sich hinschwelten, neu auf. Volksgruppen begehrten auf und versuchten gewaltsam die Regierungsmacht zu übernehmen. Tief verwurzelte ethnische, nationalistische und religiöse Konflikte und Fehler aus der Phase der Entkolonialisierung traten an die Oberfläche und entwickelten sich schnell zu Bürgerkriegen mit genozidalen Zuständen. Der Kampf um Land und Ressourcen, Armut und humanitäre Notlagen sowie Zentrums-Peripherie-Konflikte traten verschärfend hinzu. Die Vereinten Nationen waren schon kurz nach der Zeitenwende über alle Maßen gefordert, in Somalia, Ruanda und Jugoslawien. Diese Konflikte überforderten die Vereinten Nationen, deren Kapazitäten und Fähigkeiten begrenzt und vom Willen der Nationalstaaten abhängig waren. Die UN-Missionen führten zu verheerenden Misserfolgen, teilweise sogar zur Konfliktverschärfung und zum Ende der Morgenröte im Glaspalast. Kofi Annan erklärt die Fehler der Uno in der ersten Hälfte der neunziger Jahre so: „Die Ursachen für die Katastrophen bei der Friedenssicherung in den frühen neunziger Jahren, die aus dem Missbrauch dieses wichtigen Instruments resultierten, reichen zu ihren Ursprüngen zurück. Friedenssicherung entstand bald nach der Gründung der Uno als eine Bündel praktischer Reaktionen auf die globale Sicherheitslage." (Annan 2013, S. 51) UN-Friedenssicherung war eben kein strategisch geplantes und am Reisbrett entworfenes Konzept, sondern ein organisch gewachsenes und facettenreiches Instrument, mit allen daraus erwachsenden Defiziten.

Die Traumata der internationalen Staatengemeinschaft in Ruanda, Somalia und Jugoslawien führten zu einer Anpassung des Instrumentenkastens an die Erfordernisse der neuen Kriege. In Ruanda konnte die klassische Blauhelm-Mission UNAMIR den 100-Tage dauernden Völkermord der Hutu-Volksgruppe an 75 % der ruandischen Tutsi nicht verhindern. Sie war viel zu spät eingesetzt worden und hatte weder das erforderliche Mandat, das Elemente der Friedensdurchsetzung hätte beinhalten müssen, noch die notwendigen militärischen Kapazitäten. Im bosnischen Srebrenica wurde der Massenmord an 8.000 Bosniern durch die Armee der Republik Srpska trotz der Schutzzone der UNPROFOR-Blauhelme nicht verhindert. Auch die UNPROFOR hatte weder das Mandat noch die nötige militärische Ausrüstung. Zudem lehnten die Entsendestaaten der UNPROFOR die Gewaltanwendung gegen die bosnischen Serben ab. In Somalia reagierte die Uno viel zu spät und erst nach starken Medienkampagnen auf die durch den Bürgerkrieg verschärfte humanitäre Krise. Das Kontingent der UNOSOM I wurde durch eine Eingreiftruppe der USA (UNITAF) ersetzt, die sich nicht der Unparteilichkeit verschrieben hatte. Die Nachfolgemission UNOSOM II wurde wie die US-geführte Operation als parteilich wahrgenommen. Die Blauhelmtruppe hatte damit ihre Glaubwürdigkeit verloren.

Mit UNOSOM II wurde jedoch der Werkzeugkasten des Peacekeepings essentiell erweitert, um die Blauhelme mit der nötigen Durchsetzungskraft auszustatten. Fungierten die Blauhelme der traditionellen und erweiterten Form als Erfüllungsgehilfe nach Kap. VI der UN-Charta, so wurden die neuen Missionen nach Kap. VII mandatiert. Man spricht auch von „robusten Mandaten". Diese Mandate statten die Blauhelme mit der grundsätzlichen Möglichkeit aus, militärisch einzugreifen, sollte das Mandat der Uno zu schützen und durchzusetzen sein. Seit einigen Jahren dürfen Blauhelme auch dann Gewalt anwenden, wenn es gilt, die Zivilbevölkerung zu schützen. Diese Entwicklung korrespondiert mit dem Konzept der menschlichen Sicherheit und der Norm der Schutzverantwortung. Heute sind fast alle Operationen mit einem solchen robusten Mandat ausgestattet.

Der Blick in das Mandat, das viel versprechend mit Kapitel VII autorisiert ist, trügt jedoch oft. Robust ist weder mit offensiver Gewaltanwendung noch mit Friedenserzwingung gleichzusetzen (Nitzschke und Wittig 2007, S. 89). Nur in der DR Kongo ist derzeit mit MONUSCO ein friedenserzwingendes Element in einer UN-Truppe vorhanden. In der Realität der UN-Friedenssicherung sind viele offiziell robuste Friedenstruppen nur zur Selbstverteidigung imstande. Die Ursachen für diese Diskrepanz zwischen Sollen und Sein sind vielfältig. Die Übersetzung des Mandats in Einsatzregeln, die so genannten „Rules of Engagement", lässt den Entsendestaaten viel Handlungsspielraum, um sich robusten Aufgaben zu entziehen. Der Staat, in dem der Einsatz stattfindet, kann die robusten Einsatzregeln zudem auf ein kleines Operationsgebiet eingrenzen und im übrigen Einsatzgebiet nur Operationen nach Kap. VI erlauben. Und nicht selten fehlen schlicht die geforderten militärischen Fähigkeiten und dafür ausgebildete Soldaten. Man sollte sich deshalb nicht auf das Lesen eines Mandats verlassen, sondern immer einen genauen Blick in die Praxis, „into the field", wagen.

Trotzdem – in vielen Fällen wird gezielt militärische Gewalt angewandt, um das Mandat umzusetzen. Diese Erweiterung des Peacekeepings hat zur Folge, dass die goldenen Regeln Dag Hammarskjölds aufgeweicht wurden. Denn in den modernen Konflikten wendet die Truppe nicht nur Waffengewalt außerhalb der Selbstverteidigung an, sondern findet oftmals auch nur äußerst brüchige Waffenstillstände vor. Von einem stabilen Umfeld kann also keine Rede sein, so dass hohe Risiken für die UN-Truppe, die Wahrscheinlichkeit von Eskalationen und eines erneuten Misserfolgs der Uno immer latent vorhanden sind. Heute sind aufgrund der Veränderungen der Friedenssicherung nur noch drei Prinzipien unumstößlich (UN 2008, S. 31–35):

1. Der Konsens der involvierten Parteien
2. Die Unparteilichkeit der Blauhelme
3. Militärische Gewalt zur Selbstverteidigung, aber auch zur Verteidigung des Mandats und zum Schutz der Zivilbevölkerung.

Die Problematik der „failing/failed states" brachte es zusätzlich mit sich, dass die UN-Blauhelme oft in Staaten eingesetzt sind, die diese Bezeichnung nicht mehr verdienen oder gerade erst im Entstehen begriffen sind. Früher sprach man von Staatenbildungskriegen, heute treten vermehrt Staatenzerfallskriege in Erscheinung.

In solchen Einsatzgebieten hat die UN-Truppe nicht nur die erweiterten Aufgaben der Post-Namibia-Generation und ein robustes Mandat, sondern übernimmt quasi-staatliche Funktionen. Die Uno wird Treuhänder des Staates und wird übergangsweise dessen Verwalter. Eine solche Mission war beispielsweise im Kosovo ab 1999 im Einsatz, als die UN-Blauhelmtruppe UNMIK gemeinsam mit der schlagkräftigen NATO-Truppe KFOR, der OSZE und der EU die Übergangsverwaltung des Kosovo stellte. Immer stärker arbeitet die Uno daran, die verschiedenen Einsatzkräfte mit ihren unterschiedlichen Aufträgen in ein gemeinsames politisch-strategisches Management einzupassen. Die politische Vorgabe der Gegenwart und Zukunft lautet Integration statt Koordination. In diesen sogenannten „integrierten Missionen" arbeiten militärische, polizeiliche und zivile Kräfte Hand in Hand. Sie stimmen ihre Aufgaben nicht nur aufeinander ab, sondern bemühen sich, eine operative Einheit zu bilden und sich im Sinne einer gemeinsamen Vision zu engagieren. Eine scharfe Trennung zwischen Friedenssicherung und Friedenskonsolidierung ist in diesen Missionen nicht mehr möglich.

Im „robusten" Peacekeeping ändert sich die militärische Ausstattung der Soldaten. Mit schwerer Bewaffnung ist es ihnen jetzt erlaubt, Waffengewalt zur Verteidigung des Mandats und zum Schutz der Zivilbevölkerung anzuwenden. Diese Missionen nennt man „Kapitel VII"-Operationen.

Beispiele: UNOSOM II (Somalia, 1993–1995); MONUC (DR Kongo, 1999–2010); MONUSCO (DR Kongo, seit 2010)

„Integrierte" Missionen übernehmen exekutive Funktionen. Die Uno fungiert als Übergangsverwaltung.

Beispiele: UNMIK (Kosovo, seit 1999); UNMIT (Timor-Leste, 2006–2012).

7.1.3 Der neue Peacekeeper

Mit der Jahrtausendwende und nach zahlreichen Reformen wurde das Instrument der Friedenssicherung stärker angefragt und wiederbelebt. Seitdem erlebt es eine Renaissance und eine sukzessive Anpassung an die Welt der „neuen Kriege". Wurden in den Jahren des Kalten Krieges nur insgesamt 16 Missionen ins Leben gerufen, sind seitdem fast 50 Missionen mandatiert worden (Nitzschke und Wittig 2007, S. 89). Seit einigen Jahren sind konstant bis zu 90.000 Peacekeeper und circa 20.000 zivile Mitarbeiter im Einsatz. 75 % der Blauhelme sind in Afrika stationiert.

Heute sind Peacekeeping-Missionen multifunktional, multidimensional und integriert. Sie erfüllen die Aufgaben des traditionellen Peacekeepings ebenso wie die der erweiterten Form. Die Operationen sind robust mandatiert und übernehmen sogar quasi-staatliche Funktionen. Ihre Grenzen zu anderen Formen der Friedensoperationen, zur Friedensschaffung und Friedenskonsolidierung, lösen sich auf. Ihre Zusammensetzung ist multipersonell. Polizisten, internationale zivile Mitarbeiter, lokale zivile Mitarbeiter, Militärbeobachter, leicht bewaffnete und schwer bewaffnete Blauhelme arbeiten unter einem Schirm und auf Basis eines Mandats zusammen. Die Missionen des neuen Typs werden aufgrund ihrer vielfältigen Aufgaben und ihrer heterogenen Zusammensetzung als multidimensional bezeichnet. Es ist das erklärte Ziel der Vereinten Nationen, die vielen Akteure und Bürokratien, die mit der Durchführung einer Mission betraut sind, noch stärker zu vernetzen und unter dem Schirm eines umfassenden Krisen-Managements zu integrieren (UN 2008, S. 53, 54). Zudem setzen die Vereinten Nationen immer stärker auf ein partnerschaftliches Peacekeeping, in dem sich Lasten und Aufgaben auf mehreren Schultern verteilen. So arbeiteten EU und Uno seit 2003 mehrmals Hand in Hand, um in der DR Kongo und im Grenzgebiet zwischen Tschad/Sudan/Zentralafrikanische Republik für mehr Sicherheit und Stabilität zu sorgen (Scheuermann 2012). Im Darfur teilen sich AU und Uno sogar die Aufgaben unter dem Dach einer gemeinsamen „Hybrid-Mission“ mit dem Namen UNAMID. Die partnerschaftliche, integrierte und multidimensionale Friedenssicherung ist der einzige Erfolg versprechende Weg in die Zukunft des UN-Friedensregimes. Das wird deutlich, wenn man sich dessen Defizite bewusst macht.

7.1.4 Probleme der Friedenssicherung und Lösungsansätze

In vielen Reformanstrengungen wurden die Hauptdefizite der Friedenssicherung angegangen und teilweise beseitigt. Die „Agenda für den Frieden“ von 1992 entwarf erstmals ein klares Konzept zum Thema Friedensoperationen und regte die Partnerschaft mit Regionalorganisationen an. Der Brahimi-Bericht aus dem Jahre 2000 wartete mit einem ganzen Bündel von organisatorischen und konzeptionellen Reformvorschlägen auf. Beispielsweise forderte er klare, robuste und glaubwürdige Mandate und unterstrich die Bedeutung regionaler Kooperationen. Die

Capstone-Doktrin von 2008 und der 2009 initiierte New Horizon-Prozess zur Reform der Friedenssicherung regen die Weiterentwicklung des integrierten Ansatzes an und rufen vehement zur Zusammenarbeit mit anderen Organisationen auf. Letzterer Appell wurde längst gehört und die gemeinsame Arbeitsteilung zwischen Uno und anderen internationalen Verbünden ist Realität. Doch auch die Unterstützung durch Partner hilft nicht über die größtenteils systemischen Probleme der UN-Friedenssicherung hinweg. Es ist ein variationsreiches Bündel von Defiziten, das die UN-Friedenssicherung in ihrer Arbeit behindert. Einige wichtige Mängel und Lösungsansätze seien hier genannt:

Das Grundproblem der Friedenssicherung sind mangelhafte Kapazitäten in den Einsatzgebieten und im New Yorker UN-Hauptquartier. Zu wenig Geld, zu wenig Personal sowie eine zu schlechte Ausstattung der Truppe ist das dominierende Defizitbündel. Im Vergleich mit den anderen Sicherheitsinstitutionen wie NATO oder EU wird deutlich, dass die UN-Friedenssicherung „der Discounter unter den Friedenssicherungsanbietern" ist (Brown 2007, S. 158). Oftmals führen lange Stehzeiten der Militärs aufgrund von Personalmangel, die schlechte Ausstattung und fehlende Einsatzvorbereitung zu eklatantem Fehlverhalten der Blauhelme. Auch Verhaltenskodices wie die 2005 eingeführte „Comprehensive Strategy to Eliminate Future Sexual Exploitation and Abuse in UN Peacekeeping Operations" zeitigen noch nicht den gewünschten Erfolg. Mit besseren Ausbildungsstandards und dem neu eingerichteten „Department of Field Support" will die Uno die Mängel sukzessive beseitigen. Das DPKO, das als Hauptquartier fungiert, ist angesichts des Managements von bis zu 18 Missionen und 100.000 Peacekeepern bei einer Mitarbeiterstärke von 600 zudem schlicht überfordert. Das zeigt auch Abb. 7.1 (aus Trettin und Winckler 2012, S. 118).

Eine nachhaltige Behebung vieler dieser Mängel wäre realistisch, wenn ein weiteres Defizit, die Rollenverteilung zwischen Truppenstellern und Zahlen, aufgegeben würde. Die Truppen in

	2002/03	2003/04	2004/05	2005/06	2006/07
Personal im Feld	57.018	68.722	81.593	89.104	100.981
Stellen im DPKO	593	595	601	630	679
Verhältnis Stellen DPKO zum Personal im Feld	1:96	1:115	1:136	1:141	1:149

Abb. 7.1 Verhältnis Personal am Amtssitz zum Personal im Feld

UN-Friedensoperationen setzen sich hauptsächlich aus den wenig entwickelten Staaten Südasiens und Afrikas zusammen. Die fünf größten Truppensteller waren 2013 Pakistan, Bangladesch, Indien, Äthiopien und Nigeria (DPKO 2013; Stand November 2013). Sie profitieren vom vergleichsweise hohen UN-Sold der Soldaten. Die westlichen Staaten, insbesondere auch Deutschland, sind mit der Bereitstellung von Soldaten mehr als zurückhaltend. Die Einsätze sind in der Bevölkerung nicht sehr beliebt, sie sind selten plan- und absehbar, oftmals eskalieren sie, realistische Exit-Strategien sind selten. Die zahlenden Staaten sind die großen, den Vereinten Nationen stark verbundenen Industriestaaten Kanada, Japan, Norwegen, Spanien und Schweden (MFAT 2013, S. 118). Es herrscht also eine eklatante Lücke zwischen Truppenstellern, den autorisierenden Staaten des UN-Sicherheitsrats und den Zahlern. Einer UN-Mission begegnen so mindestens drei verschiedene Erwartungshaltungen und Zielvorstellungen.

Ein strukturelles Problem kommt hinzu: die unterschiedlichen Verantwortungsketten innerhalb der Uno. Die Friedenssicherung stützt sich auf den Sicherheitsrat als den rechtlichen Herrn der Mission. Der eigentliche politische Kopf ist jedoch der Generalsekretär. Für die Implementierung ist das DPKO als Hauptquartier und der Sondergesandte des Generalsekretärs (Special Representative of the Secretary General/SRSG) als politischer Leiter der Mission zuständig. Auch das neue DFS spielt bei der Operation im Bereich der Logistik und Verwaltung eine wichtige Rolle. Hat die Operation große zivile Anteile, ist das DPA mitverantwortlich. Zudem ist das DPKO für sich alleine genommen ein Koloss von 29 Organisationseinheiten. Zwar sind Arbeitsteilung und Spezialisierung grundsätzlich positiv zu bewerten, doch kann Verantwortungsdiffusion, eine erschwerte interne Koordinierung und Integration die Folge sein (Trettin und Winkler 2007, S. 118).

Als vierter Mangel schlägt die oftmals unklare Mandatierung, die bereits angesprochen wurde, zu Buche. Dem wird seit dem Brahimi-Bericht jedoch kontinuierlich entgegengewirkt. Der Generalsekretär kommt beispielsweise der Forderung Brahimis nach, nur die Mandate zu unterstützen, die glaubwürdig, robust und machbar sind. Zudem machen sich Fact-Finding-Missionen früh ein Bild von der Lage vor Ort. Seit einigen Jahren sind die Mandate ausführlicher und listen die Aufgaben der Missionsteile detaillierter auf. Dabei sei auf eine Illusion hingewiesen, der man gerne verfällt: mit einer umfassenden Aufzählung der Aufgaben sind diese keineswegs erfüllt oder erfüllbar. Diese Praxis leistet unter Umständen sogar dem „blame game" Vorschub, das die Fehler nur noch im Feld sucht. Zudem wird mit Benchmarks gearbeitet, die einen relativ klaren Zielkatalog für die Mission vorgeben und eine Exit-Strategie zumindest erahnen lassen. Bei aller Kritik an den Mandaten muss zudem klar sein, dass sie ein politischer Aufgabenkatalog sind, der im DPKO erst in militärische Operationspläne, Strategien und Einsatzregeln umgeschrieben werden muss.

Ein fünfter eklatanter Mangel ist die verspätete Reaktion auf Konflikte. Die schleppende Entscheidungsfindung aufgrund fehlenden Willens im Sicherheitsrat, die zeitliche Lücke zwischen Mandatierung und Stationierung der Blauhelme (sog. „Entsendelücke"), die zögerliche Aufnahme der Aufgaben vor Ort führen zu einer verspäteten Reaktion auf den Konflikt. Annan erkennt darin das größte Problem der Friedenssicherung. Er nennt es die

„Komplizenschaft mit dem Bösen – das untätige Danebenstehen in voller Erkenntnis des Grauens, das zu beenden in ihrer Macht stand." (Annan 2013, S. 106) Mit einem 1994 eingeführten „Standby-Arrangement" (UNSAS) wollte man die Reaktionsfähigkeit der Uno verbessern. Es ist ein Verzeichnis der Truppen, der Ausrüstung und des militärischen Materials, das in einem Zeitraum von dreißig oder neunzig Tagen zur Verfügung stehen soll. Deutschland trat UNSAS 1998 mit ausschließlich zivilen Beiträgen bei. Erst zwei Jahre später machte es militärische Angaben. UNSAS sieht jedoch keinen Automatismus vor. Die Uno muss die Staaten ad hoc um einen Beitrag bitten, der jederzeit zurückgewiesen werden kann.

Die Situation vor Ort ist das sechste und nicht UN-systemische Problem der Friedenssicherung. Die Mechanismen der modernen Konflikte bringen es mit sich, dass sich Situationen sehr schnell verändern können. Die Peacekeeper finden nicht selten eine Lage vor Ort vor, auf die das Mandat nicht antwortet. Daran können auch vorausgegangene Fact-Finding-Missionen und die Lageanalysen im „Peacekeeping Situation Centre" nichts ändern.

Auch die Diskrepanz zwischen Erwartungen und tatsächlichen Fähigkeiten spielt eine große Rolle bei der Defizitbilanz. Die Weltgesellschaft, die Medien und nicht zuletzt die Uno selbst erwarten mehr von der UN-Friedenssicherung, als diese leisten kann. Auch hier hat Annan ein wahres Wort gesprochen: „Friedenssicherungskräfte können die Machtverhältnisse in Konflikten nicht entscheidend verändern. In dieser Hinsicht kann Friedenssicherung nie ein primäres, sondern nur ein sekundäres Friedensinstrument sein." (Annan 2013, S. 105).

In Zeiten der menschlichen Sicherheit, in der Friedenssicherung immer mehr dem Schutz der Zivilbevölkerung dienen muss, ist das Regime mehr denn je herausgefordert. Ein globales und nicht-diskriminierendes Friedenssicherungssystem wird heute eingefordert, in dem Netzwerke, Koalitionen, Partnerschaften an erster Stelle stehen, um den Defiziten entgegenzuarbeiten (Tanner 2010, S. 209 ff.). Das inter-institutionelle Netzwerk der stark fragmentierten Uno muss ausgebaut werden. Es sollte aufgrund der multidimensionalen und integrierten Missionen über eine bessere Kooperation zwischen dem Sicherheitsrat und der Generalversammlung nachgedacht werden, die in eine gemeinsame Institution nach Vorbild der „Peace Building Commission" münden könnte (Kennedy 2007, S. 299) Formale Partnerschaften mit Regionalorganisationen müssen von der ad hoc-Kooperation zur formalisierten, dauerhaften Beziehung entwickelt werden (Scheuermann 2012). Friedenssicherung muss noch stärker als integraler Part einer breiteren Antwort auf Herausforderungen der Friedenskonsolidierung begriffen werden und der Schutz der Zivilbevölkerung eine inklusive Aufgabe aller Friedensanstrengungen sein (Tanner 2010, S. 213). Die Uno ist in diesem Politikfeld trotz aller Defizite auf einem guten Weg.

7.1.5 Friedenssicherung im Wandel der Zeit

Krisenprävention, Friedenschaffung, Friedenssicherung und Friedenskonsolidierung sind die Instrumente der Vereinten Nationen, um den internationalen Frieden und die Sicherheit dauerhaft zu bewahren oder nachhaltig wieder herzustellen. Diese Vierteilung hat seit der „Agenda für den Frieden" Bestand und wird mittels neuer Strukturen in der UN-Familie, neuer Konzepte und neuer Instrumente kontinuierlich ausdifferenziert und an die neuen Realitäten des Konfliktgeschehens angepasst. Unter Dag Hammarskjöld ins Leben gerufen, hatten die Blauhelme bis in die achtziger Jahre hinein die Aufgabe, als Puffer zwischen den Streitparteien zu fungieren und Waffenstillstände abzusichern. Die klassischen Blauhelme waren nur leicht bewaffnet, da sie Waffengewalt nur zur Selbstverteidigung anwenden durften und als „neutral" wahrgenommen werden mussten. Sie wurden nur dann installiert, wenn ein Konsens der Streitparteien und ein stabiler

Waffenstillstand vorlagen. Ende der achtziger Jahre erweiterte sich das Aufgabenspektrum der UN-Friedenssicherung. Zivile Aufgaben kamen hinzu und das Personalspektrum wurde auf Polizei und zivile Mitarbeiter ausgedehnt. Mit den „neuen Kriegen“ der neunziger Jahre kam die bittere Erfahrung, dass die Blauhelme fortan als „Friedensengel im Kampfanzug“ (Meyer 1996) gefragt waren. Somalia war die Geburtsstunde des „robusten Peacekeepings“. Blauhelmen wurde es fortan gestattet, Waffengewalt zur Verteidigung des Mandats und immer mehr auch zum Schutz der Zivilbevölkerung einzusetzen. Heute ist Friedenssicherung multidimensional. Die Grenzen zwischen Friedensschaffung, Friedenssicherung und Friedenskonsolidierung verschwimmen zusehends. Friedenssicherer werden im „New Horizon“-Bericht sogar als „early peacebuilder“ charakterisiert. Die Zukunft der Friedensoperationen ist ein integrierter, inklusiver und globaler Ansatz, der alle Akteure der Global Governance vernetzt.

7.2 Für Menschenrechte: Auf dem Weg zum Leben in Würde

Neben dem Engagement für Frieden und Sicherheit zählen die Vereinten Nationen den Einsatz für den Fortschritt der Menschenrechte zu ihren Hauptaufgaben. Das wurde bereits in den Vorverhandlungen zur Gründung der Uno unterstrichen und fand Eingang in die UN-Charta (Präambel, Art. 1.3, Kap. IX UN-Charta). Die Uno beförderte die Menschenrechte damit erstmals in der Geschichte der Menschheit aus dem innerstaatlichen Raum, in dem der souveräne Staat Herr und Richter über die Menschenrechte war, in die internationale Sphäre. Die völkerrechtliche Ordnung wurde so „zum Anwalt des Individuums“ (Fassbender 2008, S. 3).

Die Weltorganisation ist im Bereich der Menschenrechte sowohl als Programmorganisation als auch als operative Organisation aktiv. Sie engagiert sich führend bei der Kodifizierung der Menschenrechte und Menschenrechtsstandards. Sie entwickelt Kontrollmechanismen zum Schutz der Menschenrechte weiter und installiert neue Institutionen. Sie fördert mit ihren Programmen und Fonds die Verankerung der Menschenrechte in der Gesellschaft. Die folgenden Abschnitte werden als Einführung und Anregung verstanden, sich tiefer in die Materie einzuarbeiten.

7.2.1 Die Uno als Normsetzer

Keine anderen Normen haben sich im internationalen System so schnell und global verankert wie die Menschenrechtsnormen, schreiben Normand und Zaidi in ihrem Band zur Menschenrechtspolitik der Uno (2008, S. 8). Daran hat die Weltorganisation entscheidenden Anteil. Unter ihrem Dach wurden die „drei Generationen der Menschenrechte“ in kodifiziertes Recht gewandelt: 1) die bürgerlichen und politischen Freiheits- und Beteiligungsrechte, die individuelle Abwehrrechte gegen den Staat darstellen (Lederer und Obser 2011, S. 256); 2) die sozialen, wirtschaftlichen und kulturellen Rechte; 3) die neueren, inhaltlich heterogenen Rechte wie das Recht auf Entwicklung und Umwelt, die nicht auf das Individuum, sondern das gesellschaftliche Kollektiv ausgerichtet sind (Lederer und Obser 2011, S. 256). Letztere sind eher als Zielbeschreibungen denn Rechtspositionen zu verstehen (Fassbender 2008, S. 6). Lederer und Obser erkennen bereits die Entstehung einer vierten Generation, die sich um die Individualisierung der Kollektivrechte bemüht (2011, S. 256).

Der bedeutendste Markstein wurde bereits in den Gründungsjahren der Uno gelegt. Unter großem Einsatz von Eleanore Roosevelt, der Witwe des amerikanischen Präsidenten und ersten US-Delegierten bei den Vereinten Nationen, verabschiedete die

Generalversammlung am 10. Dezember 1948 die „Allgemeine Erklärung der Menschenrechte“ (AEMR; A/RES/217 (III) v. 10.12.1948). Die Bestimmungen der AEMR waren das Signum des weltgesellschaftlich erlangten Erwartungshorizonts für den staatlichen Umgang mit den Menschenrechten (Fassbender 2008, S. 4). „Die Sprache der AEMR atmet das Pathos neuzeitlicher Freiheitskataloge“ (Weiß 2007, S. 165). Dieser Erklärung wird trotz der fehlenden rechtlichen Bindewirkung universelle Gültigkeit zugesprochen, auch wenn die Kontroverse darüber noch immer anhält. Rainer Huhle gelingt mit einer Nachzeichnung der historischen Debatte bei der Ausarbeitung der AEMR der Nachweise, dass „die an der Erarbeitung der Erklärung aus allen Kulturkreisen der Welt sich ausnahmslos bewusst waren, dass sie eine Erklärung von universeller Gültigkeit schaffen wollten“ (Huhle 2011). Die AEMR entfaltete große normative Kraft und wurde in viele bindende Rechtsquellen integriert. So wundert es auch nicht, dass die AEMR das weltweit am häufigsten übersetzte und verbreitete internationale Dokument ist (Gareis und Varwick 2006, S. 170). In ihr wurde der zentrale Grundsatz der menschlichen Würde niedergeschrieben, der in abgewandelter Form auch den Auftakt des deutschen Grundgesetzes bildet: „Alle Menschen sind frei und gleich an Würde und Rechten geboren. Sie sind mit Vernunft und Gewissen begabt und sollen einander im Geiste der Brüderlichkeit begegnen.“ (Art. 1 AEMR)

Die AEMR enthielt neben der Feststellung der grundlegenden Menschenrechte und Grundfreiheiten auch einen Katalog über die Menschenrechte der ersten und zweiten Generation. Die dort aufgeführten Rechte wurden aufgrund der Blockkonfrontation erst 1966 in völkerrechtliche Verträge gegossen (Weiß 2011, S. 57). Die Generalversammlung einigte sich am 16.12.1966 auf den „Internationalen Pakt über bürgerliche und politische Rechte“ (Pakt I) und den „Internationalen Pakt über wirtschaftliche, soziale und kulturelle Rechte“ (Pakt II). Die Texte schreiben beispielsweise das Recht auf Nahrung, Arbeit und Gesundheit (Pakt

II), auf Leben und die Gedanken-, Religions- und Meinungsfreiheit (Pakt I) fest. Zusammen mit der AEMR werden diese Rechtsverträge als „International Bill of Human Rights" bezeichnet (Fassbender 2008, S. 5). Beide Pakte konnten aufgrund ideologischer Auseinandersetzungen zwischen Ost und West jedoch erst zehn Jahre später in Kraft treten. Heute sind 160 Staaten Vertragsstaaten der Pakte.

1986 führte die Uno mit der „Erklärung über das Recht auf Entwicklung" (A/RES/41/128 v. 4.12.1986) die dritte Generation der Menschenrechte ein. Sie brach mit einer Tradition, die mit der AEMR begonnen hatte: der Individualisierung von Menschenrechten. Die Erklärung betonte dagegen das kollektive Recht von Gruppen (Jolly et al. 2009, S. 59). 2010 wurde ein weiteres Recht der dritten Generation von der Generalversammlung als Menschenrecht anerkannt: das „Recht auf Wasser", das auf Betreiben Spaniens und Deutschlands auf die Agenda kam (A/RES/64/292 v. 28.07.2010). Dieses Recht wird als Voraussetzung für weitere Grundrechte, beispielsweise das Recht auf Leben und angemessene Ernährung (Zivilpakt II), erachtet und wurde deshalb eigens kodifiziert. Derzeit wird über ein „Menschenrecht auf Frieden" debattiert. Im Juni 2012 hat der Menschenrechtsrat über die Ausarbeitung eines Deklarationsentwurfes positiv beschieden. Das Menschenrecht bezieht sowohl Elemente des negativen Friedens (z. B. UN-Friedensoperationen, internationalen Frieden und Sicherheit nach UN-Charta), als auch Stützpfeiler des positiven Friedens (z. B. Umwelt, Entwicklung) ein. Rechtsträger dieses neuen Menschenrechts sollen Völker und Individuen sein, wohingegen die Staaten zur Einhaltung des Rechts verpflichtet sind (Heinz 2011, S. 223).

Weitere wichtige menschenrechtliche Vertragswerke sind in Abb. 7.2 aufgeführt.

Die Übersicht zeigt, dass viele Verträge von der Mehrheit der UN-Staaten unterzeichnet wurden. Diese Zahlen sollten aber nicht über die Realität der Menschenrechtssituation in vie-

Vertrag, Jahr des Inkrafttretens	Stand der Ratifikation (2013)
Konvention über die Verhütung und Bestrafung des Völkermords, 1951	175
Genfer Flüchtlingskonvention, 1951	145
Übereinkommen zur Beseitigung jeder Form der Rassendiskriminierung, 1969	175
Antifolterkonvention, 1984	153
Kinderrechtskonvention, 1989	193
Übereinkommen zur Beseitigung jeder Form von Diskriminierung der Frau (CEDAW), 1991	187
Römisches Statut des Internationalen Strafgerichtshofs, 2002	122
Internationale Vereinbarung zum Schutz der Wanderarbeitern und ihrer Familienangehörigen, 2003	46
Übereinkommen über Rechte von Menschen mit Behinderung, 2006	127
Übereinkommen zum Schutz aller Personen vor dem Verschwindenlassen, 2010	37

Abb. 7.2 Menschenrechtliche Vertragswerke

len Staaten der Erde hinwegtäuschen. Zwischen Anspruch und Wirklichkeit klafft eine eklatante Lücke. Gerade im Bereich der Menschenrechte musste die Staatengemeinschaft immer wieder erfahren, dass Papier geduldig ist. Auch Staaten wie Iran, Venezuela und Senegal haben beispielsweise den Zivilpakt II ratifiziert.

7.2.2 Die Uno als Kontrolleur der Menschenrechte

Um die Menschenrechtssituation zu verbessern und die Staaten bei der Einhaltung zentraler Menschenrechtsstandards zu disziplinieren, hat die Uno verschiedene Kontrollmechanismen ins Leben gerufen. Vertragsausschüsse wachen über die Einhaltung der Verträge. Sonderberichterstatter als „unabhängige Insider" untersuchen die themenspezifische Situation im Menschenrechtsschutz (Bielefeldt 2010). Der Internationale Strafgerichtshof verfügt zwar über keine Kontrollmechanismen, hat jedoch die Möglichkeit, Individualverbrechen gegen die Menschlichkeit zu ahnden und zu bestrafen. Auch wenn er nur ex-post verurteilen kann, dient er doch dem Schutz vor schwerwiegendsten

Menschenrechtsverletzungen, da von einer „generalpräventiven Wirkung von Strafrechtsnormen auszugehen ist" (Weiß 2011, S. 73). Neben dem 1993 installierten „Hohen Kommissar für Menschenrechte" ist der Menschenrechtsrat das wichtigste Organ für Menschenrechtsfragen.

7.2.2.1 Vertragsausschüsse

Zehn vertragsspezifische Ausschüsse überwachen die Implementierung der Menschenrechtsverträge. In periodischen Berichten müssen Staaten den Ausschüssen über den Status der Implementierung Auskunft erteilen. Das nennt man „Staatenberichtsverfahren". Auch Individualbeschwerden sind zulässig, falls ein Staat dem in den Zivilpakten verankerten Individualbeschwerdeverfahren zugestimmt hat. Alle neueren Menschenrechtsverträge enthalten dieses Beschwerdeverfahren, das stark genutzt wird (Weiß 2011, S. 63). Da diese Ausschüsse aber keine Sanktionsgewalt haben und die Berichte der Staaten meist mangelhaft sind, ist der Einfluss der „dritten Uno" hier besonders wichtig: INGOs erstellen Schattenberichte, die über die tatsächliche Situation im Land informieren.

7.2.2.2 Der Hohe Kommissar und sein Büro (OHCHR)

Das Büro des Hohen Kommissars für Menschenrechte (OHCHR) ist die zentrale Schaltstelle für den Menschenrechtsschutz der Uno. Es wurde auf Betreiben von INGOs nach der Menschenrechtskonferenz in Wien 1993 von der Generalversammlung ins Leben gerufen, um eine Stimme zu haben, die sich unabhängig und autoritativ gegen Menschenrechtsverletzungen ausspricht (Ndiaye 2013, S. 149). Das Organ hat die Aufgabe, die Menschenrechtsarbeit der Uno zu koordinieren, Menschenrechtsstandards weiterzuentwickeln und die Uno bei der Durchsetzung und Kontrolle der Menschenrechte zu unterstützen (A/RES/48/141 v. 20.12.1993). Das OHCHR ist als Programm im Sekretariat angesiedelt und wird durch einen „Hohen Kommissar" im Rang eines Untergeneralsekretärs geleitet. Seit 2008 wird das Amt von der Südafrikanerin Navanethem Pillay bekleidet. Sie wird in ihrer facettenreichen Arbeit von ihrem Genfer Büro unterstützt.

Das OHCHR leistet vor allem durch sein Engagement im Feld wichtige Beiträge zur Verbesserung der Menschenrechtssituation in instabilen Staaten. So unterhält das Büro derzeit zwölf Länderdependenzen in Staaten wie Bolivien, Kosovo und Uganda sowie zwölf Regionalbüros, die alle Regionen der Welt beobachten. Ein wichtiges Instrument der Menschenrechtsbeobachtung sind die Berichterstatter des Hohen Kommissars, die sich in Krisensituationen vor Ort ein Bild von der Lage machen. Bacre Waly Ndiaye, leitender Mitarbeiter im OHCHR, fordert aufgrund der Erfolgsbilanz der Krisenreaktionskräfte eine Ausbau der Krisenreaktionsinstrumente (Ndiaye 2013, S. 150).

Aufgrund der hohen Dichte an Mitarbeitern im Feld und der themenspezifischen Beobachter ist das OHCHR bestens informiert, wenn es um die menschenrechtliche Situation in den Staaten der Welt geht. Die jährlichen Berichte der Institution sind deshalb integraler Bestandteil der Tagungen des Menschenrechtsrats. Über die Jahre hat sich das Hochkommissariat zum einem „Korrektiv zur staatlichen Auffassung von Realität" im Menschenrechtsbereich entwickelt und sich durch die Ausweitung seiner Aufgaben den aktuellen Wirklichkeiten angepasst (Rathgeber 2013, S. 159). Nach Ansicht von Theodor Rathgeber wird die Rolle als Korrektiv aufgrund der Debatten um die Entwicklungen der Global-Governance-Struktur auf Basis von völkerrechtlich bindenden Grundrechten bei zeitgleichen Konfliktsituationen sowie angesichts der dramatischen Problemen wie der Wirtschaftskrise weiter zunehmen (2013, S. 159). Die

Arbeitsintensität und Erfolgsbilanz des OHCHR treffen jedoch nicht überall auf Gegenliebe. Einige Staaten würden die Autonomie des Büros gerne limitieren und den Hochkommissar den Weisungen des Generalsekretärs unterstellen (DGVN 2011).

7.2.2.3 Der Menschenrechtsrat

Der Menschenrechtsrat (MRR) ging 2006 aus der Menschenrechtskommission (MRK) hervor, die aufgrund massiver Kritik durch dieses neue Gremium ersetzt wurde (A/RES/60/251 v. 15.03.2006). Die Staats- und Regierungschefs waren während des Millennium +5-Gipfels auf Initiative des UN-Generalsekretärs und seines Expertengremiums übereingekommen, dieses Organ von Grund auf zu reformieren. Ist der Wille der Staaten vorhanden, sind die Vereinten Nationen also sehr wohl reformierbar. Bevor die wichtigsten Informationen zum MRR gegeben werden, sollte geklärt werden, wieso es überhaupt einer so grundlegenden Neuordnung bedurfte.

Die Menschenrechtskommission war 1946 als zentrale Institution des Menschenrechtsschutzes der Uno gegründet worden. Sie setzte sich aus 53 weisungsgebundenen Regierungsvertretern zusammen, die nach einem die G77 bevorzugenden geografischen Verteilungsschlüssel vom ECOSOC gewählt wurden. Die Legislaturperiode wurde auf drei Jahre mit unbegrenzter Wiederwahl festgelegt. Die MRK unterstand dem ECOSOC und war hinsichtlich ihrer Besetzung stark an die Vorschläge aus den Regionalgruppen gebunden. Letzteres sollte sich im weiteren Verlauf ihrer Existenz als Einfallstor für Defizite erweisen.

In ihren Anfängen hatte die MRK die Aufgabe, bei der Ausarbeitung der AEMR mitzuwirken und die Kodifizierung der Menschenrechtsstandards, die in der AEMR und weiteren Verträgen verschriftlicht worden waren, zu fördern. Im Zuge der Entkolonialisierung und in auf Reaktion auf diverse Menschenrechtsverletzungen erweiterte die MRK ihren Aufgabenkatalog (Theissen 2006, S. 138). Sie befasste sich seitdem mit Ländersituationen und richtete länder- und themenspezifische Sonderberichterstatter ein, beispielsweise einen Sonderberichterstatter über Folter (seit 1985), einen Sonderberichterstatter über das Recht auf Bildung (seit 1998) und Sonderberichterstatterin über das Menschenrecht auf einwandfreies Trinkwasser und Sanitärversorgung (seit 2008). Ländermandate mit unabhängigen Experten wurden zum Beispiel für die Menschenrechtssituation in Somalia (seit 1993), Haiti (seit 1995) und Burundi (seit 2004) installiert. Zudem institutionalisierte sie ein Individual-Beschwerde-Verfahren. Diese „1503-Verfahren" genannte Praxis ermöglichte es Individuen und Organisationen, sich bei schweren Menschenrechtsverletzungen direkt an die MRK zu wenden. Man kann und konnte der MRK also keinesfalls Untätigkeit vorwerfen.

Zu ihrer Auflösung führten vor allem vier eklatante Kritikpunkte, die ihr ihre Glaubwürdigkeit, Effektivität und Neutralität nahmen (Theissen 2006, S. 138, 139): Erstens wurde bemängelt, die MRK würde in der Auswahl der zu untersuchenden Fälle selektiv vorgehen und Menschenrechtsverletzungen unter den P5 nicht behandeln. Zweitens warfen Kritiker der MRK vor, sie sei aufgrund einer starken Polarisierung und Politisierung zwischen dem entwickelten Westen und dem unterentwickelten Süden zunehmend blockiert und würde Doppelstandards etablieren. Drittens und medial stark aufbereitet wurde die Zusammensetzung der MRK. Es genügte nämlich der Rückhalt in der eigenen Regionalgruppe, um Mitglied des MRK zu werden. Der ECOSOC wählte die Mitglieder zwar, nahm auf die Auswahl der Kandidaten aber keinen Einfluss. Ob der Staat Menschenrechtsstandards vorbildlich einhielt oder nicht, war kein Aufnahmekriterium. Das führte dazu, dass Staaten wie Libyen 2003 den Vorsitz in der MRK übernahmen, während die USA 2001 mit der Kandidatur für die Wiederwahl scheiterten (Gareis 2008, S. 16). Viertens bemängelte man die defizitäre Reaktionsfähigkeit des Organs, da die MRK nur zu einer sechswöchigen Frühjahrssitzung zusammenfand. Auch wenn sie durchaus Sondersitzungen einberief, waren die Berichte der Sonderberichterstatter oft veraltet, wenn die MRK sie zu Gesicht bekam.

Besonders diese Kritikpunkte sollten mit der Neugründung des MRR ausgemerzt werden, die „mehr als ein Namenswechsel" (Theissen 2006) war. Der MRR wurde demokratischer, reaktionsfähiger, effektiver, glaubwürdiger und mächtiger. Er wurde mächtiger, weil er als Nebenorgan der Generalversammlung eingerichtet wurde und nun direkt dem zentralen Organ unterstellt ist. Kofi Annan regte sogar an, den MRR als Hauptorgan der Uno zu etablieren, was der Bedeutung der Menschenrechtspolitik entsprochen hätte (ILF 2005: § 183). Zudem wurde sein Mandat stark erweitert. Als Forum für alle Menschenrechtsbelange der Uno sollte er sich für die globale Verbreitung der Menschenrechte einsetzen, Staaten bei der Umsetzung von Menschenrechtsstandards direkt unterstützen und der Generalversammlung Vorschläge für die Weiterentwicklung menschenrechtlicher Normen unterbreiten (Gareis 2008, S. 16). Der MRR führte das etablierte Individualbeschwerdeverfahren weiter und ein neues Instrument zur Überprüfung der Menschenrechtslage in den Staaten der Welt ein: Das Universal Periodic Review (UPR), dem sich alle Staaten, beginnend mit den Mitgliedern des MRR, in einem Vierjahresturnus unterziehen müssen (Rathgeber 2007, S. 160). Eigentlich eine zukunftsweisende Idee, doch muss Theodor Rathgeber in seiner Bilanz nach der ersten Runde der Überprüfungsberichte anzeigen, die Regierungen schützten „einmal mehr sich selbst statt die Menschenrechte und Opfer von Menschenrechtsverletzungen" (Rathgeber 2011, S. 220).

Der MRR wurde demokratischer und glaubwürdiger, weil seine Zusammensetzung und der Wahlmodus grundlegend geändert wurden. Die nur noch 47 weisungsgebundenen Vertreter werden von der Generalversammlung mit absoluter Mehrheit für eine Legislaturperiode von drei Jahren gewählt. Die Wahl ist geheim. Alle Kandidaten werden einzeln gewählt (Theissen 2006, S. 140). Es ist nur noch eine einmalige Wiederwahl möglich. Die Kandidaten müssen durch Überprüfung nachweisen, dass sie die höchsten menschenrechtlichen Standards erfüllen. Das ist die elementare Zugangsvoraussetzung für den neuen MRR. Sie müssen zudem Wahlversprechen für die Verbesserung der Menschenrechtslage im eigenen Land abgeben und nach der Legislatur ihre Bilanz vorlegen. Zudem ist bei der Auswahl der Kandidaten auf den Beitrag zum Menschenrechtsschutz und die Höhe der freiwilligen finanziellen Beiträge zu achten (Theissen 2006, S. 140). Mitglieder können jederzeit mit einer Zweidrittel-Mehrheit der Generalversammlung abgewählt und vom MRR ausgeschlossen werden. Ein erster Fall trat 2011 ein, als Libyen vom Gremium suspendiert wurde. Blickt man auf die Besetzung des MRR, muss jedoch die Glaubwürdigkeit wieder eingeschränkt werden. Bis 2015 sind im MRR beispielsweise die Elfenbeinküste, die Arabischen Emirate und Pakistan vertreten, deren Menschenrechtsbilanz zu wünschen übrig lässt.

Effektiver und reaktionsfähiger wurde der MRR durch die Erhöhung der Sitzungsperioden auf drei Perioden von mindestens zehn Wochen Dauer, exklusive Sondersitzungen (Theissen 2006, S. 140). Die erhöhte Arbeitsintensität zeigt sich auch an den mehr als 482 Resolutionen zu vielfältigen und teils umstrittenen Themen, wie das Recht im Internet, die der MRR seit seiner Gründung verabschiedete (Ndjaye 2013, S. 150). Das demonstriert, dass die Zusammenarbeit zwischen den vormals verhärteten Regionalgruppen zugenommen und die Blockadehaltung stark abgenommen hat (Rathgeber 2011, S. 220).

Fakt ist: Der Menschenrechtsrat versprach bei seiner Gründung, mit den Defiziten der Vorgängerinstitution aufzuräumen. Trotz vieler bestehender Mängel ist er auf einem guten Weg – er schöpft seinen institutionellen Rahmen aus und sollte in einer Welt der Global Governance an Bedeutung gewinnen.

7.2.3 Menschenrechte im Wandel der Zeit

Die Kodifizierung der fundamentalen Menschenrechtsnormen wäre ohne die Vereinten Nationen zu einem so frühen Zeitpunkt wohl nicht möglich gewesen. Bereits ein Jahr nach Gründung der Uno wurde die Menschenrechtskommission ins Leben gerufen, die unter tatkräftiger Unterstützung durch Eleanore Roosevelt die „Allgemeine Erklärung der Menschenrechte" ausarbeitete. 1948 wurde dieser erster fundamentale Baustein der „International Bill of Human Rights" verabschiedet. 1966 folgten die Zivilpakte als weitere Bausteine. Auf dem Fundament dieser Rechtskodizes sind in der Folgezeit weitere Verträge geschlossen worden, die themen- und personenspezifische Rechte verbriefen. Neue, inhaltlich sehr weit gefasste Rechte, wie das Recht auf Entwicklung und das neuerdings diskutierte Recht auf Frieden, werden seit den 1980er Jahren erörtert. Nimmt man die Fülle der menschenrechtlichen Standardsetzungen und Agenden zusammen, ist die Uno in diesem Politikbereich eine Programmorganisation ersten Ranges. Sie ist aber auch eine wichtige operative Organisation. Ihre zahlreichen Programme und Fonds engagieren sich für die Umsetzung von Menschenrechtsstandards in vielen Staaten der Welt. Bedeutende Kontrollmechanismen überwachen die Umsetzung der Verträge, die Menschenrechtssituation in den Staaten und leisten zur Weiterentwicklung der Normen einen beachtlichen Beitrag. Besonders wichtig sind hier das Amt und Büro des Hohen Kommissars für Menschenrechte und der Menschenrechtrat, der 2006 die in Misskredit gefallene Menschenrechtskommission ablöste. Trotz vieler Mängel, die vor allem auf den Unwillen der Staaten und die Politisierung der Gremien zurückzuführen sind, sind diese Werkzeuge wichtige Instrumente, um Staaten durch „Shaming und Blaming" zur Räson zu bringen.

Gerade im Bereich der Menschenrechtspolitik ist die Uno ein ernstzunehmender Akteur, ein wichtiges Forum und immer weniger ein Instrument staatlicher Politik. Aufgrund ihrer Bedeutung für alle Politikbereiche, insbesondere auch für Frieden und Sicherheit, sollte Kofi Annans Vorschlag, den Menschenrechtsrat zu einem gleichberechtigten Hauptorgan zu machen, ernsthaft in Erwägung gezogen werden. Versteht man Sicherheit, Entwicklung und Menschenrechte als sich überlappende und voneinander abhängige Politikbereiche, so wäre es zudem an der Zeit, noch stärker über gemeinsame politikfeldübergreifende Institutionen und Organe nachzudenken.

7.3 Für Entwicklung: Auf dem Weg zu Menschlichkeit und Nachhaltigkeit

Die Vereinten Nationen werden gemeinhin als Hauptakteur der multilateralen Entwicklungszusammenarbeit perzipiert. Dementsprechend hoch sind die Erwartungen, die an die Weltorganisation herangetragen werden. Im Folgenden werden wir uns mit der Rolle der Uno in der Entwicklungszusammenarbeit auseinandersetzen. Zuerst werden ihre grundsätzlichen Stärken und Schwächen aufgezeigt, um dann auf wichtige UN-Konzepte einzugehen, die diesen Politikbereich global präg(t)en.

7.3.1 Die Uno als Entwicklungsakteur: Stärken und Schwächen

Der oben geschilderten Wahrnehmung zum Trotz ist die Uno in der Entwicklungspolitik nicht der zentrale Spieler, sondern wird von den mächtigen Sonderorganisationen IMF und Weltbank und einflussreichen Akteuren wie der Europäischen Union flankiert. Der Schein trügt schnell, da das UN-System mit seinen Programmen und Fonds überall dort aktiv ist, wo es humanitären, sozialen, wirtschaftlichen und politischen Entwicklungsbedarf gibt. Zudem prägt die Uno mit ihren entwicklungspolitischen Konzepten die Entwicklungszusammenarbeit im globalen Rahmen, da sich Organisationen, Staaten und INGOs an den UN-Strategien orientieren.

Die Uno ist ein gern gesehener Gast in Entwicklungsländern, da sie Stärken hat, die andere wichtige Spieler nicht haben. Fünf wichtige Stärken werden folgend dargestellt: 1) Aufgrund der faktischen Universalität kann die Weltorganisation globale Probleme viel besser angehen als regional begrenzte Organisationen. Dazu gehören Themen wie die Folgen des weltweiten Klimawandels für die Ernährungssicherheit oder der Teufelskreis von Unterentwicklung, Staatszerfall und internationalem Terrorismus. 2) Da die Normen und Werte der Entwicklungszusammenarbeit ihren Ursprung in den Vereinten Nationen haben, die Weltorganisation hier also eine Programmorganisation ersten Ranges ist, hat sie eine besondere Legitimation, sich mit den sensibelsten Themen zu befassen (Fues und Klingebiel 2007, S. 235). Ein wichtiger Gegenstand ist beispielsweise die Stellung der Frau in der Entwicklungsgesellschaft. 3) Anders als die bilateralen Geber wird die Entwicklungshilfe der Uno als unparteilich wahrgenommen. Denn ihr werden keine wirtschaftlichen oder politischen Sonderinteressen unterstellt, die zur Instrumentalisierung von Entwicklungspolitik führen. Sie rechtfertigt ihre Aktivitäten moralisch und erscheint glaubwürdiger (Lederer und Obser 2011, S. 251). 4) Zudem hat die Weltorganisation früher als andere Akteure begriffen, dass es für den Erfolg von Projekten vor Ort wichtig ist, die lokale Bevölkerung zu beteiligen und früh in die Verantwortung zu nehmen. Sie pflegt das „local ownership". 5) Ein weiteres Plus, das aus ihrer Universalität erwächst, ist ihr inklusives, nicht-diskriminierendes Milieu, in dem globale Probleme auf gleicher Augenhöhe diskutiert werden (sollten) (Fues 2011, S. 263).

Angesichts dieser Positivbilanz mag es verwundern, dass die Uno nicht der Hauptakteur in der Entwicklungszusammenarbeit ist. Ihre schwer wiegende Defizite hindern sie daran, sich zum Zentrum aufzuschwingen. Fünf Probleme wiegen besonders schwer: 1) Unternimmt man den Versuch, alle an Entwicklungspolitik beteiligten UN-Institutionen aufzuzählen und ein zentrales Lenkungsorgan zu bestimmen, wird schnell deutlich, dass dieses Unterfangen zum Scheitern verurteilt ist. Eine unübersichtliche Masse an UN-Einrichtungen macht Entwicklungspolitik. Viele dieser Institutionen haben mit dem Nukleus der Uno eine allenfalls lockere Beziehung, da sie quasi autonom sind. Dadurch kann die Uno der Erwartung, sie würde die globale Entwicklungszusammenarbeit koordinieren, gar nicht gerecht werden (Fues und Klingebiel 2007, S. 220, 221). 2) Hinzu tritt ein weiteres strukturelles Problem: Wer steuert eigentlich die Entwicklungspolitik der Uno (Fues und Klingebiel 2007, S. 232)? Erinnern wir uns an die Zuständigkeiten der Organe, kommen dafür mindestens zwei Hauptorgane in Betracht: die Generalversammlung und der ECOSOC, deren Aufgabenteilung gerade in diesem Bereich nicht klar ausdifferenziert ist. Zudem verfügt das UN-Sekretariat über ein „Department of Economic and Social Affairs“ (DESA), das unter anderem Projekte zur Stärkung der Verwaltung in Entwicklungsländern betreibt (Fues 2011, S. 265). Auch der Agenda setzenden Generalsekretär könnte als Leitfigur der UN-Entwicklungspolitik fungieren. Der Mangel an politischer Steuerung führt zu einer Zerfaserung der UN-Politik. Reformen sind dringend nötig. Am ambitioniertesten ist der Vorschlag, „das UN-Entwicklungssystem zu einem der Weltbank ebenbürtigen Akteur aufzuwerten“ (Messner in Fues 2011, S. 271), was durch die Bündelung aller Aktivitäten in einer Agentur realisiert werden könnte (Fues 2011, S. 272) 3) Hinzu kommt ein undeutliches inhaltliches Profil einiger UN-Fonds und Programme (Fues und Klingebiel 2007, S. 231). Besonders das Hauptprogramm der UN-Entwicklungszusammenarbeit, das

UNDP, hat weder ein klare Rolle noch eine klares Aufgabenprofil. 4) Ein weiteres großes Problem ist der enge Finanzrahmen, der den Vereinten Nationen zur Verfügung steht. Nur rund 10 % der öffentlichen Entwicklungsfinanzierung gehen auf das Konto der Uno, Tendenz weiter zugunsten der multilateralen Kreditinstitute sinkend. Zudem investieren viele Geber stärker in bilaterale Projekte, von denen sie sich eine „Win-Win-Situation" und bessere Kontrollmöglichkeiten versprechen. Eine Ausnahme sind die nordeuropäischen Staaten und die Schweiz, die sich stark multilateral engagieren. 5) Vor allem die strukturellen Schwächen sind auf den steinigen Weg zurückzuführen, den die UN-Entwicklungspolitik gehen musste. Der Politikbereich war lange ein separates, peripheres Thema, da der Schwerpunkt auf ideologischem Kampf und klassischer Sicherheit lag (Annan 2013, S. 261). Erst die „Erfahrungen in den Bürgerkriegsländern ließen (…) den Schluss zu, dass die Entwicklung ein integraler Hauptbestandteil jeder Erfolg versprechenden Strategie zur Überwindung von Konflikten war." (Annan 2013, S. 261) Entwicklungspolitik ist also ein im Vergleich relativ junges Politikfeld – mit all den daraus erwachsenden Schwächen.

7.3.2 Die Uno als Programmorganisation

In den vergangenen Jahrzehnten hat die Uno wichtige konzeptionelle Weichen gestellt und viele wichtige operative Aufgaben übernommen. Als operative Organisation ist sie auf Technische Zusammenarbeit spezialisiert und hat entweder sektorale oder zielgruppenorientierte Projekte (Fues und Klingebiel 2007, S. 222, 223). Dabei unterstützen sie drei Akteursgruppen: die Programme und Fonds, die Sonderorganisationen, die Entwicklungsabteilung des Sekretariats und dessen Regionalbüros. Allein das UNDP ist derzeit in 177 Staaten der Welt vertreten und leistet vor allem Unterstützungsarbeit bei der Umsetzung nationaler Projekte.

Einflussreicher noch ist die Uno, wenn sie als Programmorganisation in Erscheinung tritt. Dann entfaltet sie globale Bedeutung und Prägekraft. Ein Rückblick in die UN-Geschichte verdeutlicht dies ebenso wie die kurze Einführung in die wichtigsten Konzepte der Gegenwart und Zukunft.

7.3.2.1 Entwicklungskonzepte der Vergangenheit: Die UN-Entwicklungsdekaden

Auch wenn der Kalte Krieg einen Keil in die Uno trieb und es der Weltorganisation deshalb schwer fiel, eine gemeinsame Entwicklungsagenda zu erarbeiten, setzte sie bereits in den sechziger Jahren Maßstäbe (Annan 2013, S. 262). Als die Dekolonisation zu Ende ging, wurde 1961 die erste Entwicklungsdekade der Uno unter Federführung John F. Kennedys eingeläutet. Die Entwicklungsdekaden, also „Jahrzehnte der Entwicklung" waren von der Generalversammlung verabschiedete „Dekadenstrategien" für globale und sektorale Ziele, die als entwicklungspolitische Orientierung dienen sollten (Nuscheler 1996, S. 43). Folgende Dekaden wurden bisher ausgerufen:

Ideologisch stark westlich geprägt, stellte die Weltorganisation in den sechziger Jahren fest, Unterentwicklung sei rein endogen bedingt und auf den Kapitalmangel eines Staates zurückzuführen (Menzel 2005, S. 99, 100). Modernisierung, also die Industrialisierung des Entwicklungslands und seine Einbindung in den Weltmarkt, war das Rezept gegen die Armut und das Motto der ersten Dekade. Das erklärte Ziel war die Entwicklung modernen Industriegesellschaften nach westlichem Muster. 1971 wurde die zweite Dekade ausgerufen, die sich der Grundbedürfnisse der Menschen annahm (A/RES/25/2626 v. 24.10.1970). Dieser Wandel war der Erfahrung geschuldet, dass die wirtschaftliche Modernisierung die Disparitäten der Gesellschaft förderte und der wirtschaftliche Aufschwung nicht bei den Ärmsten der Armen ankam. Es ging nun darum, die zum Überleben wichtigen Grundbedürfnisse sicherzustellen. Ein wichtiges Dokument dieser Dekade ist der Bericht der vom Weltbank-Präsidenten McNamara beauftragten und von Willy Brandt geleiteten „Nord-Süd-Kommission". Er wurde unter der Bezeichnung „Brandt-Bericht" bekannt und trägt den Titel „Das Überleben sichern". Der Bericht diskutierte die Verteilungsfrage und regte die Eigeninitiative der Entwicklungsländer an, um unabhängig zu werden. Hilfe zur Selbsthilfe war das Motto des Berichts. Neben der Grundbedürfnis- und Selbsthilfestrategie bestimmte die Forderung der G77 nach einer „Neuen Weltwirtschaftsordnung" den Diskurs um die richtige Entwicklungspolitik. Die Blockfreie Bewegung trat für einen „globalen Interventionismus" ein, um die Erlöse aus den Rohstoffexporten zu stabilisieren (Menzel 1992, S. 205). Heftige Debatten und eine Flut von Resolutionen machten diese Entwicklungsdekade zu einem aufregenden Jahrzehnt, das hoffnungsvolle Denk- und Handelsansätze hervorbrachte (Nuscheler 1996, S. 53). Die dritte Dekade der achtziger Jahre steht ganz unter dem Einfluss der Verschuldungskrise. Man nennt sie das „verlorene Jahrzehnt", weil „langfristige Entwicklungsstrategien zugunsten kurzfristiger Stabilisierungs- und Restrukturierungsmaßnahmen vernachlässigt wurden." (Obser und Schurer 2011, S. 227) Die Politik der Weltbank gewann die Oberhand und ging unter dem Schlagwort „Washingtoner Konsensus" als wirtschaftliche Strukturanpassungspolitik in die Geschichte ein. In dieser Dekade begann auch die Politisierung der multilateralen Entwicklungspolitik. Die UN-Sonderorganisationen Weltbank und Internationaler Währungsfonds banden ihre Kreditvergabe an die zahlungsunfähigen Staaten der „Dritten Welt" an bestimmte Konditionen (Obser und Schurer 2011, S. 226). Die Uno entwickelte in dieser Zeit zu wenig eigenen Einfluss. Unter starker Führung der Uno verband man dagegen in den neunziger Jahren Elemente der vergangenen Dekaden und entwickelte die pragmatischen und praktischen Konzepte der vierten Dekade. Die

Bedeutung der Frauenförderung und des Gender-Mainstreaming wurde ebenso diskutiert wie das „local ownership". Das „Gießkannenprinzip" wurde durch gezielte Projektförderung ersetzt und „Good Governance" zu einem wichtigen Ziel erkoren. Ausfluss der großen Weltkonferenzen war, dass Entwicklungspolitik mehrdimensional und politikfeldübergreifend als Querschnittsaufgabe verstanden wurde. Vor allem sollte sie „nachhaltig" und „menschlich" sein. Das Leitbild der „Nachhaltigen Entwicklung" fußt auf dem unter Leitung Brundtlands erarbeiteten Bericht „Unsere gemeinsame Zukunft" (1987). Die Vision der „menschliche Entwicklung" ist es, die Wahlmöglichkeiten der Menschen für ein Leben in Würde zu steigern, was nicht nur durch wirtschaftliche Prosperität möglich ist. Seit 1990 veröffentlicht das UNDP einen jährlichen Index zur menschlichen Entwicklung, um die Situation der Staaten zu beobachten. Bisher wurden 600 Berichte aus 140 Ländern angefertigt. Gegen Ende des Jahrtausends sprach man immer weniger von „Entwicklungspolitik" und immer mehr von „globaler Strukturpolitik". Darunter versteht man eine Politik, die die Gestaltung des Globalisierungsprozesses als Aufgabe der Entwicklungspolitik begreift.

7.3.2.2 Entwicklungskonzepte der Gegenwart: Die Millennium-Entwicklungsziele und die Zeit danach

Die Strategien der neunziger Jahre, also Mehrdimensionalität, Nachhaltigkeit, globale Strukturpolitik, Good Governance und menschliche Entwicklung, sind auch im neuen Jahrtausend aktuell. Besonders die Situation der am schlechtesten entwickelten Staaten rückte im neuen Jahrtausend in den Mittelpunkt (A/RES/55/279 v. 7.08.2001). Auf dem Millenniumsgipfel verabredeten die Staats- und Regierungschefs einen Zielkatalog für die Bekämpfung der extremen Armut, die „Millenium Development Goals“ (MDGs) (A/RES/55/2 v. 18.09.2000: § 19/20). Dieser wurde im Sommer 2001 unter Mitwirkung von John Ruggie, Michael Doyle und Louis Fréchette weiter ausgearbeitet und mündete in die „Road-Map“ zur Umsetzung der MDGs. In diesem Bericht wurden die MDGs erstmals detailliert und systematisch dargestellt (A/56/326 v. 6.09.2001). Der Maßnahmenkatalog besteht aus acht Zielen und zwanzig Unterzielen.

Die weithin bekannten Hauptziele lauten:

1. Extreme Armut und Hunger beseitigen
2. Grundschulausbildung für alle Kinder gewährleisten
3. Gleichstellung und größeren Einfluss der Frauen fördern
4. Die Kindersterblichkeit senken
5. Die Gesundheit der Mütter verbessern
6. HIV/Aids, Malaria und andere Krankheiten bekämpfen
7. Eine nachhaltige Umwelt gewährleisten
8. Eine globale Partnerschaft im Dienste der Entwicklung gewährleisten.

In den Unterpunkten wurden konkrete Zeitvorgaben vereinbart. Der Referenzzeitraum ist bei allen Unterzielen 1990 bis 2015. Zudem wurden 60 Indikatoren festgelegt, anhand derer der Fortschritt messbar ist. Zum Beispiel wurde in Ziel 1 fixiert, den Anteil der Menschen, die mit weniger als US$ 1,25 am Tag auskommen müssen, bis 2015 halbiert zu haben. Nur das achte Ziel hat keine verpflichtenden Ziele für die Industriestaaten, die hier besonders gefordert wären, Partnerschaften zwischen dem staatlichen und privaten Sektor zu fördern (Weiss 2012, S. 173).

Die MDGs wurden in der Folgezeit als eine der bahnbrechendsten UN-Erklärungen gefeiert (Annan 2013, S. 279). Woraus schöpfte sich die Begeisterung? Diese Gründe sind federführend verantwortlich: 1) Die MDGs sind die erste globale Vereinbarung der Weltgemeinschaft, die die lose Blattsammlung der Absichtserklärungen, die aus den großen Weltkonferenzen entstanden war, durch ein klares Konzept ersetzte. 2) Die MDGs sind qualitativ und quantitativ überprüfbar. Sie sind zeitgebunden, messbar und konkret. Es wurden Regionalgruppen gebildet, um die Umsetzung in den besonders betroffenen Regionen zu überwachen. In jährlichen Berichten kann man sich dezidiert über die sektoralen, gruppenspezifischen und lokalen Fortschritte informieren. 3) Es zählt nicht mehr länger der Input, sondern der Output. Geber und Träger von Entwicklungsprojekten werden an ihren Ergebnissen gemessen. 4) Die MDGs unterbreiten ein einheitliches Zielsystem für alle Akteure der internationalen Entwicklungszusammenarbeit, was große Chancen für eine einheitliche Referenz zur Orientierung bietet (Loewe 2011, S. 10). Das Konzept regt eine stärkere Kohärenz der Politik in den Geberländern an und wurde in zahlreiche regionale und nationale Entwicklungsagenden übernommen (Loewe 2011, S. 11). Die MDGs wurden zu konkreten Projekten, die sich mit der konkreten Situation von Menschen beschäftigen statt nationale Entwicklungsstrategien „top down" zu oktroyieren (Fröhlich 2007, S. 101). 5) Die MDGs sind der Weltgesellschaft vermittelbar. Sie sind verständlich und einfach. Sie beschreiben menschliche Bedürfnisse, die derart grundlegend und evident sind, dass niemand sie leugnen kann (Annan 2013, S. 277). Deshalb wurden die MDGs global populär. 6) Die MDGs sind nicht nur ein starrer Zielkatalog, sondern eine globale soziale Bewegung (Annan 2013, S. 279). Die „Millenium Development Goals" wurden von 189 Staaten und 23 internationalen Organisationen beschlossen (Annan 2013, S. 275). Sie wurden in zahlreichen regionalen und nationalen Kampagnen verbreitet und fanden in die schulische und berufliche Bildung Eingang. Die soziale Mobilisierungskraft ist also enorm und mit keinem anderen UN-Dokument vergleichbar.

Doch auch dieser Meilenstein der Entwicklungskonzepte kommt nicht ohne Defizite aus. Sie sind Anregung für das Nachdenken über den Post-2015-Prozess. Vier Schwächen macht Marcus Loewe in seiner Analyse aus, die auch in Öffentlichkeit und Politik oftmals laut werden (Loewe 2011): 1) Die MDGs konzentrieren sich stark auf die Reduzierung der Armut durch ökonomische Instrumente. Sie blenden alternative Wege völlig aus. 2) Sie vernachlässigen den Ansatz der Multidimensionalität zu stark und missachten, dass Entwicklung auch Menschenrechtsschutz und Good Governance bedeutet. Oftmals klingen sie doch sehr nach der Grundbedürfnisstrategie der sechziger Jahre. Man kann den MDGs deshalb vorwerfen, bei der Auswahl der Weltkonferenzziele sehr selektiv vorgegangen zu sein. Demografie- und Urbanitätsfragen wurden beispielsweise ausgeklammert, obwohl sie zu den drängendsten Problemen der Zeit gehören 3) Bei aller Quantitativität und dem Anspruch der Messbarkeit kommen die qualitativen Aspekte zu kurz. Was nutzt eine flächendeckende Grundschulbildung, wenn die Qualität der Bildung miserabel ist? 4) Am stärksten ist Loewes Vorwurf, die Ziele seien teilweise über- oder unterambitioniert. So hätte beispielsweise das Ziel der Halbierung der extremen Armut auch ohne die MDGs erlangt werden können.

7.3.3 Die Zukunft der UN-Entwicklungspolitik

Aktuell wird über das Nachfolgeprojekt nachgedacht. Dazu berief Ban Ki-moon 2011 eine Expertenkommission ein, die einen Zielkatalog zur nachhaltigen Entwicklung ausgearbeitet hat. Es war die Aufgabe, den Geist der MDGs und der Rio + 20-Konferenz in eine neue Strategie zu integrieren, in der die Bekämpfung extremer Armut und das Theorem der nachhaltigen Entwicklung Platz fänden. Renommierte Wissenschaftler, Politiker und Angehörige der Wirtschaft wurden in den Kreis der Experten berufen, unter ihnen die Europäer David Cameron, Horst Köhler und Paul Polmann, der CEO von Unilever. Zudem sind über 5.000 INGOs und über 250 CEOs führender Wirtschaftsunternehmen beteiligt (UN 2013, S. 5) – eine gelebte Global Governance-Unternehmung also. Der Bericht des HLPs, der während der Vollversammlung 2013 diskutiert wurde, bekräftigt, das wichtigste Ziel sei die Ausrottung der extremen Armut bis 2030. Als universale Agenda muss der 2015-Prozess fünf großen transformativen Appellen an die globale Gemeinschaft folgen (UN 2013):

1. Lasse niemanden zurück!
2. Rücke nachhaltige Entwicklung ins Zentrum!
3. Tranformiere die Wirtschaft in Richtung inklusives Wachstum!
4. Schaffe Frieden und effektive, offene und berechenbare Institutionen!
5. Fördere eine neue globale Partnerschaft!

Die Generalversammlung ist zudem zu der Einsicht gelangt, „Happiness" sei ein wichtiger Baustein für nachhaltige Entwicklung und werde durch den Geist der MDGs verkörpert (A/RES/65/309 v. 25.08.2011). Der 20. März wurde als internationaler Tag des Glücks ausgerufen (A/RES/66/281 v. 12.07.2012) und angeregt, Berichte über das staatliche und regionale Glücksbefinden zu erstellen (A/67/687 v. 16.01.2013).

Mit dem 2015-Prozess ist es bisher gelungen, vielen Schwächen der MDGs mit neuen Impulsen zu begegnen. Besonders die Verschmelzung von Nachhaltigkeit und Entwicklung ist ein viel versprechendes Konzept. Es wird sich zeigen, ob und wie es in einen praktikablen Zielkatalog übersetzt und implementiert wird.

8

Die Weltorganisation: Brückenbauer zwischen Vergangenheit und Zukunft

2003 wähnte Kofi Annan die Vereinten Nationen am Scheideweg zwischen Neubeginn und Scheitern. Zehn Jahre später existiert die Weltorganisation immer noch und ist entscheidende Schritte in Richtung Zukunft gegangen. Als größte Organisation des klassischen Multilateralismus baut sie Brücken zwischen Vergangenheit und Zukunft. Sie ebnet den Weg von der nationalstaatlichen Zeitrechnung zur Ära der Global Governance. Trotzdem wird der Scheideweg von 2003 nicht der letzte gewesen sein. Die Uno befindet sich im chronischen Reformstau, leidet unter der mangelnden Unterstützung der Staaten und muss ihre Existenz gerade in Zeiten neuer Akteure zunehmend rechtfertigen.

Im Folgenden wird zunächst in einem kurzen Zusammenschnitt der UN-Geschichte die besondere Situation der Uno in der Weltgeschichte dargestellt und ihre Qualität als Akteur der Weltideengeschichte hervorgehoben. Danach werden die Baustellen der UN-Reform, die in den vorherigen Kapiteln besprochen wurden, abstrahiert und bewertet. Zum Schluss wird die Rolle der Uno im Global Governance-System beurteilt, ihre Zukunftsfähigkeit eingeschätzt und Themen der Zukunft angesprochen.

8.1 Ein Akteur der Weltideengeschichte

1945 wurde die Weltorganisation gegründet, um „künftige Geschlechter vor der Geißel des Krieges zu bewahren“ (Präambel UN-Charta) und um ein Symbol der Hoffnung auf Frieden und Sicherheit zu sein. Doch die Uno musste lange warten, bis sie ihren beträchtlichen Handlungsspielraum ausschöpfen und die Geschicke der Weltgeschichte mitgestalten konnte.

Der Kalte Krieg spaltete die Staatengemeinschaft schon kurz nach Gründung der Uno in zwei Pole, die sich besonders in den fünfziger Jahren unvereinbar gegenüberstanden. Die Weltorganisation unterlag den Mechanismen dieser Mächtekonstellation. Sie wurde zur Arena ideologischer Debatten und zum Instrument der zwei Weltmächte UdSSR und USA. In den Fallstricken des Ost-West-Konflikts gefangen, wurde die Weltorganisation in allen Belangen politisiert. Die Aufnahme neuer, vornehmlich westlicher Mitglieder scheiterte am Vorbehalt des Ostens, der Sicherheitsrat war aufgrund der Vetopolitik besonders der UdSSR handlungsunfähig, die Agenda, allen voran die menschenrechtlichen Programme, waren zwischen den Blöcken fest gefroren. Die Entkolonialisierung der fünfziger und sechziger Jahre wurde zudem von Instabilität und Bürgerkrieg begleitet. Die heiße Phase des Kalten Krieges wurde durch den Nord-Süd-Konflikt abgelöst, der ausbrach, als viele entkolonialisierte Staaten in die Uno drängten und ein Übergewicht in der Generalversammlung bildeten. Die Uno wurde zum Instrument der G77, die sich 1964 in Cancun gegründet hatte, und der Bewegung der Blockfreien, die fortan die Agenda entscheidend mitbestimmten. Entwicklungs- und wirtschaftspolitische Kampfthemen dominierten die Agenda der siebziger Jahre. In den achtziger Jahren gewann die Globalisierung, die Entgrenzung und Beschleunigung von Raum und Zeit, an Fahrt. Ihr entwuchsen neue Themen, die auf die internationale Agenda drängten und neue, vor allem nichtstaatliche Akteure, die gehört werden wollten. Klima, Umwelt, Entwicklung und auch Menschenrechte gaben den Ton an. Die Uno befand sich aufgrund einer großen Schuldenkrise am Rande des Scheiterns.

Mit dem Fall des Eisernen Vorhangs, von dem sich viele Beobachter eine „Morgenröte im Glaspalast" (Gorbatschow) erhofften, waren die Vereinten Nationen erstmals seit ihrer Gründung voll handlungsfähig. Die Vetopolitik im Sicherheitsrat gehörte der Vergangenheit an. Die Vereinten Nationen waren als Organisator großer Weltkonferenzen, als Visionär von Nachhaltigkeitskonzepten und als Friedenssicherer gefordert. Nach einem kurzen Höhenflug der Sicherheitspolitik zu Beginn der neunziger Jahre, wurden Sicherheit, Entwicklung und Menschenrechte gleichberechtigte und gleichwertige Themen in der Weltorganisation. Seitdem wird der „Development-Security-Human Rights-Nexus" stark propagiert, bei dem sich alle Seiten die Waage halten. Mit dem Aufbrechen vieler neuer Konflikte, den Herausforderungen der Globalisierung und dem Eindringen neuer Gefahren wie dem internationalen Terrorismus wurde zur Zeit der Jahrtausendwende immer deutlicher, dass die Uno alleine die Probleme der Zeit nicht lösen kann. Sie ist permanent am Rande der Handlungsfähigkeit und in einem steten Kreislauf aus Krise und Reform gefangen. Sie steht derzeit unter immensem Anpassungsdruck aufgrund des fundamentalen Wandels des internationalen Systems und „remains to be tested" (Obama 2013). Bisher gelang es ihr jedoch, die Geschicke der Weltpolitik aktiv mitzugestalten. Als operative Organisation hat sie vielen Staaten dauerhaft zu Stabilität und Sicherheit verholfen und das Leben vieler Menschen würdiger gemacht. Als Programmorganisation hat sie entscheidende Ideen hervorgebracht, beworben und die Implementierung in den Mitgliedsstaaten – bei vorhandenem staatlichen Willen – vorangetrieben. Sie ist das größte Ideenkraftwerk der internationalen Beziehungen. Zu ihren Erfolgen

Idee	Internationaler Konsens
Menschenrechte für Alle: Von der Hoffnung zur Implementierung	Im Prinzip universell, Implementierung begrenzt und sehr variabel
Gender: Von der Beseitigung der Diskriminierung zur Ermächtigung der Frauen	Seit 1975 wachsend, Implementierung begrenzt und sehr variabel
Entwicklungsziele: Von nationaler und regionaler Politik zu den MDGs	Je nach Region mehr oder weniger umgesetzt
Nachhaltigkeit in der Umwelt: Von Umwelt und Entwicklung zur Erhaltung des Planeten	Seit den siebziger Jahren immer stärker auf der Agenda
Frieden und Sicherheit: Von der Prävention staatlicher Konflikte zum Schutz von Individuen	Prävention und Konfliktlö sung schon seit Beginn der Uno wichtig, mit neuen Initiativen nach Ende der Bipolarität. Seitdem Vorschläge zur R2P, auch wenn vor allem Entwicklungsländer skeptisch sind und Interventionen sowie frühe Präventionsmaßnahmen befürchten
Menschliche Entwicklung: Von getrennten Aktionen zu einem integrierten Ansatz	Rhetorik ist stark, aber die Praxis variiert und das Potential ist bisher noch nicht ausgeschöpft

Abb. 8.1 Die Ideen der Vereinten Nationen und ihre Umsetzung

gehören die in Abb. 8.1 dargestellten Ideen (mehr Ideen in Jolly et al. 2009, S. 204, 205).

8.2 Für die Zukunft gerüstet: Reformbedarf der Uno

Neben den globalen Problemen, an deren Lösung die Uno federführend beteiligt ist, hat die Weltorganisation gewaltige interne Herausforderungen zu bewältigen. Seit Jahrzehnten appellieren Akteure aller „3 Unos", sie müsse dringend und von Grund auf reformiert werden. Sowohl das institutionelle Gefüge als auch die UN-Charta sind nicht mehr zeitgemäß. Das haben die Ausführungen dieses Buches gezeigt.

Statt einer Straffung wurde in den vergangenen Jahrzehnten jedoch eine Ausdehnung der Institutionen vorgenommen, um die Weltorganisation zu reformieren. Viele Organe sind deshalb zu mehrköpfigen Hydras angewachsenen, denen es an Effizienz und Effektivität mangelt. Die Generalversammlung und der ECOSOC führen hier als Negativbeispiele die Riege an. Einigen Institutionen fehlt es außerdem an Glaubwürdigkeit und Legitimität – allen voran dem Sicherheitsrat. Bei der Reform der Institutionen hat die Weltorganisation ein „negatives Linkage" anzugehen: „the reform of one intergovernmental body is held hostage to progress on another one" (Luck 2007, S. 669). Müsste nicht auch der Development-Security-Human Rights-Nexus, der die Politik der Uno bestimmt, in den Institutionen wieder zu finden sein? Ein Organ, das den integrierten und multidimensionalen Ansatz der Uno verkörpert, wäre bitter nötig.

Auch die UN-Charta antwortet, wie in der Diskussion des zweiten Kapitels deutlich wurde, nur noch zum Teil auf die Herausforderungen des 21. Jahrhunderts. Doch bisher wurde auf Behelfskonstruktionen zurückgegriffen statt eine Überarbeitung der Charta anzugehen. So gilt die Millenniums-Erklärung als aktualisierte Charta – ohne deren völkerrechtliche Bindewirkung und normative Kraft. Die Prinzipien der Charta sind bis heute unantastbar und werden vor allem von den Entwicklungsländern hoch gehalten. Diese Staaten können sich oft erst eine kurze Zeitspanne souverän nennen und fürchten den Eingriff von außen. Auch einige ständige Mitglieder des Sicherheitsrats, vor allem China und Russland, lehnen die Aufweichung der UN-Prinzipien ab. Zwar entbehrt Rechkemmers Rat, die „starre positivistische Fixierung" auf die UN-Charta sein zu lassen, nicht eines gewissen Charmes (Rechkemmer 2003, S. 2). Doch hat eine Weltorganisation nicht ein modernes Vertragswerk nötig, das die Ziele und Prinzipien an die heutige internationalen Situation anpasst, die Rolle der Uno klar definiert und den Staaten Erwartungsstabilität gewährleistet?

Es ist an der Zeit, die systemischen Schwächen anzugehen. Doch die Vergangenheit demonstrierte die großen Hürden, die

Reformen in den Vereinten Nationen nehmen müssen. UN-eigene Mechanismen verhindern eine echte Erneuerung. So wurden Maßnahmen, die die UN-Generalsekretäre treffen, zwar meist rasch umgesetzt. Das zeigen die Umstrukturierungsmaßnahmen innerhalb des Sekretariats. Wenn die Welt Reformen will, braucht sie also einen starken Mann an der Spitze der Weltorganisation. Auch Entscheidungen der Mitgliedsstaaten, die die Charta nicht betreffen, sind schnell realisiert worden, wenn der Wille der Staaten vorhanden war. Reformschritte, die eine Änderung der Charta betreffen, sind bisher aber die Ausnahme (Gareis 2011, S. 43, 44). Ein weiteres Gesetz der UN-Reformgeschichte wird klar, blickt man auf die bisherigen Aufrufe zur Reform: Sie wurden nur dann auf die hohe politische Agenda gesetzt, wenn wieder einmal ein weltpolitischer Wandel, eine schwere interne Krise oder ein Jubiläum anstand. Auch die Reformanstrengungen 2005 sind auf die Gleichzeitigkeit dieser drei Katalysatoren zurückzuführen. Der weltpolitische Wandel wurde durch den Goldmann-Sachs-Bericht von 2001 unter dem Schlagwort „BRICS" schwarz auf weiß präsentiert. Die Terroranschläge von New York und Washington, London und Madrid führten der Welt die Schlagkraft des neuen internationalen Terrorismus vor Augen. Der Irak-Krieg demonstrierte die Abhängigkeit der Uno von einer kleinen Riege der Mächtigen. Eine interne Krise jagte die nächste. Der Öl-für-Lebensmittel-Skandal, der sexuelle Missbrauch durch UN-Blauhelme in der DR Kongo, die Anschläge auf das UN-Hauptquartier im Irak machten das Jahr 2004 zum „annus horribilis" der Uno (Annan in Benner 2007, S. 16). 2005 stand das fünfzigste Jubiläum der Uno an. Der UN-Generalsekretär und sein High-Level-Panel präsentierten der Weltgemeinschaft zahlreiche Entwürfe, die eine Runderneuerung der Uno nach sich gezogen hätte. Doch nur wenige Vorschläge trafen auf den Willen der Staatengemeinschaft und wurden umgesetzt, nämlich die „Peace-Building-Commission" und der Menschenrechtsrat. Sogar die Feindstaatenartikel sowie die Bestimmungen zum Treuhandrat in der UN-Charta wurden als de facto obsolet erklärt, die nötigen Abstimmungen zur tatsächlichen Eliminierung dieser Artikel haben bis heute nicht stattgefunden. Es nimmt nicht Wunder, dass die zeitliche Fixierung auf eine inhaltliche und systemische Erneuerung derzeit das Jahr 2015 ist. Nachhaltig ist das nicht. Und so hat die Uno bisher vor allem ein Ziel der Gründungsväter erreicht, das ihre unzeitgemäße Erscheinung weiter zementiert: sie demonstriert Durchhaltevermögen (Luck 2007, S. 670).

Wie kann dieser fatale Mechanismus aufgebrochen werden? Um die Uno fit für die Zukunft zu machen, müssen alle drei Unos an einem Strang ziehen. Die erste Uno, die Staaten, müssen sowohl den Willen zur unkomfortablen Reform aufbringen als auch Ressourcen bereitstellen, um die Uno handlungsfähiger zu machen. Die zweite Uno, das Personal der Bürokratie, sollte noch stärker erneuert werden als bisher geschehen. Es verwundert angesichts der Personallage nicht, dass beispielsweise im Syrien-Konflikt altgediente Männer wie Annan und Brahimi als Sonderbeauftragte eingesetzt wurden. Weiss fordert „neues, elektrisierendes Personal", um die Uno zu dem Ideenkraftwerk zu machen, das sie sein könnte (Weiss 2011b). Ein wirklich starker Mensch an der Spitze muss das Ziel der nächsten Wahl zum Generalsekretär sein. Dazu muss die dritte Uno noch stärker ins Boot geholt werden und insbesondere die Lücke zwischen wissenschaftlicher Expertise und politischer Entscheidungsfindung geschlossen werden (Weiss 2011b). Wenn alle drei Unos an einem gemeinsamen Strang ziehen, wird es auch möglich sein, die Weltorganisation fit für die Zukunft zu machen. Noch ist eine Reform möglich, denn noch ist die Uno das „Herzstück einer Weltordnung, die auf Zusammenarbeit, friedlichen Ausgleich und kooperative Lösungen setzt" (Westerwelle 2013).

8.3 Chancen und Risiken der Global Governance für die Uno

Ban Ki-moon rief in seiner Eröffnungsrede zur 68. Generalversammlung dazu auf, der „globalen Logik" der Gegenwart positiv gegenüberzutreten und neue Wege des Regierens zu gehen (Ban 2013). Das sich entwickelnde neue Regieren der Global Governance, flankiert von der sich abzeichnende Multipolarität, ist für die Weltorganisation Chance und Gefahr zugleich. Es verändert die Uno sowohl institutionell als auch thematisch.

Global Governance im analytischen Verständnis bedeutet, dass neben die Staaten als Regierungsinstanzen des internationalen Systems andere Akteure und Regierungsformen treten, die das System global gestalten wollen. Die UN-Commission on Global Governance entwarf 1995 eine noch heute zeitgemäße Definition:

> Governance is the sum of many ways individuals and institutions, public and private, manage their common affairs. It is a continuing process through which conflicting or diverse interests may be accommodated and co-operative action taken. It includes formal institutions and regimes empowered to enforce compliance, as well as informal arrangements that people and institutions either have agreed to or perceive to be in their interest.

Im Unterschied zu einer klassischen Regierung fehlt der Governance eine „formale Autorität" und eine feste Hierarchie (Hamm 2007, S. 294). Das traditionelle Modell des neuzeitlichen Nationalstaats, das „auf einer postulierten Kongruenz von politischer Herrschaft, Wirtschaftsorganisation, rechtlicher Verfassung und gesellschaftlicher Selbstdefinition" (Ulbert 2008, S. 71) basierte, löst sich nach oben und unten auf. Supranationale Organisationen übernehmen Staatsaufgaben ebenso wie gesellschaftliche Teilsegmente, die sich nicht mehr über den Nationalstaat definieren. Dadurch haben internationale Institutionen einen Bedeutungswandel erfahren (Ulbert 2008, S. 72).

Gerade für die Vereinten Nationen bieten die Regierungsformen jenseits des Staates neue Chancen. Erstens wird die Uno zunehmend als eigenständiger Akteur im Global Governance-Gefüge perzipiert und aus dem engen Korsett der staatlichen Arena befreit. Zweitens hat sie früh die Zeichen der Zeit erkannt und sich der Zivilgesellschaft geöffnet. Sie versteht sich immer mehr als inklusive Organisation für die Zivilgesellschaft. Der Einbeziehung nicht-staatlicher Akteure dienen Multi-Stakeholder-Dialoge mit INGOs, der Privatwirtschaft und staatlichen Akteuren, Public-Privat-Partnerships und die „Global Compact Initiative für Menschenrechte, Arbeitsrechte und Umweltschutz", mit der sich seit 1999 5.000 Unternehmen aus 140 Ländern einem UN-Wertekodex verpflichtet haben. Besonderen Wert legt die Weltorganisation auf die Einbindung der INGOs. Boutros-Ghali lud die INGOs bereits 1994 mit folgenden Worten in die Weltorganisation ein: „I want you to consider this your home" (in Alger 2007, S. 105). 2004 legte ein Expertengremium unter Vorsitz Fernando Enrique Cardosos einen Bericht mit dem Titel „We the Peoples: Civil Society, the United Nations and Global Governance" vor. Der Cardoso-Report enthielt dreißig Vorschläge zur Einbindung der Zivilgesellschaft in das System der Vereinten Nationen. INGOs spielten bei der Formulierung wichtiger Verträge eine bedeutende Rolle, beispielsweise bei den MDGs und dem „International Ban on Landmines". Expertengremien, so genannte „epistemic communities", und Individuen werden immer stärker gehört, wenn es um wichtige Weichenstellungen in der Weltorganisation geht. Das demonstrieren die zahlreichen Expertengruppen, die sich mit der Reform der Uno, mit drängenden Problemen der Zeit und mit dem Management der Global Governance beschäftigen. Die dritte Uno wird also immer wichtiger. Parallel öffnet sich die Weltorganisation gegenüber anderen Organisationen und vertieft die Beziehungen zu allen Regionalorganisationen in regelmäßigen „High Level Meetings“ und mittels unterschiedlichster inter-organisationaler Kooperationen.

Global Governance ist aber auch eine Gefahr für die Uno. Es werden Stimmen laut, die die Weltorganisation als Symbol eines veralteten Multilateralismus charakterisieren. Im direkten Vergleich zu den neuen, oft dynamischeren Governance-Formen erscheint sie noch stärker als „aristokratisches Eliteprojekt“, dessen Untergang man nicht aufhalten sollte (Blin 2012). Zwei Entwicklungen könnten für die Weltorganisation tatsächlich bedrohlich werden: die Ausgründung neuer Institutionen aus den Reihen der Uno und die „G-isierung“ (Varwick 2012) der Weltpolitik. Besonders in den USA wurden zu Beginn des neuen Jahrtausends unter den Neokonservativen Stimmen laut, die der mangelnden Legitimität der Uno ein „Konzert der Demokratien“ als „globale NATO“ entgegensetzen wollten. Diese demokratische Liga sollte alle weltweit etablierten Demokratien in einer gemeinsamen Institution vereinen, da eine solche Kooperation am besten auf die Herausforderungen der Global Governance reagieren könne (Daalder und Lindsay 2004). Diese radikale Version wurde von der Obama-Administration zwar nicht weiter verfolgt, doch förderte auch sie einen in der Uno gegründeten „Democratic Caucus“, der 2004 von der „Community of Democracies“ nach dem Vorbild der G77- und Blockfreien-Gruppen ins Leben gerufen wurde und den Demokratien eine Stimme gibt. Es existieren also konkrete Alternativvisionen für eine Zeit nach den Vereinten Nationen. Daneben wird die Weltorganisation durch die G-isierung der Weltpolitik, also die G7-, G8- und G20-Clubs, zunehmend herausgefordert. Die Netzwerke der G-Staaten, die vormals als wirtschaftspolitische Zusammenschlüsse gegründet worden waren, erweitern ihre Themenfelder stark und dringen so in die klassischen Zuständigkeitsbereiche der Uno ein. Entwicklung, Klima und auch die großen sicherheitspolitischen Fragen der Gegenwart werden vor allem in den „G 20“ diskutiert und in die Uno hineingetragen. Es besteht für die Uno die Gefahr, neben dieser sehr flexiblen, aber exklusiven und fragwürdig legitimierten Club-Governance auf Dauer an Bedeutung einzubüßen. Die Uno könnte zukünftig auf die Aufgabe zusammengeschmolzen sein, woanders ausgehandelte Vereinbarungen zu billigen, um ihnen Legitimität zu verleihen (Brown 2007, S. 159). Das wäre der Untergang der Ideenschmiede. Um diesem Trend entgegenzuwirken, muss es das Ziel der Uno sein, als Manager der Global Governance-Architektur wahrgenommen zu werden. Dazu hat sie gute Chancen, vereint sie in sich doch alle Akteursformen der Global Governance. Welche Institution kann das schon von sich behaupten?

Wendet man sich dem präskriptiven und normativen Verständnis von Global Governance zu, wird deutlich, dass das internationale System ohne eine Weltorganisation nicht auskommt. Die normative Variante der Global Governance beschäftigt sich nicht nur mit den institutionellen Veränderungen der Akteursarchitektur, sondern mit der Lösung der Probleme, die durch die Transformationsprozesse entstehen. Der Fokus ist auf die Gestaltung der Zukunft gerichtet. „Global Governance" wird positiv konnotiert und nicht als ein Ist-, sondern als Soll-Zustand begriffen. Welcher Akteur, wenn nicht die Uno, beschäftigt sich seit ihrem Anbeginn mit der Gestaltung einer besseren Zukunft? Will die Uno als Akteur Bestand haben, so muss sie die Bewältigung der globalen Herausforderungen pro-aktiv mitgestalten und die globale intellektuelle Agenda weiterhin prägen. Die zehn größten Herausforderungen der kommenden Dekade sind (Jolly et al. 2009, S. 216):

- Die Stärkung der Global Governance in einer multipolaren Welt
- Die Balance zwischen Regionalisierung und Globalisierung
- Die Fokusverschiebung von der staatlichen hin zur menschlichen Sicherheit

- Die Bewältigung der globalen Erwärmung und des Klimawandels
- Die Unterstützung fragiler Staaten
- Die Abbremsung von Ungleichheit in der globalen Entwicklung
- Der Umgang mit Bevölkerungswachstum und internationaler Migration
- Die Überbrückung internationaler Kultur- und Identitätsunterschiede
- Die Aufnahme von Kultur und Menschenrechten in die Entwicklungspolitik
- Die Verbesserung der weltweiten Qualität in der Bildung.

Diesen Herausforderungen kann die Uno durch die Förderung der menschlichen Sicherheit und Entwicklung, durch die Verankerung des Nachhaltigkeitskonzepts und der Good Governance, durch die Gestaltung der Global Governance aktiv begegnen. Sie ist am Scheideweg in Richtung Erneuerung gegangen. Auch wenn ihre Zukunft heute ungewiss ist, sollte die Staatenwelt begreifen lernen: „Bei allen Fehlern, bei allem Versagen, die wir den Vereinten Nationen vorwerfen können, ist sie immer noch die am besten organisierte Hoffnung der Menschheit, das Schlachtfeld durch den Konferenztisch zu ersetzen." (Eisenhower in Kennedy 2007, S. 68) Bei aller berechtigten Kritik sind die Vereinten Nationen gerade heute unersetzlich. Sie befinden sich zwar in einem ständigen Kreislauf aus Krise und Reform, sind vielfältig herausgefordert und nicht selten überfordert. Sie scheitern oft an den eigenen Erwartungen und Ambitionen, denen die begrenzten Kapazitäten gegenüberstehen. Sie sind jedoch der einzige globale und quasi-universelle Akteur, der realistische Utopien in die Welt bringt, Visionen umsetzt und das internationale System im Kleinen wie im Großen sicherer und friedlicher macht. Der Generalsanierung des New Yorker UN-Gebäudes sollte nun dringend eine Generalreformierung des UN-Systems folgen.

9 Kommentierte Literaturauswahl

Die internationale Literatur zu den verschiedenen Politikbereichen und Aufgabenfeldern der Vereinten Nationen ist schier unerschöpflich. Für die kommentierte Literaturauswahl dieses Lehrbuchs wurden Werke ausgesucht, die entweder als Standardwerke gelten oder einen besonders wertvollen Blick auf die Uno werfen. Zudem wird die wichtigste deutsch-sprachige Zeitschrift für die Weltorganisation vorgestellt.

Das „United Nations Intellectual History Project" – 17 Standardwerke zur Weltorganisation Den derzeit reichsten Fundus an Informationen zu allen Politikbereichen und Institutionen der Vereinten Nationen bieten die siebzehn Bücher des „United Nations Intellectual History Projects", das von UN-Ökonom Sidney Dell erdacht und von den drei namhaften UN-Wissenschaftlern Louis Emmerij, Richard Jolly und Thomas G. Weiss im Zeitraum von 2001 bis 2010 geleitet und fertig gestellt wurde. Das Projekt legte Wert darauf, sowohl den Einfluss der Vereinten Nationen auf bestimmte Politikbereiche nachzuzeichnen, als auch die „oral history" der Weltorganisation zu verschriftlichen. Mittels 79 Interviews von Individuen, die Schlüsselpositionen in der Vereinten Nationen innehatten, wird in „UN Voices: The Struggle for Development and Social Justice" die intellektuelle Geschichte der Vereinten Nationen im Bereich von Entwicklung und sozialer Gerechtigkeit nachgezeichnet. Aus dem Kanon der siebzehn

Werke, die von wichtigen UN-Wissenschaftlern und UN-Praktikern wie Betrand G. Ramcharan („Preventive Diplomacy at the UN") oder Ramesh Thakur (mit Thomas G. Weiss „Global Governance and the UN: An unfinished Journey") verfasst wurden, sind zwei eher allgemeine Schriften besonders zu empfehlen: Das „Oxford Handbook on the United Nations", das von Thomas G. Weiss und Sam Daws herausgegeben wurde, sowie das von den Projektleitern geschriebene Werk „UN Ideas that changed the world".

Weiss, T. G. und Daws, S. (2007) (Hrsg): The Oxford Handbook on the United Nations. Oxford, Oxford University Press. Das Handbuch gibt einen kompakten, aber auch kritischen, manchmal kontroversen und auf jeden Fall tiefer gehenden Einblick in die „drei Uno's". Die Herausgeber wählten für jedes Thema einen einschlägigen Experten aus, der sich den Vereinten Nationen historisch und institutionenkundlich annähert. In insgesamt vierzig Kapiteln werden so alle Institutionen, Politikfelder und Akteure der Vereinten Nationen beleuchtet. Dieses Buch kann vor allem für eine vertiefte Einführung in das System der Vereinten Nationen empfohlen werden.

Jolly, R., Emmerij, L. und Weiss, T. G. (2009): UN Ideas That Changed the Word (United Nations Intellectual History Project). Bloomington und Indianapolis, Indiana University Press. Auch die „UN Ideas" von Jolly, Emmerij und Weiss sind zur eingehenderen Auseinandersetzung mit den Grundpfeilern der Vereinten Nationen geeignet. Ideen, die im Kreise der Vereinten Nationen entstanden sind und sich im Verlauf der Geschichte durchgesetzt haben, stehen im Mittelpunkt der Aufmerksamkeit. Den Autoren gelingt es, die Bedeutung der Uno als Programmorganisation und Ideenschmiede der Internationalen Beziehungen klar aufzuzeigen. Dieses Schlüsselwerk bezieht auch die Ergebnisse der anderen Studien aus dem „United Nations Intellectual

History Project“ mit ein und dient so als ideengeschichtliches Kompendium für die Vereinten Nationen. Die Autoren belassen es nicht dabei, die Ideengeschichte der Uno in den Bereichen Entwicklung, menschliche Sicherheit, Nachhaltigkeit und Frieden nachzuzeichnen, sondern wagen einen kritischen Blick in die Herausforderungen der Zukunft. Alle Bücher aus der Reihe des „Intellectual History Projects“ tragen das Prädikat „besonders lesenswert“.

Kofi Annan zwischen „Krieg und Frieden“ – wertvolle Einblicke in die Weltorganisation Auch die Biografien der Generalsekretäre sind eine wichtige, wenn auch subjektive Informationsquelle für die Vereinten Nationen. Neben den Schriften Manuel Fröhlichs über Dag Hammarskjöld (2002) und der Autobiografie Boutros-Ghalis (2000) ist Kofi Annans 2013 erschienene Lebensgeschichte von herausgehobener Bedeutung (Annan und Mousavizadeh (2013): Ein Leben in Krieg und Frieden. München, Deutsche Verlags-Anstalt). Durch seine Ausführungen erfahren wir nämlich nicht nur vieles über seine Persönlichkeit und Amtsführung, sondern auch verborgene Hintergründe der Weltorganisation. Annan berichtet ausführlich über die Bürgerkriege der neunziger Jahre, den Irak-Krieg 2003 und die UN-internen Skandale. Vor allem sein persönliches Bild von der Vereinten Nationen im Allgemeinen und der „human security“ im Besonderen sind wichtige Puzzleteile für ein umfassendes Verständnis der Weltorganisation.

Fachlektüre für die Weltorganisation – die Zeitschrift „Vereinte Nationen“ Neben diesen und weiteren Standardwerken über das System und die Politik der Vereinten Nationen, von denen viele in diesem Buch Verwendung fanden, sei eine Zeitschrift empfohlen, die sich mit den aktuellen und zentralen Themen der Vereinten Nationen auseinandersetzt. Sie trägt den Titel „VEREINTE NATIONEN. Fachzeitschrift für die Vereinten Nationen und ihre Sonderorganisationen“ und wird von der „Deutschen Gesellschaft für die Vereinten Nationen e.V.“ (DGVN) im zweimonatigen Turnus herausgegeben. Auf den Internetseiten der DGVN sind die Jahrgänge 1962 bis 2010 öffentlich zugänglich (www.dgvn.de). Dabei sind nicht nur die Artikel der Wissenschaftler und Praktiker interessant, die sich allen Themenbereichen der Vereinten Nationen widmen, sondern auch die Berichte aus den Vereinten Nationen. Überblicksartig werden alle wichtigen Resolutionen und Beschlüsse der Hauptorgane zusammengetragen, wichtige Personen des UN-Systems vorgestellt und von zentralen Sitzungen berichtet. Auch die ausführlichen Rezensionen zu Neuerscheinungen machen die Zeitschrift zu einer wichtigen Quelle für all diejenigen, die sich näher mit den Vereinten Nationen beschäftigen wollen.

Literatur

Aus Gründen der Übersichtlichkeit wurde auf die Aufnahme der Quellen, die mit der Dokumentbezeichnung in den betreffenden Suchregistern zugänglich sind, verzichtet. Sie finden sich in der „Dag Hammarskjöld Library", verfügbar unter http://www.un.org/Depts/dhl/.

Albrecht, U. (1998). Völkerbundsprojekte der frühen Humanisten – Von Erasmus bis Kant. In U. Albrecht (Hrsg.), *Die Vereinten Nationen Am Scheideweg. Von Der Staatenorganisation Zur Internationalen Gemeinschaft* (Studien zu den Vereinten Nationen; Bd. 1, S. 13–27). Hamburg: LIT Verlag.

Alger, C. F. (2007). Widening participation. In T. G. Weiss & S. Daws (Hrsg.), *The Oxford handbook on the United Nations* (S. 701–715). Oxford: Oxford University Press.

Annan, K. (16 September 1999a). Two concepts of sovereignty. The economist.

Annan, K. (28 Juni 1999b). Vortrag vor dem Zentrum für Islamische Studien. Oxford.

Annan, K. (2000). *We the peoples. The role of the United Nations in the 21st century*. New York.

Annan, K. (23 Sept 2003). *The secretary-general address to the general assembly*. New York.

Annan, K. (2005). *In larger freedom. Towards development, security and human rights for all. Report of the Secretary-General*. New York.

Annan, K., & Mousavizadeh, N. (2013). *Ein Leben in Krieg und Frieden*. München: Deutsche Verlags-Anstalt.

Archer, C. ([3]2001). *International organizations*. London: Routledge.

Ash, T. G. (2008). We have a responsibility to protect the people of Burma. But how? *The Guardian.*

Barnett, M. N., & Finnemore, M. (1999). The power, politics and pathologies of international organizations. *International Organization, 53,* 699–732.

Barnett, M. N., & Finnemore, M. (2004). *Rules of the world. International organizations in global politics.* Ithaca: Cornell.

Bellamy, A. J. (2010). The responsibilty to protect—Five years on. *Ethics, & International Affairs, 24,* 143–169.

Bellamy, A. J. (2011). Libya and the responsibility to protect: The expection and the norm. *Ethics, & International Affairs, 25,* 263–269.

Benner, T. (2007). Auf immer unvollendet? Verwaltungsreform in den Vereinten Nationen. *Vereinte Nationen, 55,* 16–19.

Berdal, M. (2004). The UN after Iraq. *Survival, 46,* 83–102.

Bielefeldt, H. (2011). Unabhängige Insider. Erfahrungen des Sonderberichterstatters über Religions- und Weltanschauungsfreiheit. *Vereinte Nationen, 59,* 210–214.

Blin, A. (15 Feb 2012). Weltregierung gesucht. *The European.*

Bøås, M., & McNeill, D. (2003). *Multilateral institutions. A critical introduction.* London: Pluto Press.

Boutros-Ghali, B. (1996). Global leadership after the cold war. *Foreign Affairs, 75,* 86–98.

Boutros-Ghali, B. (2000). *Hinter den Kulissen der Weltpolitik. Die Uno – wird eine Hoffnung verspielt? Bilanz meiner Amtszeit als Generalsekretär der Vereinten Nationen.* Hamburg: Discorsi.

Brown, M. (2007). Wir brauchen einen neuen Typus des globalen Führungspolitikers. *Vereinte Nationen, 55,* 155–159.

Brozus, L., & Schaller, C. (2013). *Über die Responsibility to Protect zum Regimewechsel (SWP-Studie).* Berlin: Stiftung Wissenschaft und Politik.

Cecil, R. (1941). *A great experiment. An autobiography.* London: Jonathan Cape.

Chesterman, S. (Hrsg.). (2007). *Secretary or general? The UN Secretary-General in world politics.* Cambridge: Cambridge University Press.

Churchill, W., & Roosevelt, F. D. (14 Aug 1941). Atlantic Charter.

Churchill, W., Roosevelt, F. D., & Stalin, J. V. (1 Dez 1943). Declaration of the three powers.

Churchill, W., Roosevelt, F. D., & Stalin, J. V. (11 Feb 1945). Crimea (Yalta) Conference between President Roosevelt, Prime Minister Churchill and Generalissimo Stalin.

Commission on Global Governance. (1995). *Our global neighborhood. The Report of the commission on global governance*. Oxford: Oxford University Press.

Czempiel, E.-O. (1994). *Die Reform der Uno: Möglichkeiten und Missverständnisse (Beck'sche Reihe; Nr. 1078)*. München: Beck.

Daalder, I., & Lindsay, J. (23 Mai 2004). An alliance of democracies. Washington Post.

Department of Pecakeeping Operations (DPKO) (2013). *Ranking of military and police contributions to UN operations*. New York (Stand 30.11.2013).

Dicke, K. (1994). Reformen des Sekretariats und die veränderte Rolle des Generalsekretärs. In K. Hüfner (Hrsg.), *Die Reform der Vereinten Nationen. Weltorganisation zwischen Krise und Erneuerung* (S. 225–239). Opladen: Leske + Budrich.

Dicke, K. (1998). Der „starke Generalsekretär" – Was bewirkt der Mann an der Spitze der UN-Administration? In U. Albrecht (Hrsg.), *Die Vereinten Nationen am Scheideweg. Von der Staatenorganisation zur internationalen Gemeinschaftswelt?* (Studien zu den Vereinten Nationen; Bd. 1, S. 70–88). Hamburg: LIT Verlag.

Dicke, K., & Fröhlich, M. (Hrsg.). (2005). *Wege multilateraler Diplomatie. Politik, Handlungsmöglichkeiten und Entscheidungsstrukturen im UN-System (Jenaer Beiträge zur Politikwissenschaft; Bd. 19)*. Baden-Baden: Nomos.

Doyle, M. W. (2009). The UN Charter—A global constitution? In J. L. Dunhoff & J. P. Trachtman (Hrsg.), *Ruling the world? Constitutionalism, international law and global governance* (S. 113–132). Cambridge: Cambridge University Press.

Drummond, E. (1931). The Secretariat of the League of Nations. *Public Administration, 9*, 228–235.

Dülffer, J., & Kunkel, S. (2008). Eine erste Fahne für die Vereinten Nationen? Die Geschichte der „Four Freedom Flag". *Vereinte Nationen, 56*, 263–268.

Dumbarton, O. P. (7 Okt 1944). Proposals for the Establishment of a General International Organization. Washington Conversations on International Peace and Security Organization. Washington.

Falkner, R. et al. (1995). *Die Vereinten Nationen – Geschichte, Struktur, Perspektiven.* München: Bayerische Landeszentrale für politische Bildungsarbeit.

Fassbender, B. (2004). Die souveräne Gleichheit der Staaten – Ein angefochtenes Grundprinzip des Völkerrechts. *Aus Politik und Zeitgeschichte, 43,* 7–13.

Fassbender, B. (2009). Rediscovering a forgotten constitution: Notes on the place of the UN charter in the international legal order. In J. L. Dunhoff & J. P. Trachtman (Hrsg.), *Ruling the world? Constitutionalism, international law and global governance* (S. 133–147). Cambridge: Cambridge University Press.

Foote, W. (Hrsg.). (1962). *Servant of peace. A selection of speeches and statements of dag Hammarskjöld. Secretary-general of the United Nations 1953–1961.* New York: Harper & Row.

Fréchette, L. (2007). Die Reform Der Vereinten Nationen: Eine Innenansicht. *Vereinte Nationen, 55,* 1–9.

Fröhlich, M. (1997). Der alte und der neue UN-Generalsekretär. *Aussenpolitik, 48,* 301–309.

Fröhlich, M. (2002). *Dag Hammarskjöld und die Vereinten Nationen. Die politische Ethik des Uno-Generalsekretärs.* Paderborn: Ferdinand Schöningh.

Fröhlich, M. (2004). Einleitung: Die Annan-Agenda. In M. Fröhlich (Hrsg.), *Kofi Annan. Die Vereinten Nationen im 21. Jahrhundert. Reden und Beiträge 1997–2003* (S. 14–58). Wiesbaden: VS Verlag.

Fröhlich, M. (2005). Zwischen Verwaltung und Politik: Die Arbeit des UN-Sekretariats. In K. Dicke und ders. (Hrsg.), *Wege multilateraler Diplomatie. Politik, Handlungsmöglichkeiten und Entscheidungsstrukturen im UN-System (Jenaer Beiträge zur Politikwissenschaft; Bd. 10)* (S. 41–63). Baden-Baden: Nomos.

Fröhlich, M. (2006). Eiserne Faust im Samthandschuh? Ban Ki-Moon und das Amt des UN-Generalsekretärs. *Vereinte Nationen, 54,* 244–247.

Fröhlich, M. (2007). Weltorganisation und Indivuum. Kofi Annans Dekade als UN-Generalsekretär. *Vereinte Nationen, 55,* 96–102.

Fröhlich, M. (2011). Auf der Suche nach einem neuen Konsens: Die Reformberichte vor der 60. UN-Generalversammlung. In H. Volger & N. Weiß (Hrsg.), *Die Vereinten Nationen vor globalen Herausforderungen. Referate der Potsdamer Uno-Konferenzen 2000-2008* (S. 17–30). Potsdam: Universitätsverlag Potsdam.

Fröhlich, M., & Melber, H. (2011). Die Hammarskjöld-Tradition in der internationalen Politik. Das Vermächtnis des zweiten UN-Generalsekretärs. *Vereinte Nationen, 59,* 262–265.

Fröhlich, M., Hüfner, K., & Märker, A. (2005). *Reform des UN-Sicherheitsrats. Modelle, Kriterien und Kennziffern* (Blaue Reihe; Bd. 94). Berlin: DGVN.

Fues, T. (2011). Die Reform des Entwicklungssystems der Vereinten Nationen: Neue Bemühungen um eine systemweite Kohärenz. In H. Volger & N. Weiß (Hrsg.), *Die Vereinten Nationen vor Globalen Herausforderungen. Referate der Potsdamer Uno-Konferenzen 2000–2008* (S. 261–276). Potsdam: Potsdamer Universitätsverlag.

Fues, T., & Klingebiel, S. (2007). Multilaterale Entwicklungspolitik: Die Rolle der Vereinten Nationen. In H. Volger (Hrsg.), *Grundlagen und Strukturen der Vereinten Nationen* (S. 219–241). München: Oldenbourg Verlag.

Galtung, J. (1967). *Theories of peace. A synthetic approach to peace thinking.* Oslo: International Peace Research Institute.

Gareis, S. B. (2008). Der UN-Menschenrechtsrat: Eine vorläufige Bilanz. *Aus Politik und Zeitgeschichte, 46,* 15–21.

Gareis, S. B. (2011). Eine unendliche Geschichte? Die Reform der Hauptorgane der Vereinten Nationen. In H. Volger & N. Weiß (Hrsg.), *Die Vereinten Nationen vor globalen Herausforderungen* (S. 41–55). Potsdam: Potsdamer Universitätsverlag.

Gareis, S. B., & Varwick, J. ([4]2006). *Die Vereinten Nationen: Aufgaben, Instrumente und Reformen.* Opladen: Verlag Barbara Budrich (UTB).

Gatzke, H. W. (1960). Europa und der Völkerbund. In G. Mann (Hrsg.), *Propyläen Weltgeschichte. Eine Universalgeschichte, Bd. 9: Das Zwanzigste Jahrhundert* (S. 311–350). Berlin: Propyläen Verlag.

Göller, J.-T. (1995). *Anwälte des Friedens. Die Uno und ihre sechs Generalsekretäre.* Bonn: Dietz Verlag.

Gordenker, L. (2010). *The UN Secretary-General and Secretariat (Global Institutions)*. London: Routledge.

Göthel, D. (²2002). *Die Vereinten Nationen: Eine Innenansicht*. Bonn: Auswärtiges Amt.

Gruner, W. D., & Woyke, W. (Hrsg.). (2007). *Europalexikon. Länder Politik Institutionen* (Beck'sche Reihe; Bd. 1506). München: Beck.

Haack, K. (2012). Zwischen Visionen, Stabilität und Krisenmanagement. Ban Ki-Moons erste Amtszeit als UN-Generalsekretär. *Vereinte Nationen, 60,* 165–170.

Hamm, B. (2007). Vereinte Nationen und Global Governance. In H. Volger (Hrsg.), *Grundlagen und Strukturen der Vereinten Nationen* (S. 293–308). München: Oldenbourg Verlag.

Hammarskjöld, D. (1965). *Zeichen am Weg. Übertragen und eingeleitet von Anton Graf Knyphausen*. München: Droemer Knaur.

Hasenclever, M., & Mayer, P. et al. (2007). *Macht und Ohnmacht internationaler Institutionen. Festschrift für Volker Rittberger (Studien der Hessischen Friedens- und Konfliktforschung; Bd. 53)*. Frankfurt a. M.: Campus.

Heinz, W. S. (2011). Ein Menschenrecht auf Frieden? Auf dem Weg zu einer neuen Erklärung der Vereinten Nationen zu einem Menschenrecht auf Frieden. *Vereinte Nationen, 59,* 221–125.

High Level Panel on Threats, Challenges and Change (HLP). (2004). *A more secure world: Our shared responsibility*. New York.

Hillebrand, E., & Maihold, G. (1999). Von der Entwicklungspolitik zur globalen Strukturpolitik. Zur Notwendigkeit der Reform eines Politikfeldes. *Internationale Politik und Gesellschaft, 4,* 339–352.

Höne, K. (2011). Die Vetos im Sicherheitsrat der Vereinten Nationen 1991–2010. *Vereinte Nationen, 59,* 72–77.

Hüfner, K. (2007). Finanzierung. In H. Volger (Hrsg.), *Grundlagen und Strukturen der Vereinten Nationen* (S. 417–437). München: Oldenbourg Verlag.

Hüfner, K. (2009). UN Regular Budget Expenditures. http://www.globalpolicy.org/un-finance/tables-and-charts-on-un-finance/the-un-regular-budget/27466.html. Zugegriffen: 30. Sept. 2013.

Huhle, R. (2011). Wie universell ist die Allgemeine Erklärung der Menschenrechte? *Vereinte Nationen, 59,* 159–200.

International Commission on Intervention and State Sovereignty (ICISS). (2001). The responsibility to protect. Report of the International Commission on Intervention and State Sovereignty. Ottawa.

Jolly, R., Emmerij, L., & Weiss, T. G. (2009). *UN Ideas That Changed the Word (United Nations Intellectual History Project)*. Bloomington: Indiana University Press.

Jonah, J. (2007). Secretariat. Independence and Reform. In T. G. Weiss & S. Daws (Hrsg.), *The Oxford Handbook on the United Nations* (S. 160–174). Oxford: Oxford University Press.

Kaldor, M. (1999). *New and old wars: Organized violence in a global era*. Stanford: Stanford University Press.

Kant, I. (1795). *Zum Ewigen Frieden. Ein Philosophischer Entwurf.* (von T. Valentiner, Hrsg.). Stuttgart: Reclam.

Keller, U., & Schulz, L. (2007). *Die UN-Generalversammlung (UN Basis Information)*. Berlin: DGVN.

Kennedy, P. (2007). *Das Parlament der Menschheit. Die Vereinten Nationen und der Weg zur Weltregierung* (Schriftenreihe; Bd. 672). Bonn: Bundeszentrale für Politische Bildung, Lizenzausgabe.

Keohane, R. O. (1988). International institutions: Two approaches. *International Studies Quarterly, 32,* 379–396.

Keohane, R. O. (1989). *International institutions and state power. Essays in international relations theory*. Boulder: Westview Press.

Ki-moon, B. (13 Okt. 2006). Antrittsrede zu seiner Ernennung als UN-Generalsekretär vor der Generalversammlung. New York.

Ki-moon, B. (2007). *Stärkere Vereinte Nationen für eine bessere Welt. Meine Prioritäten als Generalsekretär*. New York: DPI.

Ki-moon, B. (24 Sept. 2013). Rede von UN-Generalsekretär Ban Ki-Moon vor der 68. Generalversammlung der Vereinten Nationen. New York.

Klein, E. (2007). Die Vereinten Nationen und die Entwicklung des Völkerrechts. In H. Volger (Hrsg.), *Grundlagen und Strukturen der Vereinten Nationen* (S. 21–66). München: Oldenbourg Verlag.

Komitee für eine demokratische. Uno. (o. J.). Auf dem Weg zu einem Weltparlament. Demokratie globalisieren mit einem Parlament der Vereinten Nationen. Berlin.

Krasner, S. D. (Hrsg.). (^{2}1983). *International regimes (Cornell Studies in Political Economy)*. Ithaca: Cornell.

Kratochwil, F., & Ruggie, J. G. (1986). International organization. A state of the art on the art of the state. *International Organization, 40,* 753–775.

Krause, J. (2005). Multilateralismus in der Sicherheitspolitik – Europäische und amerikanische Sichtweise. In J. Varwick (Hrsg.), *Nato – EU. Partnerschaft, Konkurrenz, Rivalität?* (S. 219–238). Opladen: Barbara Budrich.

Krause, J. (2007). Die internationale Ordnung in der Krise. Seit 60 Jahren ist der Westen Motor und Garant der globalen Ordnungsstrukturen. Seine Uneinigkeit bedroht das gesamte System. *Internationale Politik, 7/8,* 8–20.

Krüger, H. (1982). Einleitung. In ders. (Hrsg.), *Charta der Vereinten Nationen.* Stuttgart: Reclam.

Kühne, W. (2003). UN-Friedenseinsätze verbessern – Die Empfehlungen der Brahimi Kommission. In S. v. Schorlemer (Hrsg.), *Praxishandbuch Uno. Die Vereinten Nationen im Lichte Globaler Herausforderungen* (S. 715–732). Berlin: Springer.

Lederer, M., & Obser, A. (2011). Neue Tendenzen in der Entwicklungszusammenarbeit der Vereinten Nationen. In H. Volger & N. Weiß (Hrsg.), *Die Vereinten Nationen vor globalen Herausforderungen. Referate der Potsdamer Uno-Konferenzen 2000–2008* (S. 251–260). Potsdam: Potsdamer Universitätsverlag.

Lederle, S. (2008). *Die Ökonomisierung des Anderen. Eine neoinstitutionalistisch inspirierte Analyse des Diversity-Management.* Wiesbaden: VS Verlag.

Link, W. (2001). *Die Neuordnung der Weltpolitik. Grundprobleme globaler Politik an der Schwelle zum 21. Jahrhundert.* München: Beck.

Loewe, M. (2011). Konzeptionelle Stärken und Schwächen der Millenium Development Goals (MDGs). In H. Volger & N. Weiß (Hrsg.), *Die Vereinten Nationen zehn Jahre nach dem Milleniumsgipfel 2000 – Eine Bilanz* (Potsdamer Uno-Konferenzen; Bd. 9) (S. 7–25). Potsdam: Potsdamer Universitätsverlag.

Luck, E. C. (2007). Principal Organs. In T. G. Weiss & S. Daws (Hrsg.), *The Oxford Handbook on the United Nations* (S. 653–674). Oxford: Oxford University Press.

MacAskill, E. (22 Juli 2010). Disquiet Grows over Performance of Ban Ki-Moon. UN's „Invisible Man". The Guardian.

MacFarlane, S. N., & Foong Khong, Y. (2006). *Human security and the UN. A critical history (United Nations Intellectual History Project Series).* Bloomington: Indiana University Press.

Malone, D. M. (2007). Security council. In T. G. Weiss & S. Daws (Hrsg.), *The Oxford Handbook on United Nations* (S. 117–135). Oxford: Oxford University Press.

Märker, A., & Wagner, B. (2005). Vom Völkerbund zu den Vereinten Nationen. *Aus Politik und Zeitgeschichte, 22,* 3–10.

Menzel, U. (1992). *Das Ende Der Dritten Welt und das Scheitern der Großen Theorie (Edition Suhrkamp; Bd. 718; Neue Folge).* Frankfurt a. M.: Suhrkamp Verlag.

Menzel, U. (2005). Entwicklungszusammenarbeit versus Containment. Sechs Dekaden Entwicklungspolitik. *NORD-SÜD aktuell,* 99–110.

Meyer, G.-M. (1996). *Friedensengel im Kampfanzug? Zu Theorie und Praxis militärischer UN-Einsätze.* Opladen: Westdeutscher Verlag.

Meyer, J. A., Califano, M. G., & Volcker, P. (2006). *Good intentions corrupted. The oil-for-foood scandal and the threat to the U.N.* New York: PublicAffairs.

Ministry of Foreign Affairs and Trade (MFAT). ([51]2013). *UN handbook.* Wellington: Crown.

Müller, H. M. (Hrsg.). (2003). *Schlaglichter der Deutschen Geschichte* (Schriftenreihe der Bundeszentrale für Politische Bildung; Bd. 402). Bonn: Lizenzausgabe der Bundeszentrale für Politische Bildung.

Münkler, H. ([2]2002). *Die Neuen Kriege.* Reinbek bei Hamburg: Rowohlt.

Ndiaye, B. W. (2013). *Wien +20: Menschenrechte sind immer noch unteilbar. Vereinte Nationen, 61,* 147–152.

Newman, E. (2007). Secretary-General. In T. G. Weiss & S. Daws (Hrsg.), *The Oxford Handbook on the United Nations* (S. 175–192). Oxford: Oxford University Press.

Nitzchke, H., & Wittig, P. (2007). UN-Friedenssicherung. Herausforderungen an die deutsche Außen- und Sicherheitspolitik. *Vereinte Nationen, 55,* 89–95.

North, D. (1990). *Institutions, institutional change and economic performance.* Cambridge: Cambridge University Press.

Nuscheler, F. ([4]1996). *Lern- und Arbeitsbuch Entwicklungspolitik.* Bonn: Dietz.

o. A.* (Moskauer Erklärung). (1943). Moscow Conference. Joint Four-Nation Declaration. Oktober 1934.

Obama, B. (24 Sept. 2013). Rede vom US-amerikanischen Präsidenten Barack Obama vor der 68. Generalversammlung der Vereinten Nationen. New York.

Obser, A., & Schurer, S. (2011). Herausforderungen an multilaterale Organisationen durch neue Formen der internationalen Entwicklungszusammenarbeit. In H. Volger & N. Weiß (Hrsg.), *Die Vereinten Nationen vor globalen Herausforderungen. Referate der Potsdamer Uno-Konferenzen 2000–2008* (S. 225–242). Potsdam: Universitätsverlag Potsdam.

Paech, N. (2004). Über Die Auswirkungen der jüngsten Kriege auf das Uno-Friedenssystem. *Aus Politik und Zeitgeschichte, 43,* 21–29.

Pallek, M. (2007). Die Aufgaben der Vereinten Nationen nach der Charta. In H. Volger (Hrsg.), *Grundlagen und Strukturen der Vereinten Nationen* (S. 67–98). München: Oldenbourg Verlag.

Peterson, M. J. (2007). General Assembly. In T. G. Weiss & S. Saws (Hrsg.), *The Oxford Handbook on the United Nations* (S. 97–116). Oxford: Oxford University Press.

Pleuger, G. (2006). Die Reform des UN-Sicherheitsrats und die effiziente Gestaltung der kollektiven Sicherheit im 21. Jahrhundert. In S. Schorlemer (Hrsg.), *Globale Probleme und Zukunftsaufgaben der Vereinten Nationen (Zeitschrift für Politik; Sonderband 1)* (S. 7–21). Baden-Baden: Nomos.

Rathgeber, T. (2007). Nicht alles zum Besten. Die zukünftige Arbeitsstruktur des UN-Menschenrechtsrats. *Vereinte Nationen, 55,* 160–162.

Rathgeber, T. (2011). Verharren auf dem Unfertigen. Die Ergebnisse des ersten Überprüfungsprozesses des UN-Menschenrechtsrats ist mager. *Vereinte Nationen, 59,* 215–220.

Rathgeber, T. (2013). Wider den Stachel löcken. Das Amt des Hohen Kommissars für Menschenrechte nach 20 Jahren. *Vereinte Nationen, 61,* 153–159.

Rechkemmer, A. (2003). *Die Zukunft der Vereinten Nationen. Weltorganisation am Scheideweg – Eine Deutsche Perspektive (SWP-Aktuell 15).* Berlin: Stiftung Wissenschaft und Politik.

Rittberger, V., & Zangl, B. ([3]2003). *Internationale Organisationen – Politik und Geschichte. Europäische und weltweite zwischenstaatliche Zusammenschlüsse (Grundwissen Politik; Bd. 10).* Opladen: Leske + Budrich.

Roosevelt, E. (1958). *The Autobiography of Eleonore Roosevelt*. New York: Harper & Bros.

Rosenau, J. N., & Czempiel, E.-O. (1992). *Governance without government. Order and change in world politics*. Cambridge: Cambridge University Press.

Rosenthal, G. (2007). Economic and social council. In T. G. Weiss & S. Daws (Hrsg.), *The Oxford Handbook on the United Nations* (S. 136–148). Oxford: Oxford University Press.

Ruggie, J. G. (1998). *Constructing the world polity. Essays on international institutionalisation*. London: Routledge.

Rushton, S. (2008). The UN secretary-general and norm entrepreneurship: Boutros Boutros-Ghali and democracy promotion. *Global Governance, 14,* 95–110.

SCAD/DPA/United Nations. (2012). 2011 Highlights of Security Council Practice. New York.

Schaller, C. (2003). *Notstandsresolutionen gegen Blockaden im Sicherheitsrat. Die Arafat-Resolution der UN-Generalversammlung (SWP-Aktuell)*. Berlin: Stiftung Wissenschaft und Politik.

Scheuermann, M. (2012). *VN-EU-Beziehungen in der militärischen Friedenssicherung. Eine Analyse im Rahmen des Multilateralismus-Konzepts (Staatlichkeit und Governance in Transformation; Bd. 3)*. Baden-Baden: Nomos.

Schneider, P. (1999). *Frieden durch Recht: Ein historisch-systematischer Abriss (Hamburger Beiträge zur Friedensforschung und Sicherheitspolitik; Bd. 117)*. Hamburg: IFSH.

Schorlemer, S. (Hrsg.). (2003). *Praxishandbuch Uno. Die Vereinten Nationen im Lichte Globaler Herausforderungen*. Berlin: Springer.

Schorlemer, S. (2005). „Gemeinsam Stärker?" Regionalgruppen in der Uno. In K. Dicke & M. Fröhlich (Hrsg.), *Wege multilateraler Diplomatie. Politik, Handlungsmöglichkeiten und Entscheidungsstrukturen im UN-System (Jenaer Beiträge zur Politikwissenschaft; Bd. 10)* (S. 26–40). Baden-Baden: Nomos.

Simma, B. et al. (Hrsg.). ([3]2012). *The charter of the United Nations. A commentary*. Oxford: Oxford University Press.

Skjelsbaek, K. (1991). The UN secretary-general and the mediation of international disputes. *Journal of Peace Research, 28,* 99–115.

Tams, C. J. (2007). *Der Internationale Gerichtshof (IGH) (UN Basis Information)*. Berlin: DGVN.

Tanner, F. (2010). Addressing the perils of peace operations: Toward a global peacekeeping system. *Global Governance, 16,* 209–217.

Theissen, G. (2006). Mehr als nur ein Namenswechsel. Der neue Menschenrechtsrat der Vereinten Nationen. *Vereinte Nationen, 54,* 138–146.

Tomuschat, C. (2008). Uniting for peace. General assembly resolution 377 (V). New York. 3. Nov. 1950.

Tönnies, S. (2005). Souveränität und Angriffskriegsverbot. *Aus Politik und Zeitgeschichte, 22,* 39–46.

Trettin, F., & Winckler, J. G. (2012). Die Friedensmissionen der Vereinten Nationen. Komplexe Organisationen mit schwierigen internen Herausforderungen. *Vereinte Nationen, 60,* 115–120.

Ulbert, C. (2008). UN Studies und Global Governance. Von der Theorie zur Praxis globalen Regierens. In M. Fröhlich (Hrsg.), *UN Studies. Umrisse eines Lehr- und Forschungsfelds (The United Nations and Global Change; Bd. 1)*. Baden-Baden: Nomos.

United Nations. (2007). *Report of the Facilitators to the President of the General Assembly on the Consultations Regarding „the Question of Equitable Represenation on and Increase in the Membership of the Security Council and Other Matters Related to the Security Council"*. New York: United Nations.

United Nations. (2008). *United Nations peacekeeping operations: Principles and guidelines*. New York: United Nations.

United Nations. (2013). *A new global partnership: Eradicate poverty and transform economies through sustainable development. The report of the high-level panel of eminent persons on the post-2015*. New York: United Nations.

Unser, G. ([7]2004). *Die Uno. Aufgaben, Strukturen, Politik (Beck-Rechtsberater im Dtv)*. München: Deutscher Taschenbuchverlag.

Varwick, J. (2004). Die Reform der Vereinten Nationen – Weltorganisation unter Anpassungsdruck. *Aus Politik und Zeitgeschichte, 43,* 37–45.

Varwick, J. (2012). Deutschland und die Uno: Eine Abgekühlte Freundschaft? Paper präsentiert auf der Potsdamer UNO-Konferenz 2012.

Varwick, J., & Zimmermann, A. (Hrsg.). (2006). *Die Reform der Vereinten Nationen – Bilanz und Perspektiven*. Berlin: Verlag Duncker und Humblot.

Volger, H. (²2008). *Geschichte der Vereinten Nationen.* München: Oldenbourg Verlag.

Volger, H. (2010a). Mehr Transparenz und mehr Beteiligung. Die informelle Reform der Arbeitsmethoden des UN-Sicherheitsrats. *Vereinte Nationen, 58,* 195–203.

Volger, H. (²2010b). *A concise encyclopedia of the United Nations.* Leiden: Martinus Nijnhoff.

Volger, H. (2012). Partizipation und Legitimation. Zu den Einflussmöglichkeiten der nichtständigen Mitglieder im UN-Sicherheitsrat. *Vereinte Nationen, 60,* 65–69.

Wallensteen, P., & Grusell, H. (2012). Targeting the right targets? The UN use of individual sanctions. *Global Governance, 18,* 207–230.

Weber, H. (1998). Was unterscheidet die Vereinten Nationen vom Völkerbund? Die Organisierte Friedenssicherung im Vergleich. In U. Albrecht (Hrsg.), *Die Vereinten Nationen am Scheideweg. Von der Staatenorganisation zur internationalen Gemeinschaftswelt? (Studien zu den Vereinten Nationen; Bd. 10)* (S. 28–44). Hamburg: LIT Verlag.

Weinlich, S. (2006). Weder Feigenbatt noch Allheilmittel. Die Neue Kommission für Friedenskonsolidierung der Vereinten Nationen. *Vereinte Nationen, 54,* 2–11.

Weiss, T. G. (2007). Menschenrechtsschutz. In H. Volger (Hrsg.), *Grundlagen und Strukturen der Vereinten Nationen* (S. 163–187). München: Oldenbourg Verlag.

Weiß, N. (2011). Der UN-Menschenrechtsschutz zehn Jahre nach dem Milleniumsgipfel – Neue Strukturen und neue Herausforderungen – auch neue Chancen? In H. Volger und ders. (Hrsg.), Die Vereinten Nationen zehn Jahre nach dem Milleniumsgipfel 2000 – Eine Bilanz (Potsdamer UNO-Konferenzen; Bd. 9). Potsdam: Universitätsverlag Potsdam.

Weiss, T. G. (2011a). R2p Alive and Well after Libya. *Ethics, & International Affairs, 25,* 287–292.

Weiss, T. G. (2011b). *Feuer Frei.* The European.

Weiss, T. G. (²2012). *What's wrong with the United Nations and how to fix it.* Cambridge: Polity Press.

Weiss, T. G., & Daws, S. (Hrsg.). (2007). *The Oxford Handbook on the United Nations.* Oxford: Oxford University Press.

Wesel, R. (2012). *Internationale Regime und Organisationen.* Konstanz: UVK.

Westerwelle, G. (28 Sep. 2013). Rede vom deutschen Außenminister Guido Westerwelle vor der 68. Generalversammlung der Vereinten Nationen. New York.

Wustmann, G. (12 Juni 2011). EU setzt auf UN-Weltparlament. Telepolis.

Zürn, M. (1998). *Regieren jenseits des Nationalstaates. Globalisierung und Denationalisierung als Chance (Edition Zweite Moderne).* Frankfurt a. M.: Suhrkamp.

Zürn, M. (2010). Internationale Institutionen und nichtstaatliche Akteure. *Aus Politik und Zeitgeschichte, 34/35,* 14–20.

Printing: Ten Brink, Meppel, The Netherlands
Binding: Ten Brink, Meppel, The Netherlands